Christoph Martin Wieland

Der neue deutsche Merkur

Christoph Martin Wieland

Der neue deutsche Merkur

ISBN/EAN: 9783743622661

Hergestellt in Europa, USA, Kanada, Australien, Japan

Cover: Foto ©ninafisch / pixelio.de

Weitere Bücher finden Sie auf **www.hansebooks.com**

Der Neue Teutsche Merkur

vom Jahre 1801.

Herausgegeben
von
C. M. Wieland.

Zweiter Band.

Weimar 1801.
Gedruckt und verlegt bey den Gebrüdern Gädicke.

Der Neue Teutsche Merkur.

5. Stück. May 1801.

I.
Gedichte.

1.

Stimme der Zeit*).

An das hingeschiedne achtzehnte Jahrhundert.

(Im Jänner 1801.)

Hinab, Jahrhundert, in die öden Räume
Der ewig ruhenden Vergangenheit!

---

*) Der edle Verfasser dieser 2 Gedichte drückte sich in einem Brief an den Herausgeber d. M. so aus: „Wenn die Apostrofe an das 18te Jahrhundert zu düster ist, so bitte ich es dem schrecklichen Uebermaaße von Elend und Tyrannei zuzuschreiben, das in dieser von gutherzigen Menschen bewohnten Gegend, die auch Ihre Jugend blühen sah, jedes Gefühl empören mußte. Gott Lob, daß uns die Götter der Erde endlich

N. T. M. Mai 1801. A

Wohin des Schicksals Hand die kurzen Träume
    Der Sterblichen, und ihre Thaten streut.

Zerronnen sind mit dir die herbsten Leiden,
    Und ihre tausend Stimmen sind verhallt;
Zerronnen sind auch manche Lebensfreuden,
    Hinabgeschwemmt von deines Stroms Gewalt.

Vom Himmel schien dein Genius zu stammen,
    Verklärt von Tugend, Freiheit, Menschenrecht;
Ein Licht von Gott schien um ihn her zu flammen,
    Schien zu veredeln, Menschheit, dein Geschlecht.

Es war kein Morgenroth, was ihn verklärte,
    Weh' uns! es war nur kalte Nordlichtspracht;
Das Licht verschwand, und doppelt schrecklich kehrte
    Zurück der Knechtschaft und des Lasters Nacht.

Er flog dahin; es troffen seine Schwingen
    Von Menschenblut, ihm heulten Seufzer nach;
Uns ließ er der Verzweiflung Händeringen,
    Des Elends Thränen, und der Ketten Schmach.

    `Friede gegeben haben! Mag es auch sonst mit uns werden, wie es will. Niemand wird seyn, dessen Herz nicht in lauten Jubel ausbrechen möchte, wenn die letzte Kokarde aus unserm Gesichtskreise verschwunden seyn wird. Dann gedeihen auch wieder die Arbeiten der Musen!"

Im Schooß der Alpen, und am Seegestade,
    Wo, Freiheit, dich die Tugend einst gebar,
Lebt jetzt das Volk von fremder Dränger Gnade,
    Und beut besiegt dem Joch den Nacken dar.

Am alten Rheinstrom', und am Donaustrande
    Bringt jeder Tag des bittern Jammers mehr;
Und jeder Tag macht schwerer unsre Bande,
    Und schrecklicher ihr Klirren um uns her.

Verloren sind der Väter Heldenwerke,
    Zur Schande glänzt uns ihrer Zeiten Ruhm;
Mit dir, o Tugend, floh der Seele Stärke,
    Die Freiheit floh, der Väter Eigenthum.

Es mögen Andre dich, Jahrhundert, preisen,
    Du bist für uns nur der Verwünschung werth;
Uns wäre glücklicher die Zeit von Eisen,
    Die rauhe Vorzeit uns zurückgekehrt.

Frühlingslied.
(im März 1801.)

Der holde Frühling kehret wieder,
    Sein Hauch belebt den Halm der Flur;

Er weckt im Hain der Liebe Lieder,
   Und schmückt mit Blumen die Natur.

Laß feiern nach neun Trauerjahren
   Uns, Frühling, deine Wiederkehr!
Sie ziehen heim, die Würgerschaaren,
   Das Blut der Brüder fließt nicht mehr.

Es sprossen Blumen, wo sie liegen,
   Auf ihren Gräbern gras't das Wild;
Die Thränen unsers Harms versiegen,
   Uns ist die Gottheit wieder mild.

Froh führet wieder zum Altare
   Der Bräytigam die junge Braut;
Die Blume schmückt des Mädchens Haare,
   Und Tanz und Freude jauchzen laut.

Bei froher Arbeit singt der Pflüger;
   Ihm winkt der Aerndte Seegen schon;
Es raubt kein unbarmherz'ger Krieger
   Ihm künftig seines Fleißes Lohn;

Ihn treibt nicht mehr vom eignen Heerde
   Mit Weib und Kindern der Barbar,
Und wieder sein gehört die Erde,
   Die schon des Vaters Erbtheil war;

Ihn schleppt nicht mehr mit Roß und Wagen
    Gewalt in ferne Länder hin;
Vergangen ist die Zeit der Plagen,
    Des Lebens Hoffnung wieder grün.

Zwar theuer kauften wir den Frieden;
    Er löst ein tausendjährig Band,
Er hat von Brüdern uns geschieden,
    Und fremd gemacht ein teutsches Land.

Doch weicht nicht Alles dem Geschicke,
    Das zürnend uns mit Zwietracht schlug,
Durch Selbstsucht blendend unsre Blicke,
    Und durch des Eigennutzes Trug?

Laßt schützen uns die engern Gränzen
    Mit beßrer Tugend, weiserm Muth!
Dann wird die Zukunft sie ergänzen:
    Der Völker Loos ist Ebb' und Fluth.
  Gunzburg.

                  Hinsberg.

———

2.

Inschriften.

Nach seinen schönsten Idealen
Sah die Natur den Mahler mahlen,

Der immer, wenn er mahlt, von ihrer Schönheit
spricht.
Ich bitte, sagte sie, verschönere mich nicht!

―――――

Unter dieser Ehrensäule
Liegt der Göttin Pallas Eule,
Der den Tod der Tod, einer Freundin gab
Schabt von ihr das Gold nicht ab!
Amor grub mit einem Pfeile
Der Verstorbenen das Grab.

―――――

Bei Betrachtung der von Schadow, dem Künstler, gearbeiteten Bildsäule des Fürsten Leopold von Dessau.

Das ist er, hört ich einen Ruf,
Als Schöpfer Schadow dich erschuf,
Dich alten teutschen Fürsten! Dich!
Und sah mich um, und grämte mich,
Daß du nur Stein warst. Gieb ihm Leben,
O Zevs! rief ich, und laß
Vor ihm den Menschenhaß,
Laß, laß ihn zittern und erbeben!

        Gleim.

―――――

5.
Ewige Jugend.

Wo prangt der Jugend Mutterau
  Mit nimmer weichenden Strahlen?
An welcher Quelle füllt mit Thau
  Uns Hebe goldene Schalen?
    Wo schmückt sich der Gefilde Schooß
    Mit Blumen ewig wandellos?

Die Jungfrau schreitet stolz daher
  Und lähmt der Zeit nicht die Flügel.
Bald glüht für sie kein Jüngling mehr,
  Bald stellt ihr strafend der Spiegel
    Verwelkte Wangen, graues Haar
    Und Augen sonder Schimmer dar.

Der Greis dort an der Krücke schwang,
  Wie Vestris, vormals die Glieder,
Und mit Orlando's Stärke rang
  Sein Arm die Feinde danieder.
    Sein Auge, nun umstarrt von Nacht,
    Flog glühend durch das Feld der Schlacht.

Seht ihr der Jugend Mutterau,
  Das Land des Schönen und Guten?
Da tränkt uns Hebe mit dem Thau
  Der nie versiegenden Fluten.

Da grauet keine Dämmerung,
Da blühn die Blumen ewigjung.

O wohl dem Manne, der sie pflückt!
Er fühlt in sinkenden Tagen
Die Seele stark und hört entzückt
Die fromme Nachtigall schlagen.
Weht, Winde, seinen Staub dahin!
Ihm bleibt und lohnt ein reiner Sinn.

Leonore.

Ein Hüttchen hatte Gustav schon
Für seine Braut erwählt.
Er träumte lieblich: „Um den Heerd
Hüpft sie, wenn Filomele kehrt,
Dem Trauten anvermählt.

Da theilt sie gern an seiner Brust
Des Lebens Glück und Leid,
Und ihre fromme Thräne schmückt,
Wann spät sein Engel ihn entrückt,
Des Trauten Schlummerkleid."

Verschmähte Hütte! Gustav schaut
Dich nach des Tages Mühn.
Wer harrt bei deinem Pförtchen sein?

Nie wird von deines Heerdes Schein
Lenorens Wange glühn.

 Mit süßen Worten raubte sie
Ein fremder Jüngling dir:
„Ruh, Mägdlein, ruh' in meinem Arm!
In Gustavs Hütte wohnt der Harm;
Doch flieht er meine Thür.

 Drei Pappeln lehnen hoch und schlank
Sich nachbarlich an sie;
Da sey des Feierabends Ruh,
Um Park und Schloß beneidest du
Die Königin dort nie."

 Wollt ihr das Hüttchen schaun, das ihr
Der fremde Jüngling gab?
An Agatha's Kapelle stehn
Drei Pappeln hoch und schlank. Sie wehn
Um Leonorens Grab.

       Freudentheil.

4.

Rückkehr in meine Hütte.

Nach dem Französischen des Bürger Carnot *).

O Hütte! deren Wiedersehen
 Das Auge mir mit Thränen näßt;
Die nichts, was Geist und Herz verschmähen,
 Nur was sie reizt, mich finden läßt:
An deinem stillen Heerde thronet
 Noch alte biedre Traulichkeit;
Dein niedres Halmendach, bewohnet
 Noch stets die Unschuld goldner Zeit.

*) Das ungemein naive und herzliche Original steht unter dem Artikel: Carnot in D. C. Posselts Europ. Annalen, Jahrg. 1800. St. 3. S. 259 u. 260. Daselbst heißt es auch: Carnot habe dieß Lied eben damals verfaßt, als er den festen Vorsatz hatte, bei der nächsten Ziehung aus dem Direktorium zu treten, und sich auf sein kleines Pachtgut bei Montditier zurückzuziehen. Um diese Zeit soll es auch in einem Theaterstücke zu Paris erschienen seyn; wobei aber nur wenige vertraute Freunde Carnots wußten, daß er der Verfasser dieser eingeschalteten Ariette sey. Wenigstens athmet darin eine sanfte und heitere, nur dem reinen Menschengefühle und der schönen Natur anhängliche Seele, die bei Ungerechtigkeit und Verfolgung, wie jedes verkannte große und edle Gemüth, ihren Trost und ihre Ruhe in einer holden ländlichen Einöde und in der Lauterkeit ihrer Gesinnungen findet.

Euch, stolze Wünsche, will ich meiden;
  Euch scheut das zarte Grün der Flur.
Hier such' ich keine andern Freuden,
  Als die der Einfalt und Natur.
Komm, nimm mich auf in deine Mitte,
  Du jugendliches Hirtenpaar!
Mit dir folg' ich der Schäfersitte,
  Die unsrer Väter Zierde war.

Beim Klang von euern Feldschallmeyen
  Kehrt Fried' in meinen Busen ein;
Bei euern kleinen Gastereien
  Will ich vergnügt und glücklich seyn.
O Einfalt! du mein Wohlbehagen!
  O du der Unschuld süßes Glück!
Du giebst in meinen alten Tagen
  Noch meine Jugend mir zurück.

  Wien.

                              Gottlieb Leon.

5.

Prolog

zu der neuen Ausgabe der Heliodora *):

Der Schlummer bindet meine Augenlieder;
Die Hügelwand ist mir das weiche Kissen,
Gewölbet über mir der weiße Flieder
Und Rosen, deren Knospen sich erschließen.
Ein frischer Wind streut Blüten auf mich nieder,
Die, bunt gemischt, die helle Luft durchfließen:
Da strahlt es her von Föbos goldnen Thoren,
Und Müdigkeit und Schlummer sind verloren.

Noch lag ich still, und schaute, fast verblendet,
Am Morgenthor das zitternde Gebilde;
Doch als ich kaum den trunknen Blick gewendet,
Erhob aus Nebelduft auf dem Gefilde
Sich eine Lichtgestalt. Ihr Auge sendet
Mir einen Blick, voll Liebeswärm' und Milde;
Von ihren Armen ward ich dann umwunden,
Und froh entrückt in jene Weihestunden:

In jene Stunden, wo von Heliodoren
Ein liebes Bild der Dämmerung entwich;

*) Die im Laufe dieses Jahres erscheinen wird.

L.

In jene Stunden, wo zu meinen Ohren
Der leise Ton der fremden Laute schlich.
Sey mir gegrüßt! Du warst mir nicht verloren,
Denn noch umfängt mein Herz mit Liebe dich.
Sey mir gegrüßt nach kurzen Trennungstagen,
Und löse schnell die ungeduld'gen Fragen.

„Kaum war ich schüchtern deinem Arm entflohen,
„Und fortgerissen von des Markts Gedränge,
„Da lauerten die Räuber schon, die Rohen,
„Und schleppten mich in ihre finstern Gänge.
„Erfüllt von träger Habsucht, ist dem hohen
„Gebot des Rechts die niedre Brust zu enge;
„Und dies Gebot, vor dem sich Edle neigen,
„Sie schmähn es frech, weil die Gerichte schweigen.

„Doch traure nicht! Wo keine Räuber wohnen,
„Hat meine Fahrt ein heller Stern geleitet;
„Und von den Freunden, welche liebend schonen,
„Hat mancher gern den fremden Gast begleitet."
So lebe fort in diesen heitern Zonen!
Ich rief es laut, die Arme ausgebreitet:
Und, um der edlen Freunde werth zu scheinen,
Soll neue Lieb' und Sorge sich vereinen.

Drum magst du erst in deiner Heimath weilen,
Noch durch der Bildung strenge Schule gehn;
Wirst mit Geschwistern meine Liebe theilen,
Doch soll mein Auge wachend auf dich sehn.

Und mögen, wenn du wieder mußt enteilen,
Von Räubern fern, dir milde Lüfte wehn,
Und tausend neue Freunde dich begrüßen,
Die an der Alten schönen Bund sich schließen.

* *

II.

Künste.

Ueber zwei Landschaften von Gmelin.

Hic ver adsiduum, atque, alienis monsibus aestas,
Bis gravidae pecudes, bis pomis utilis arbor.

     Virg. Georg. II. 149. 150.

Hier ist ewiger Lenz, und in fremden Monden der
    Sommer;
Zweimal tragendes Vieh, zweimal auch ergiebig der
    Obstbaum.

   Nach der Vossischen Uebersetzung.

Unter den neuern Werken teutscher Kupferstecher-
kunst, welche den Verfertigern selbst und ihrem Vaterlande zur größten Ehre gereichen, nehmen zwei

Blätter unsers Wilhelm Friedrich Gmelin mit Recht eine der ersten Stellen ein. Dieser treffliche Künstler, welcher allen seinen Landschaften neben dem Werthe des Malerischen auch noch den der antiquarischen Wichtigkeit zu geben bemüht ist, hat die Zahl seiner Meisterwerke mit zwei an Ort und Stelle von ihm selbst aufgenommenen Ansichten des Lago Albano bei Rom und des Mare morto bei Neapel vermehrt. Diese beiden Stücke können sich nicht nur in jeder Hinsicht mit den vorzüglichsten sowohl in- als ausländischen Kunstwerken dieser Art messen, sondern sie übertreffen in Wahrheit bei weitem die meisten derselben. Kaum lassen sie dem Kenner wie dem Dilettanten etwas zu wünschen übrig. Schon die Wahl des Standpunkts, aus welchem jene Gegenden gezeichnet sind, verrathen den einsichtsvollen mit Ueberlegung wählenden Künstler, dem es hier nicht blos um Vergnügung, sondern auch um Belehrung, nicht blos darum zu thun war, den Liebhaber reizender Aussichten zu ergötzen, sondern auch den Alterthumsforscher zu befriedigen, welchen jene Gegenden vornemlich wegen der merkwürdigen Ueberbleibsel der Vorwelt interessiren, die dort noch zerstreut umher liegen und so oft ältern und neuern Dichtern Stoff zu bald lieblichen bald erhabenen Gesängen dargeboten haben. Diese stellen sich denn auch auf beiden Blättern dem Auge des Betrachters in der Nähe und in der Ferne dar.

K. T. M. Mai. 1801.

Was die Kunst anlangt, so kann man sagen, Hr. Smelin habe fast das Unmögliche geleistet. In Ansehung der gemeinen sowohl als der Luft-Perspektive ist dem geübtesten Auge vollkommen Genüge gethan. Der Baumschlag ist locker, mit der angenehmsten Leichtigkeit und Ungezwungenheit ausgeführt, und, wo es die Natur erforderte, kraftvoll, auch den verschiedenen Arten von Bäumen und Sträuchern, welche vorgestellt werden sollten, durchaus angemessen. Die Behandlung der Luft ist meisterhaft; besonders bei dem zweiten Stück, wo die vielen dem Künstler sich entgegen stellenden Schwierigkeiten glücklich überwunden sind. Licht und Schatten sind mit der tiefsten Kenntniß vertheilt, und das Ganze hat eine so herrliche, dem Auge schmeichelnde Haltung, daß dieses mit Wollust darauf verweilt, und, sich dem genußvollen Eindruck überlassend, kaum seinen Blick davon abwenden kann. Kurz, diese schätzbaren Blätter hat Hr. Smelin mit seinem schon an seinen frühern Arbeiten bewunderten Grabstichel so kräftig und doch so reich, so bestimmt und doch so verschmolzen, so fleißig und doch so malerisch, je nachdem die verschiedenen Gegenstände diese oder jene Behandlung erheischten, dargestellt, daß sie den schönsten Beweis geben, daß der Grabstichel mit Hülfe der Nadel, von der Hand des Genies geführt, bei Landschaften (Nachtstücke ausgenommen, für die sich die Aquatinta-Manier besser schickt) die größte Wirkung hervorzubringen vermag, und der sonst gewöhnlich bemerkbaren Härte sehr wohl auszuweichen weiß.

Ich gehe nun zur Anzeige der auf diesen Blättern vorgestellten Merkwürdigkeiten über, um den Leser dieser Zeitschrift, welcher es bis jetzt unterlassen haben sollte, mit jenen Triumfstücken des wackern Künstlers seine Sammlung zu schmücken, zu bewegen, sich diesen herrlichen Genuß nicht länger zu versagen.

1.

Der See von Albano bei Rom.

Er ist mit seinen Umgebungen von der Nordwestseite aufgenommen. Den Vorgrund macht der unweit des Gestades hinlaufende Weg aus, geziert mit majestätischen Eichen, von denen die größte linker Hand das Blatt begrenzt. Neben derselben, an ein Felsenstück gelehnt, sitzt ein Zeichner, im Begriff die erhabene Gegend auf sein Papier zu zaubern. Ein alter Mann in Mönchskleidung, der einen beladenen Esel vor sich her treibt, bleibt bei ihm stehen und scheint sich mit ihm wegen seiner Zeichnung zu unterhalten, auf welche er mit der rechten Hand deutet; und an dieser Figur möchte ein Tadellustiger wohl nicht mit Unrecht etwas steifes, hölzernes auszusetzen finden — der einzige Vorwurf, der dem Künstler mit

Grunde gemacht werden kann. Die übrigen Figuren sind ungleich besser. Ein ländlicher Römer ist mit seinem jungen Weibe, das einen Säugling in ihren Armen hält, und einem Knaben, der mit einem erhaschten Vogel seinen Aeltern freudig nacheilt, auf dem Wege nach dem Castel Gandolfo zu begriffen. Ungefähr in der Mitte des Vorgrundes, weiter nach dem Seeufer hin, erhebt sich eine treffliche Gruppe von noch 5 oder 6 Eichen. Von der Abendsonne erhält die ganze Landschaft ihre unvergleichliche Beleuchtung.

Verfolgt man die Gegenstände weiter von der Linken zur Rechten, so erblickt man zuerst unten am See den berühmten Kanal Emissarius, der im J. R. 358 bei der Belagerung von Veji auf den Ausspruch des Delfischen Orakels angelegt ward *); er ist durch den Berg gehauen, anderthalb Miglien lang und liegt in einer Tiefe von 300 Palmen; das Wasser ergießt sich südlich über die Ebene in das Meer. Auf der Anhöhe ist das päbstliche Lustschloß Castel Gandolfo, wo ehemals Domizian, dessen Villa sich bis an das Ufer des Sees erstreckte, prächtige Seegefechte veranstaltete. Hinter demselben, mehr nach der rechten Seite, tritt Rom hervor, in vollem Glanze der Abendsonne, aber freilich der großen Entfernung we-

*) Liv. V. 16.

gen nur undeutlich. An der andern Seite des Amfitheaters liegt Rocca di Papa, das alte Forum Popilii, und noch jetzt Foro Popolo genannt; auf einer Anhöhe dabei stand eine Veste zur Vertheidigung gegen Feinde, und nahe davor nördlich stößt eine Ebene, wo Hannibal mit seiner Armee gelagert war, und die noch gegenwärtig mit dem Namen il campo di Annibale belegt wird. Palazzola endlich erscheint noch weiter rechts, wo das vom Ascanius *) erbaute und unter Tullus Hostilius **) bis auf den Tempel wieder zerstörte Alba longa lag. Den Horizont begrenzen die Berge von Viterbo, der schneereiche, dem Apollo geheiligte Sorakte ***), die Sabiner Gebürge und der bei Palazzola liegende M. Cavo, vordem als Mons Albanus bekannt und berühmt durch die feriae latinae, welche auf demselben gefeiert wurden, wie durch den Tempel des Jupiter Lazialis oder Laziaris, welchen

*) Virg. Aen. III. 389. VIII. 42. etc.

**) Liv. I. 33.

***) Horat. Od. I. 9.
    Vides ut alta stet nive candidum
    Soracte.

Virg. Aen. XI. 785.
    Summa deum, sancti custos Soractis Apollo.
Und die Stelle beim Plin. hist. nat. VII. 2.

Tarquinius Superbus erbaute *). Rings um den See, an den Ufern desselben, besonders unterhalb Castel Gandolfo, sind noch eine Menge Ueberbleibsel von Alterthümern zu sehen, die zum Theil von Piranesi in s. Antichità di Albano e di Castello abgebildet sind.

2.

Das Mare morte bei Neapel.

Hr. Gmelin stellt uns hier eine Gegend vor Augen, die troß den mannigfaltigen Verheerungen, welche ihr durch erzürnte Vulkane und verschlingende Erdbeben nach und nach bereitet worden sind, noch jetzt unter die schönsten und angenehmsten der Erde gezählt werden kann. Hier an den Ufern des Mare morte sehen wir einen Theil jener elysischen Gefilde des glücklichen Kampaniens, welche den Alten, Dichtern und Geschichtschreibern, zu begeisterten Schilderungen so reichliche Veranlassung gaben. Wem sind sie nicht bekannt aus den Gesängen eines Horaz und Virgil, welcher leßtere den Aufenthalt um und in Neapel so sehr geliebt hatte, daß Augustus selbst die Asche des göttlichen Sängers dadurch noch zu ehren glaubte, daß er sie von Brundus dahin bringen ließ. Welcher Leser der Alten

*) Liv. XXI. 63. XXII. 1.

kennt sie ferner nicht aus dem Juvenal, Martial, Silius Italicus, Publ. Papinius Statius, Florus, Seneca, Cicero, Plinius, Strabo, Polybius? Wer hat endlich des gefühlvollen Sannazars Gedichte voll Zartsinns und Erhabenheit gelesen, ohne begierig zu werden nach anschaulicher Kenntniß jener entzückenden Fluren? Die größten Männer Roms, zur Zeit der Republik und unter den Kaisern, wetteiferten mit einander in der Leidenschaft, einen Erdstrich, den die wohlthätigsten Gottheiten, Ceres, Bacchus und Venus bebaut hatten, mit prächtigen Landhäusern gleichsam zu besäen. Lucullus hatte deren drei an verschiedenen Orten *); und aus den Briefen des Cicero an den Atticus, wo er von seinen Puteolanis et Cumanis regnis spricht, weiß man, daß selbst der Stoiker sich nicht mit Einer Villa begnügte.

Wem das ungünstige Schicksal versagte, diese hochgepriesenen Stätten zu schauen, welche jene edlen Lieblinge Augusts in ihrem Schooße wiegten und sie zu Gesängen entflammten, die stets einen großen Theil des Lebensgenusses eines Mannes von gebilde-

*) Eines auf dem Vorgebirge Posilippo, ein anderes bei dem See Agnano, welchem der See selbst zum Fischbehälter diente; und das dritte am Vorgebirge Miseno.

tem Geschmacke ausmachen, der wird wohl nicht die
Gelegenheit vorbeigehen laſſen, durch den Anblick guter Abbildungen ſich einigermaßen ſchadlos zu halten.
So trete er denn mit mir vor dieſes Blatt und über-
ſehe das herrliche Amfitheater ſo mannygfaltiger Ge-
genſtände, welche eine Meiſterhand vor unſern Augen
ausgebreitet hat.

Die Landſchaft iſt von der Nord-Oſtſeite gezeichnet und erhält ihre Beleuchtung von den Stralen der
aufgehenden Morgenſonne, welche noch nicht völlig
hinter den Gebirgen von Caſtellamare hervorge-
treten iſt. Gewiß hat der Künſtler auch in dieſem
Stück ſehr glücklich gewählt. Die feierliche Stille
des anbrechenden Tages, das erhabene Schauſpiel der
erwachenden Schöpfung, ſchickt ſich trefflich zu dem
ganzen Lokale. Den Vorgrund beſchatten Pappeln,
Mandelbäume, Hängebirken, Thränenweiden; vor
allen aber ragt eine luftige Palme *) (Phoenix dac-
tylifera, Lin.) hervor, von ausnehmender perſpekti-
viſcher Wirkung. Links erblickt man Ruinen, welche
mehrere an einander ſtoßende nach dem See zu ab-
wärts laufende Grotten bilden, die mit allerhand Ge-
ſträuch überwachſen ſind; wahrſcheinlich die Fortſetzung
ganzer Straßen von Gräbern, welche ſich am Abhan-
ge der ſogenannten elyſäiſchen Felder längs dem Ufer

*) Ardua palma, Virg.

befinden. Vor einer solchen Grotte sitzt eine weibliche Figur, über sich einen Mantel geschlagen, und hält zwei kleine Kinder im Schooße; dies sind die einzigen Figuren, mit denen die Landschaft staffirt ist.

Wenn das Auge des Betrachters dieses Blattes wieder wie bei dem vorhergehenden sich von der Linken zur Rechten fortwendet, so erblickt es die Gegenstände in folgender Ordnung:

Zuerst die schon erwähnten Elysäischen Felder. Nimmt man an, daß Homer die elysische Flur in dieser Gegend gedacht habe, so paßt wenigstens die Beschreibung, die er uns davon hinterlassen hat, auch jetzt noch auf diese zauberischen Gefilde:

Dort ist kein Schnee, kein Winterorkan, kein gießender Regen;
Ewig weh'n die Gesäusel des leiseathmenden Westes,
Welche der Ozean sendet, die Menschen sanft zu kühlen *).

Allein davon, daß man auch Virgils Elysium **) hier zu suchen habe, kann natürlich gar nicht die Re-

---
*) Odyssee IV. 566. nach der ältern Vossischen Uebersetzung.

**) Aen. VI. 638 et sq.

de seyn, weil dieser sich dasselbe nicht auf, sondern unter der Erde dachte.

Hinter diesen liegt **Bauli**, wo, der Fabel nach, **Herkules** die dem Geryon geraubten Rinder untergebracht haben soll *). Nahe dabei, am Golf von Bajå, zeigt man das Grabmal der auf Befehl ihres Sohnes Nero getödteten **Agrippina** **). Allein es ist bekannt, daß die ganze Ruine mehr das Ansehen eines Theaters als eines Grabmals hat. — Ferner die **Leucogarischen Hügel**, jetzt **Solfatara** genannt ***), merkwürdig wegen ihrer heißen Wasser und sonderbaren vulkanischen Erzeugnisse. Gerade vor sich erblickt man den **Hafen von Miseno**, wo eben **Plinius der Aeltere** mit der ihm untergebenen Flotte lag, als jener berüchtigte Ausbruch des Vesuvs am 24sten August 79 die Städte **Herkulanum, Pompeji** und **Stabiä** verschüttete und dem wißbegierigen Römer das Leben kostete ****). In dem nahegelegenen Meerbusen von **Puteoli**, jetzt

---

*) Daher dieser Ort beim Silius Italicus Herculeos Baulos heißt.

**) Tacit. Annal. XIV. 4.

***) Das forum Vulcani des Strabo. Plin. hist. nat. XXXV. 50.

****) Plin. epist. VI. 16 et 20. ad Tacit.

Puzzuolo, war es, wo Kaligula jene berühmte Schiffbrücke in einer Länge von 3600 Schritten bauen ließ, um über diesen Golf von Bajä bis Puteoli im Triumf zu Wagen ziehen zu können *). Den Ueberbleibseln des Puteolanischen Hafens ward in der Folge jene Benennung, Brücke des Kaligula, fälschlich beigelegt. Hierauf zeigt sich die von Sannazar besungene kleine Insel Nisida, und hinter dieser das Vorgebirge von Posilippo mit seinen reizenden Gestaden. Von diesem Feenlande, das sich eines ewigen Frühlings erfreut, sagt daher auch Sannazar: „es sey ein Stück vom Himmel, das auf die Erde gefallen **)." Ueber jener berühmten Grotte, durch welche ein Weg läuft, der nach Puzzuolo führt, ist, dem Bericht des Grammatikers Aelius Donatus zufolge, das Grabmal des Virgil; nebst ihm fand es auch Statius, ein geborner Neapolitaner, daselbst, und sagt von sich: daß er bei demselben Feuer für den Geist seiner Dichtkunst sammle ***). Nicht weit davon deckt bekanntlich ein anderes Grabmal Sannazars heilige Asche. Dies

*) Sueton. in vita Calig. 19.

**) Un pezzo di cielo caduto in terra.

***) . . . . . . Maronei sedens in margine templi
Sumo animum ac magni tumulis accensto magistri.

se nachbarliche Lage beider Gräber gab dem Kardinal Bembo die Idee zu nachstehendem artigen Distichon:

Dat sacro cineri flores hic ille Maroni
 Sincerus *) musa proximus ut tumulo.

In derselben Gegend, unfern einer Bucht, die den Namen Mare piano führt, lag die Villa des Vedius Pallio. Noch sind einige Rudera von dem Fischteiche vorhanden, wo er seinen Muränen verurtheilte Sklaven als Futter vorwerfen ließ. Weiters hin erscheinen die Ruinen von Torre del Greco, welcher Ort im Jahr 1794 von den Lavaströmen gänzlich verwüstet wurde. Rechter Hand endlich liegen die Ruinen der alten Stadt Misenum, am Fuße des Vorgebirges gleiches Namens, welches, wie man weiß, seine Benennung von dem Misenus, dem Trommetenbläser des Aeneas, welcher hier begraben seyn soll, erhalten hat **).

*) So nannte sich Sannazar in seinen Gedichten.

**) At pius Aeneas ingenti mole sepulcrum
 Imponit, suaque arma viro, remumque tubamque
Monte sub aërio; qui nunc Misenus ab illo
Dicitur, aeternumque tenet per saecula nomen.
     Virg. Aen. VI. 232-235.

Bemerkenswerth sind in der umliegenden Gegend die Ruinen eines Theaters und zweier Tempel, die Piscina mirabile und die Grotta Dragona‍ra. Den Horizont begrenzen der Berg von Camal‍doli, von wo man die herrlichste, weitumfassendste Aussicht hat, und die Flegräischen Felder, alle Inseln und Seen des Neapolitanischen und Puzzulani‍schen Meerbusens übersieht; ferner die Apenninen, der dampfende Vesuv, die Gebirge von Castellar‍mare, (wo vielleicht vordem das alte Stabiä lag) Vico, Sorrente und Massa.

Hiermit endige ich die Beschreibung dieser beiden preiswürdigen Kupferstiche und habe meinen Endzweck erreicht, wenn Sammler und Liebhaber der Kunst und Alterthümer durch dieselbe gereizt werden, sich mit eigenen Augen zu überzeugen, daß das, was ich hier zum Ruhme derselben gesagt habe, keineswegs übertrieben ist, und wenn sie durch Anschaffung der‍selben den Künstler selbst wie den uneigennützigen Ver‍leger ermuntern, in ihrem Eifer für die Ehre teut‍scher Kunst nach wie vor rühmlichst fortzufahren.

Beide Blätter sind im J. 1799 in der Kunsthand‍lung des um die Beförderung unserer vaterländischen Kunst hochverdienten Herrn Frauenholz in Nürn‍berg herausgekommen, und er hat beide dem Kurfür‍sten von Pfalzbaiern gewidmet. Sie kosten zusammen nicht mehr als 2 Karolins oder 22 fl. Rhein., ein gewiß sehr mäßiger Preis. Abdrücke aus dem ersten Hundert werden mit 33 fl. und vor der Schrift mit 44 fl. bezahlt. Nebenbei erhält man noch beide Gegenden auf einem Blatt in bloßen Umrissen mit einer, wiewohl nur sehr flüchtigen Erklärung.

Häfeli.

III.

Denkmal der Wahrheit
auf
Johann Kaspar Lavater,
von
Karl Ludwig von Haller.
(Fortsetzung.)

Allein glänzender als in allen diesen theologischen Aeußerungen war Lavaters Verdienst als Seelsorger, und als Vorsteher einer aus mehr als 5000 Seelen bestehenden Christengemeinde. Da bewunderte man seine Pflichttreue, seine Gewissenhaftigkeit, seinen liebevollen Eifer, seine unerschöpfliche Thätigkeit. Er nannte sein Amt ein **heiliges Amt**, und hat es auch in diesem Geiste erfüllt. Zu seiner zahlreichen und kultivirten Gemeinde hatte er eine Liebe, der er alles aufzuopfern im Stande gewesen wäre, und erfuhr auch von ihr eine Gegenliebe, die sich während beinahe 40 Jahren ununterbrochen erhalten hat und noch nach seinem Tode fortdauert. Manchen vortheilhaften Ruf hat er wegen ihr ausgeschlagen; in Gefahren verließ er sie nie, und mit dem Tode auf der Brust hielt er noch wenige Monate vor seinem Hinscheiden eine so rührende letzte Anrede an dieselbe, daß alle Zuhörer dabei in Thränen zerflossen. Bei einer erstaunenswürdigen anderweitigen Geschäftigkeit wurde gleichwohl nicht die geringste Berufspflicht von ihm vernachläßiget. Im Kirchenrath bewunderte man sein richtiges Urtheil, viele schwierige Geschäfte wurden ihm übertragen, und wo immer Friede zu stiften, streitige Landleute zu vereinigen waren u. dgl. da wurde fast allemal Lavater dazu auserkohren. Als vor der Raubsucht oder der Dogmatik der Revoluzion, auch die Armen-Anstalten Gefahr liefen, zertrümmert zu werden, wußte Lavater blitzschnell, und zwar in einem Zeitpunkt, wo alles durch Schrecken gelähmt war, die Vorsteherschaft der Gemeinde zu organisiren und dadurch jenem Unglück zuvorzukommen. Ihm wurde noch zwei Jahre hernach das öffentliche Zeugniß gegeben, daß wenn in dieser Kirchengemeinde etwas neues Nützliches eingeführt, altes Gute beibehalten, ihre gänzliche Auflösung behindert worden, solches allein dem vorleuchtenden Beispiel von Lavater zu verdanken sey, der alles mit seinem Muth und mit seiner Standhaftigkeit belebte *). Seine Predigten, die meist ex tempore oder aus der bloßen Analysis gehalten wurden, waren nicht nur voll eindringender Herzlichkeit sowohl in Sprache als in der Modulazion der Stimme, sondern allemal nach den Zeitbedürfnissen auf moralische Zwecke gerichtet, und der Fülle einer unaffektirten natürlichen Beredsamkeit unbeschadet, war gleichwohl, in denselben ein durchdachter Zusammenhang und eine strenge, sogar in Rücksicht auf die Proporzion der Theile gezügelte Ordnung nicht zu verkennen. Was aber Lavater in dem weiten Kreise seiner Wirksamkeit den Dürftigen, den Kranken, den Leidenden und Sterbenden gewesen, das vermag keiner seiner Biografen zu beschreiben; aber geräuschlos und im Stillen werden ihm noch lange Zeit von Hohen und Niedrigen tausend Thränen des Danks und der Verehrung gezollt werden. Begegnete ein Unglück in der Stadt, so ward Lavater berufen, oder er eilte

*) S. Hirzels Anrede an die Petrinische Kirchengemeinde bei der Erwählung von Lavaters Nachfolger — in den Blümchen auf Lavaters Grab. Zürich 1801.

selbst zum Trost und zur Hülfe hin. Wußte einer sich nicht mehr zu helfen, verzweifelte er an göttlichem und menschlichem Schutze, ward er von Unruhen und Besorgnissen geängstiget, so nahm er zu Lavater seine Zuflucht, der allemal Rath und Hülfe entweder selbst gab oder sonst zu verschaffen wußte. Ueberzeugt, daß der flüchtige oder bald vergeßne Jugend-Unterricht und die öffentlichen kirchlichen Zusammenkünfte nicht hinreichen, die Menschen in guten Gesinnungen und Entschlüssen zu stärken und fest zu erhalten, schränkte Lavater den Zweck seines Berufs freilich nicht blos auf die buchstäbliche Erfüllung seiner Amtspflichten ein, sondern benutzte sein ganzes Leben, alle seine freundschaftlichen Verhältnisse, um überall, wo sich die Gelegenheit darbot, ein Lehrer und Beförderer des Guten zu seyn. Aber nur niedrige Bosheit, die an keine Reinheit des Herzens glaubt, kann das Zutrauen, das er nicht suchte, und das ihm gleichwohl von Tausenden geschenkt ward, weil seine Redlichkeit es verdiente, als ein Mittel darstellen wollen, um sich seiner Glaubenskinder zu bemächtigen, und ihnen ihre Geheimnisse abzulocken, oder in das Innerste ganzer Familien eingeweiht zu werden. Lavater war zu offen und gerade um die Menschen durch dergleichen Mittel an ihn zu verstricken und sich ihnen unentbehrlich zu machen; er hatte nichts geheimes, nichts schwärmerisches, nichts vor Gott oder vor menschlichen Gesetzen unerlaubtes, was er im Dunkeln zu befördern suchte, sondern seine Liebe verfolgte gar keinen anderen Zweck, als unmittelbar denjenigen Gutes zu thun, die ihn mit ihrem Zutrauen beehrten. Als moralischer Seelenarzt (ein erhabener Beruf, der gewiß nicht so entbehrlich ist) mußte er ja wohl auch die geheimen Gemüthskrankheiten kennen, und um z. B. in einer Familie Frieden zu stiften, wird der Seelsorger wohl in die Ursachen des Zwistes eingeweihet werden müssen. Seinen Besuchen aber, seinem belebenden und immer zu allem Guten ermunternden Umgang, seinen freundschaftlichen immerhin mit eindringender Wärme gegebenen Räthen, Zusprüchen und Ermahnungen, verdankte man, wie selbst seine Feinde oder Scheinfreunde gestehen, zahllose gute Entschlüsse, edle und gemeinnützige Thaten, Beiträge für geheime Dürftigkeit und verborgene Leiden, großherzige Aussöhnungen, reichliche Hülfsleistungen an verkanntes darbendes Verdienst u. s. w.; ihm ist vielleicht großentheils die Erhaltung der Gutherzigkeit und Wohlthätigkeit zuzuschreiben, durch welche sich die Stadt Zürich beständig vor so vielen andern ausgezeichnet hat, und zwar in einer Zeit, wo man sonst für überflüssige oder verderbliche Dinge immer genug und für Ausgaben der Pflicht oder der Menschlichkeit immer zu wenig besitzt. Dabei hat sich aber niemand je über Zudringlichkeit von Seiten Lavaters beschwert, vielmehr hörte ich manche klagen, daß man ihn so selten und nie ungerufen zu sehen bekommt; niemand hatte sich über Unbescheidenheit von seiner Seite zu beschweren, und wenn er je etwas bekannt machte, was er durch Briefwechsel oder sonst vernommen hatte, so war es immer das Gute und nie das Böse. Aus eben diesem Pflichtstrieb nach moralischer Wirksamkeit, zumal in dem Kreise seiner Vaterstadt, flossen auch die verschiedenen Erbauungsbücher, wo er die religiösen Lehren und Pflichten für jedes Alter und jeden Stand kurz und eindringend zusammenstellte, und der Fassungskraft derer, für die sie bestimmt waren, anzupappen suchte; Bücher, die vielleicht im Verborgenen mehr Gutes, als man glauben möchte, gestiftet haben, die aus dem Gesichtspunkt ihres unmittelbaren Zweckes betrachtet werden müssen, und die er drucken ließ, nicht um in der gelehrten Welt zu glänzen, noch um reichliche Honoraria zu erhalten, oder in Journalen gepriesen zu werden, sondern um das, was von ihm gefodert wurde, und was die mündliche Lehre nicht so leicht noch so weit verbreiten konnte, zum Gebrauche derer, die es nöthig hatten, zu vervielfältigen. Aus den Sinnsprüchen, Denkblättern, kleinen Briefchen, Gedichten u. s. w., die man auch noch gar zum Gegenstand des Spottes nehmen zu müssen glaubte, hat sich endlich gewiß niemand weniger als Lavater ein Verdienst gemacht. Er drang sie niemanden auf und gab sie niemanden als denen, die ihn darum als ein Zeichen seines Andenkens ersuchten, denn dafür wußte er zu streng mit der köstlichen Zeit Haus zu halten. Uebrigens enthielten sie keine Schmeicheleien, keine Oden und Lobgedichte, wodurch er Pensionen oder Gratifikazionen zu erschleichen, keine Orakelsprüche mit mysteriösen Formeln, wodurch er sich das Ansehen eines Weisen zu geben, keine giftigen oder spöttischen Epigramme, wodurch er die müßige Welt zu belustigen, oder wie etwa die Französischen Schöngeister, an die Tafel der Großen gezogen zu werden suchte; seine flüchtige wie seine durchdachtere Muse war immer nur der ernsten Pflicht gewidmet. Es wird zwar niemand jene, wiewohl unschuldige und Lavatern eigene Gewohnheit als eine vorzügliche Eigenschaft zur Nachahmung aufstellen wollen, diejenigen allein mögen sie befolgen, die das Talent dazu haben, und denen ihre Lage und Verhältnisse sie, wie Lavatern, zur Nothwendigkeit machen; aber es ist wahrlich ein erbärmlicher Witz, darinn eine Aehnlichkeit mit jenen Orakelversen einer kumanischen Sybille finden zu wollen. Lavater schrieb viele tausend Briefe auf kleine dafür eingerichtete Blätter und schob sie in bereits dafür verfertigte Kouverts ein, darum weil ihm diese Methode, bei seiner ausgedehnten Korrespondenz und seinen zahlreichen anderweitigen Beschäftigungen, unendlich viel Zeit und Mühe ersparte. Seine Zirkular=Briefe hatten die nemliche Veranlassung und Absicht, sie empfahlen immer irgend eine gute Handlung, einen Gegenstand der Wohlthätigkeit, der

Pflicht *), ein darbendes oder verkanntes Verdienst; seine freundschaftlichen Denkblätter, Sinnsprüche u. s. w. enthielten allemal eine nützliche mit Geschmack und Herzensgüte auf die Person, an die sie gerichtet waren, angewandte Lehre; sie hatten wenigstens den Vortheil, eine moralische Pflicht kurz ins Gedächtniß zu fassen, durch den täglichen Anblick beständig daran zu erinnern, und weil sie von der Hand eines verehrten und hochgeschätzten Freundes herkam, lebendiger als sonst in die Seele zu dringen. Wahrlich diejenigen, welche über dergleichen wiewohl klein scheinende Mittel lachen können, müssen nie berechnet haben, welch großen Nutzen sie zu schaffen im Stande sind. Ich wenigstens gestehe es, daß ich allemal gerührt bin, wenn ich in der Hütte der Armuth oder in der Werkstätte des fleißigen Handwerkers irgend einen frommen Spruch oder ein vernünftig religiöses Lied, dem Auge dargestellt, erblicke, und nie kann ich mich dabei des Gedankens enthalten, wie viel Böses oft dadurch verhindert, wie viel Treue, Fleiß, Gewissen-

---

*) Man sehe z. B. seinen Zirkularbrief, den er im März 1799 an die Gattinnen und Familien der nach Frankreich entführten Zürcherischen Geisel schrieb, und der wenige Stunden nach dieser ganz willkührlichen Entführung abgefaßt wurde. Er steht in den **Briefen über das Deportazions-Wesen** S. 22=29 abgedruckt. Schwerlich wird man ein schöneres Meisterstück von eindringender Beredsamkeit und erhabener durchaus praktischer Religiosität finden können.

haftigkeit hierdurch befördert wird, und wie oft, die jenigen selbst die darüber spotten, ohne sie würden beraubet, betrogen und mißhandelt werden.

Lavaters tugendhafte Thätigkeit erstreckte sich endlich allerdings noch weiter als auf seinen Kirchsprengel und auf seine Vaterstadt. Seine Schriften und seine Person hatten ihn bei Tausenden in der Nähe und Ferne, bei Hohen und Niedrigen beliebt und verehrt gemacht; von Neapel bis Kopenhagen, am Genfer See und am Belt, gab es freilich noch Redliche, denen Lavater lieber war als der Satyr von Ferney, und letzterem gebührt wahrlich eher der Schein-Ruhm, den jener Biograf in der Allg. Zeitung dem ersteren zuschreibt, die belasteten Gewissen (durch den Löseschlüssel seiner Freiheitslehre) zu entbinden, als Lavatern, der sie nicht entband, sondern im Gegentheil nur darauf arbeitete, sie fest und unauflöslich an das Gesetz der Pflicht zu binden. Sein Briefwechsel war ein Verkehr der erhabensten Freundschaft, des Zutrauens, er gieng vom Geist des Guten aus und zielte nur auf diesen hin. Die Briefe, die er erhielt, waren Aeußerungen der reinsten, verdientesten Dankbarkeit, der Belehrung suchenden Redlichkeit, der hülfsbedürftigen Bescheidenheit; diejenigen, die er schrieb, ermahnten immer zum Guten, sie stärkten in tugendhaften Entschlüssen, trösteten im Unglück, gaben oder schafften Hülfe und Belehrung u. s. w. nichts

Sektenartiges hat sich ihnen je beigemischt. Er predigte seinen Freunden und Bekannten keine neue Lehre, und keine hochtönenden Dogmen, womit wohl andere leuchten wollen, oder zu fosforeszieren pflegen, sondern eine alte zu sehr vergeßne Lehre, aber mit mehr Wärme als sonst beigebracht; er suchte sich keine Oberherrschaft über seine sogenannten Schüler anzumaßen, keinen Einfluß durch sie zu erhalten; er wollte nicht die Welt reformiren noch im Dunkeln nach seinem System beherrschen; und wenn man ein so natürliches Verhältniß von Einem zu Mehreren oder von Mehreren zu Einem, wie das zwischen Lavater und seinen Bekannten war, ohne Formeln, ohne Zeichen, ohne Prahlerei, ohne besondern Zweck, dennoch eine Sekte, oder wie jener Biograf, eine unsichtbare, enggeschlossene Kirche nennen will, so macht es wenigstens Lavatern Ehre, daß alle diejenigen, welche ihn liebten und verehrten, in jeder andern Rücksicht gute und vortrefliche Menschen waren, daß aller Orten gerade die Besseren sich zu ihm neigten; ein Umstand, dessen sich hingegen andere Sekten und Sekten-Stifter neuerer Zeit, z. B. die der Freiheit und Gleichheit, nicht so sehr rühmen können, als denen sich hingegen alle Lasterhaften, alle Landesverräther, alle Neidischen, undankbaren, rachsüchtigen Menschen, alle diejenigen, denen die Last der Pflicht und das Joch der Treue unerträglich ist, beizugesellen pflegen, wiewohl auch Bessere darunter seyn mögen, die durch Thatengröße ohne Werth verblendet, in albernes Erstaunen versin̄ken, oder sich in schwärmerischer Seligkeit über ein künftiges vorgeblich goldenes Zeitalter entzücken, oder das Gute, das in ihnen selbst liegt, in das leere Wortgepränge von andern hineinlegen. Aber die Feinde Lavaters, die selbst nicht nach seinem Tode schweigen können, witzelten auch sogar über seine Thätigkeit selbst, die sie **Allgeschäftigkeit** nannten. Darüber hat man sich zwar nicht zu verwundern, denn es ist schwer, es gewissen Leuten in dieser Rücksicht recht zu machen. Schränkt einer sich auf seine Berufspflichten ein, thut und schafft er nur Gutes in dem Kreise, worein ihn die Vorsehung gesetzt hat, den er überschauen kann, in welchem er mit Kenntniß, Einfluß und Zutrauen wohlthätig zu wirken im Stande ist, und läßt andere anderwärts das nemliche thun, so werfen sie ihm **Engherzigkeit, Nazional-Egoismus** u. s. w. vor, und behaupten, man solle nur für die ganze Menschheit leben, wie dann heut zu Tag fast ein jeder mit seinem Geschwätz der Menschheit, die es nicht verlangt, und der es nicht frommt, zu dienen wähnt. Man sieht diesen Kosmopolitismus besonders von solchen Leuten predigen, die zu Hause nichts Gutes thun, ihr Vaterland verachten und die ganze Welt zu lieben vorgeben, darum weil sie nichts um sich her lieben und gewöhnlich auch wenig geliebt werden. Ist aber ein glücklicher Sterblicher von der Natur mit Talenten begabt und in Umstände versetzt,

wo er nebst der unmittelbaren Sfäre seiner Thätigkeit, durch Schriften, Bekanntschaften, Briefwechsel
u. s. w. auch auswärts Gutes wirken kann, und zu
wirken veranlaßt wird, so heißen sie solches Allgeschäftigkeit, eine lächerliche Wirkungssucht u.
s. w., nach welcher einem das Vaterland und der eigentliche Beruf nur wie eine Nußschale vor-
komme, während sie hingegen eine solche, selbst un-
berufne Allgeschäftigkeit sehr prächtig finden, wenn sie
etwa von Paris herkömmt, nach der Mode zugeschnit-
ten ist, und ein paar große Worte zum Aushänge-
schild führt, wie z. B. die der Aufklärung, bei der
fast niemand mehr denkt noch seine Augen öfnet;
des Menschenwohls, bei dem es niemanden wohl
ist; der neuen Freiheit, die uns zwar von Pflicht
und äußerem Glück befreit, dagegen aber mit Gewalt
Leibeigenschaft und lauter Frohndienste auferlegt. O!
gestehet es, die Zeit ist wahrlich gekommen, wo man
sich dessen nicht mehr schämen sollte. — Ihr tadeltet nicht
Lavaters Thätigkeit, sondern den Gegenstand seiner Thätigkeit, den Ihr nicht geradezu angreifen
durftet. Es konnten es viele nicht leiden, daß ein re-
ligiöser Mann einiger Celebrität genoß, daß er bei
Hohen und Niedrigen Eingang, Zutrauen und Einfluß
hatte, daß er geschätzt, geliebt und verehrt wurde; zu
einer Zeit, wo diejenigen allein die Götter des Tages
seyn wollten, deren einziges Wissen darin bestand,
das Heilige lächerlich, das Laster reizend, das Böse

mit sofistischem Schein empfehlungswürdig zu machen, die da weiser als die Natur seyn wollten, zumal sie fast alles, was dieselbe hervorgebracht hat, für unnatürlich ausgaben, und die sich ihrer paradoxen Einfälle, krummen Sentenzen, und schimmernder Dialektik wegen zur Herrschaft der Welt berufen glaubten.

(Die Fortsetzung folgt.)

IV.

Andenken
an den
Freiherrn Karl Emil von der Lühe.

Das geistreiche, gehaltvolle Gedicht des Hrn. von der Lühe, Flora, ist gewiß vielen unserer Leser durch mehr als Eine Mittheilung zu Gesicht gekommen, und weil das Schöne bei guten und empfänglichen Menschen nicht bloß nur heute und morgen schön ist, auch noch in gutem Andenken. Er hatte vor kurzem auch sein zweites Gedicht, ein Seiten- und Folgestück des erstern, Ceres, vollendet, und der teutsche Merkur

war eben im Begriff, diese in vieler Rücksicht merk/
würdige Erscheinung auch in einem weitern Kreise be/
kannt zu machen, als plötzlich der Schlaf mit seinem
Zwillingsbruder kam, und den freundlichen Dichter
ad generum Cereris — illuc, unde negant redi-
re quenquam abrief. So können wir dem entschwun/
denen Schatten nur noch die heilige Syrenge und
was dem Todten geziemet, auf seinen Aschenkrug le/
gen. Die lieblichste Blume blühet ihm aus seinen un/
vergeßlichen Gedichten, welche überall unverkennba/
re Spuren der vielseitigsten Kultur, um welcher will/
len schon die ältesten Dichter vorzugsweise Sofi, Ge/
lehrte, hießen, und ächte Humanität, deren Oberprie/
ster alle wahren Dichter seyn müssen, in zarter Mi/
schung an sich tragen. Das Gedicht selbst ist auch in
seiner äußern Form eine Gabe der Grazien, und führt
dadurch, daß es mit längst erfundenen Stereotypen
ungemein sauber gedruckt ist *), einen neuen Beweis,
daß was uns das Ausland oft mit Cymbeln/ und Po/
saunenklang ankündigt, in unserm Schooße schon lan/

*) Hymnus an Ceres. Wien, gedruckt mit Stereo-
typen des Grafen Prosper v. Sinzendorf. 1800. in
gr. 4. 24 Seiten, mit einer bedeutenden Anfangs/
vignette, dem Kopf einer römischen Kaiserin, als Ce/
res nach einem Onyx Cameo des Kaiserlichen Kabi/
nets. Das Gedicht selbst hat ungefähr 900 Verse, und
erhält bei dunklern Anspielungen Aufschlüsse durch
Noten am Schluße.

ge geräuschlos und mit ächtteutscher Bescheidenheit ge=
reist war. Es wäre Schade, wenn dies Gedicht nicht
auf eben dem Wege, auf welchem die Flora verbreitet
wurde, zu allgemeinerer Kenntniß käme. Der Raum
dieser Monatsschrift gestattet nur, eine kleine Probe
daraus zu geben und seinem und seiner Freunde An=
denken hier aus Briefen derer, die ihm näher waren,
eine Blume zu streuen. Doch selbst diese Probe aus=
zuwählen, ist da schwer, wo sich Alles zu einem wohl=
geordneten, unzertrennbaren Ganzen harmonisch ver=
schlingt und nichts überflüssig steht. In folgender
Stelle singt der humane Dichter von den Verder=
bern und Widersachern der Ceres.

Sinnt, ihr Herrscher! die Fackel der ärntegeben=
den Göttin,
Leuchtend und allerwärmend zugleich, zu nähren im
Staate,
Wie verschleierter Jungfraun Chor im Tempel der
Vesta
Rastlos strebte zu nähren des Tempels heilige Flam=
me.
Daurender Reichthum wird nur abgewonnen der
Erde,
Nur das Gute, das sie dem Volke spendet, das
bleibt ihm.
Fülle des Goldes ersetzt den selbst erwerbenden Fleiß
nicht.

45

Spanien stürzte von Höhen des sarazenischen Wohl⸗
stands
Durch Amerika's Gold herab der Räuber Pizarro.
Reicher Gewinn, den sinnende Kunst, beflügelter
Handel,
Vielerfindender Fleiß, im Staate gefördert, hervor⸗
bringt,
Durch Kultur nicht erzeugt von selbst, gegründet auf
ihr nicht,
Ist nie daurender Flor, ist Pfad irrführender Täu⸗
schung,
Nichtige Schattengröße, nur nichtiger die des Ero⸗
brers.

Die ihr auf zweiter Stufe des Staates die Pur⸗
purgebornen
Weis' und gerecht und gütig zu seyn erinnert im
Rathe,
Siehe, ihr seyd dem Volke, was leidenden Kranken
ihr Arzt ist;
Seine Fehler versiegelt das Grab, doch eure Ver⸗
stöße
Stehen mit Flammenschrift im Buche der richtenden
Nachwelt.
Oeffnet der Stimme der Wahrheit das Herz, der fle⸗
henden Warnung!
Was die Arbeit des Pfluges erschwert, die Rechte
des Pflügers

Lähmt, den Geist ihm verengt, das Herz ihm drü-
⸺⸺⸺⸺⸺⸺⸺⸺⸺⸺cket, das hebet.
Der nur fördert Kultur, der ihre Fessel vernichtet!

Lockenumsäuselte Musen! o nennt die Untiefen,
⸺⸺⸺⸺⸺⸺⸺⸺⸺die Klippen,
Deren Brandung dem Hafen des Glücks das Staats-
⸺⸺⸺⸺⸺⸺⸺⸺⸺schiff entschleudert.

Eisern selbst, von Fesseln umklirrt des rostenden
⸺⸺⸺⸺⸺⸺⸺⸺⸺Eisens,
Steht ein hoher Koloß; ihr kennt ihn, sein Haupt
⸺⸺⸺⸺⸺⸺⸺⸺⸺ist verschleiert
In des Alterthums Nacht, an seinen thönernen
⸺⸺⸺⸺⸺⸺⸺⸺⸺Füßen
Naget der Zahn der Zeit, die Welle des ewigen
⸺⸺⸺⸺⸺⸺⸺⸺⸺Wechsels;
Später oder früher entwallt ihm der Staub der Zer-
⸺⸺⸺⸺⸺⸺⸺⸺⸺störung.
Sicher berechneter Plan und vorarbeitende Weisheit
Lehr' euch den herdrohenden Sturz umstalten in
⸺⸺⸺⸺⸺⸺⸺⸺⸺Seegen
Allumfassender Menschenbeglückung, da es noch Zeit
⸺⸺⸺⸺⸺⸺⸺⸺⸺ist *).

---

*) Die neuesten Gesetzgeber suchten die Gebrechen des,
auf die gegenwärtigen, kultivirten Zeiten nicht mehr
ganz passenden Lehnsystem zu verbessern. Unter den

47.

Schlachtenentzünderin! streng ist dein Ruf, Trom=
 mete des Krieges,

Wenn er stürmt; doch ist er gerecht; der ländliche
 Jüngling
Folgt ihm freudig, der Landeserernährer wird Landes=
 erretter.

Schön ist der Lorbeern Aerndte, doch dauern soll sie
 nicht ewig,

Ewig, nicht der eiserne Bund, dem Staate zu blu=
 ten.

Nützlich verleb' er daheim, nach schön bestandnen Ge=
 fahren,

Thätig und kinderziehend, den Mittag und Abend
 des Lebens.

Beherrschern aus dem Hause Oestreich hat die ver=
ewigte Kaiserin Königin Maria Theresia zu dieser
Verbesserung den ersten Grund gelegt, und ohne
verfassungsmäßige Rechte anderer Klassen zu verle=
tzen, diese Bemühungen mit glänzendem Erfolge
fortgesetzt. Ihre beiden ruhmvollen Nachfolger sind
stets diesen wohlthätigen Grundsätzen treu geblieben.
Und ihr eben so gerechter als menschenfreundlicher
Enkel weiß die wohlhergebrachten Rechte der Grund=
herren mit der Vervollkommung und Unterstützung
des Ackerbaues und Verbreitung des Wohlstandes
unter dem Landvolke auf die weiseste und glücklich=
ste Art zu verbinden.

Immer wird das Menschengeschlecht entvölkern,
der Kriege *)
Blutendes Opfer seyn, doch fast nicht minder entvöl-
kernd.
Lastet im Frieden selbst des stets bestehenden Kriegs-
heers
Myriade, die nie erzeugend und ewig verzehrend,
Ehlos lebend, dem Pfluge geraubt, durch keine Ver-
kettung
Eingefügt in den Gliederbau der Gesellschaft, allein
steht,
Jede der Bürden erhöhend des erdepflügenden Fleißes.
Rom und Griechenland gab dem Feldbau und der Be-
völkrung,

*) Dieser wohlgemeinte Wunsch kann in jenen Staa-
ten nicht ganz in Erfüllung gehen, die aus kluger
Fürsorge sich verpflichtet fühlen, niemals ganz un-
bewaffnet zu bleiben, um ihre Einwohner gegen jeden feindlichen Ueberfall sicher zu stellen. In dem
östreichischen Erbstaaten treten jene Nachtheile stehender Armeen nicht ein. Seine siegreichen Kriegs-
heere, meistens aus Eingebohrnen bestehend, sind
durch hundert Bande an das dankbare Vaterland
gekettet. Durch erleichterte Heirathen der Krieger,
durch das Beurlaubungssystem in Friedenszeiten,
und durch die nie verweigerte Entlassung zu Ergrei-
fung nützlicher Gewerbe, oder Antretung einer Landwirthschaft werden die Nachtheile stehender Armeen
beinahe ganz beseitiget.

Gab den Aeltern zurück die siegreichlehrenden Söhne;
Schweden lohnet noch jetzt mit Heerden und Aeckern
die Krieger.

———

2.

Wien. Ende Februars.

Ich eile, werthester Freund! Ihnen eine literarische Neuigkeit zu schicken, die in mehrerer Rücksicht
merkwürdig ist. Es ist ein Hymnus an die Ceres, im
Grunde kein Hymnus, aber das, was die Engländer
descriptive·Poetry nennen, und als ein solches
Gedicht nach meinem Begriff ein Meisterstück. Der
Verfasser, Freiherr von der Lühe, war kein Teutscher, sondern ein Däne, ehemaliger Edelknabe der
unglücklichen Karoline Mathilde, jetzt Katholik, Nie-
derößter. Regierungsrath und k. k. Kammerherr. —
Der Verleger ist — Prosper Graf von Sinzendorf,
der diese Stereotypen ohne französisches Muster selbst erfand. Sein Ahnherr ist der unter Karl
VI allmächtige Staatskanzler und erster Minister
Sinzendorf, der mit dem Prinzen Eugen den unglücklichen Johann Baptist Rousseau und den durch seine
nachfolgende Schicksale so merkwürdigen Bonneval
unterstützte, der als liebenswürdiger Schüler Jna-

N. T. M. Mai. 1801. D

kreons, eines Chaulieu würdige Verse schrieb, kurz, der alles Schöne und Gute mit fast königlicher Freigebigkeit schützte und belohnte. Von diesem Ahnherrn erbte Prosper Sinzendorf nicht nur die Majoratsgüter, sondern auch die Liebe zu den Musen. Er besitzt eine herrliche Gemähldesammlung, eine auserlesene Bibliothek, hat alle Klassiker der Römer, Italiener, Franzosen, Engländer und Teutschen, jeden in der Ursprache gelesen. Horaz, den er ganz auswendig kann, und Voltaire sind seine Lieblinge. Er ist eine unversiegbare Quelle von Witz; er war des Denis dankbarer Schüler und warmer Freund; da er unverheirathet ist, so ist er Sauraus, Harrachs und Retzers täglicher Umgang.

———

3.

Wien den 21 März 1801.

Im gegenwärtigen Monate verlor Wien durch den Tod des Freiherrn Karl Emil von der Lühe den Besitz eines Mannes von den schätzbarsten Talenten. Er war im J. 1751 aus einer alten Familie in Holstein gebohren, gelangte schon in seinen Jugendjahren zu ansehnlichen Aemtern in seinem Vater-

lande, und ward, zum Lohn seines Diensteifers, nach,
her auch in die Würde eines königlich, Dänischen
Kammerherrn erhoben. Seine schwächliche Gesund,
heit nöthigte ihn jedoch, einen milderen Himmelsstrich
zu suchen, und er begab sich, ungefähr um die Hälfte
des J. 1788, nach Wien. Sein in vielfältigen Kennt,
nissen ausgebildeter Geist, wie sein für gesellschaftli,
che Form geschmeidiger Karakter eröffneten ihm bald
den Eintritt in die glänzendsten Zirkel Wiens. Nicht
leicht verstand auch jemand einen freundschaftlichen Kreis,
besonders über Gegenstände der Botanik, Landwirth,
schaft und Haushaltungskunst, mit mehr Kenntniß, Faß,
lichkeit und Anmuth, als er, zu unterhalten. Diese
Vorzüge, nebst einem allgefälligen Betragen, machten
selbst die angesehensten Staatsmänner zu seinen Freun,
den. Von ihnen geschätzt und geliebt, that er nun
ganz auf die Rückkehr nach seinem Vaterlande Ver,
zicht, und kam auf ihre Empfehlung im J. 1789 in
kaiserliche Dienste. Leider entsprach sein mehr zur
wissenschaftlichen Theorie als zur eigentlichen Geschäfts,
praxis geschaffener Geist nicht jenen Aemtern, wobei
er angestellt wurde. Er mußte ihnen entsagen, be,
hielt aber dennoch aus billiger Achtung, die man für
seine schätzbaren Einsichten hegte, die Stelle eines k. k.
wirklichen Kämmerers, sammt der Würde eines k. k.
Niederöstreichischen Regierungsrathes, mit einem le,
benslänglichen Gnadengehalte von jährlichen 1000 Gul,
den bei.

Unter den wenigen Werken, die er schrieb, und die ihn dem Vaterlande als einen vortrefflichen Kopf unvergeßlich machen, verdienen vornehmlich seine beiden Hymnen, an Flora und an Ceres, ausgezeichnet zu werden. Beide kamen nicht öffentlich, sondern nur für seine zahlreichen Freunde gedruckt, heraus. Der Hymnus an Flora erschien, dem Freiherrn von Spielmann gewidmet, Wien, bei Jgn. Alberti im J. 1790 in 4. in einer Prachtausgabe, und ward nachher auch ebendaselbst in einem kleinern Formate gedruckt. Stellenweise ist er auch der 3ten Sammlung S. 40 — 70 der Briefe Herders zur Beförderung der Humanität eingeschaltet; ganz abgedruckt aber im Taschenbuch für Natur- und Gartenfreunde auf das J. 1800, Tübingen, bei Cotta. Der Hymnus an Ceres kam ebenfalls bei Jgn. Alberti im J. 1800 in 4. und Fol. in gleicher Prachtausgabe, jedoch auf Kosten des Grafen Prosper von Sinzendorf mit Stereotypen gedruckt, als die zweite größere Probe*), die man in dieser Druckart zu Wien veranstaltete, heraus. Der Dichter wollte diesen beiden Hymnen noch einen dritten, nämlich an Pomona, beifügen, und so in diesen dreien Gesängen ein in sei-

---

*) Der erste kleinere Versuch dieses Druckes geschah mit Hofrath Denis kurzer Elegie: In Tumulum Pii VI. Pont. Max. —

ner Art vollständiges landwirthschaftliches Lehrgedicht vereinbaren, das durch den Reichthum der vielfachen Kenntniße seines Verfaßers sowohl, als auch durch die Schönheit der poetischen Darstellung mit dem neuesten klaßischen Werke, was Teutschland im Fache wißenschaftlicher Lehrgedichte aufweisen kann, mit Neubecks Gesundbrunnen, gewiß hätte wetteifern können; der Tod überraschte ihn aber, als kaum die Herausgabe seines zweiten Hymnus erfolgt war.

Er starb im Hause des um wahre Aufklärung und Wißenschaft vielfach verdienten Grafen von Saurau, bei dem er wohnte, der seinen Werth als Mensch und Literator näher kannte, und dessen Achtung und Freundschaft er vorzüglich genoß, am 9ten März in seinem 49ten Jahre an einem Schlagflusse, nachdem er bereits einige Jahre zuvor die protestantische mit der katholischen Glaubenslehre verwechselt hatte. Aus Abscheu vor einer möglichen Aufstellung seines Kopfes in Dr. Gall's Schädelgallerie, sagt man, soll er, wie der verstorbene Hofr. Denis, gleichfalls in seinem letzten Willen verordnet haben, nach seinem Tode seinen Körper nicht verstümmeln zu lassen.

Einer seiner Freunde, ein gleich großer Liebhaber der Botanik als der Dichtkunst, sang dem Hingeschiedenen folgenden kurzen elegischen Nachruf. Als ein eben so anspruchloses, wie verdientes Zypressenreis, sey er um die Krone des Verblichenen geschlungen.

> Sänger des Hymnus an Flora, Du geheſt, noch
> ehe ſie ankommt,
> Schaueſt nicht mehr die Erde, wie Ceres mit
> Fülle ſie decket!
> Keiner beſang, wie Du, der Göttinnen himmli-
> ſche Gaben;
> Dafür ärndteſt Du auch des Ruhms nie welken-
> de Blüthen.
>   L.

―――――

IV.
Auszüge aus Briefen.

―――

1.
Zoega an Hirt.

Rom, im Januar 1801.

Mein Buch über die Obelisken *), ſo lange verſpro-
chen, ſo lange vollendet, ſo lange vergraben, iſt nun

*) Zoega's, ohnſtreitig des gelehrteſten und gewiſſen-
hafteſten Antiquars, der jetzt in Rom lebt, Haupt-

endlich ans Tageslicht gekommen. Wir sind 100 Exemplare davon versprochen worden. Der Preis ist hier zu 12 Scudi angesetzt auf Schreibpapier, 10 Scudi auf geringerem, und verlangt man die Kupfer auf größere Bogen und mit breitem Rande, kommt es einen Scudi mehr. Einem Buchhändler, der sich entschlösse, hier auf der Stelle 10 Exemplare zu nehmen, würde ich gern einen Rabat von 20 pro Cent zugestehn. Der Titel ist: de origine et usu obeliscorum ad Pium VI. P. M. auctore Georgio Zoega Dano, Romae 1797. typis Lazarini, 700 Seiten

werk über die Obelisken wurde seit vielen Jahren von allen, die seinen Werth kannten oder auch nur abneten, mit heißer Sehnsucht begehrt. Es war aber als päbstliches Eigenthum lang unter Siegel und Schloß. Seine Entkerkerung muß den Alterthumsforschern um so willkommner seyn, da gerade diese Hieroglyfenentzifferung neuerlich durch die Entdeckungen der Franzosen in Aegypten stärker als je an die Tagesordnung gekommen, aber, wie es scheint, weder durch die Kanalkosten-Berechnung in dreierlei Schrift, worüber Ameilhon vor kurzem im Nazional-Institut eine sehr unbefriedigende Nachricht vorgelesen hat, noch durch die übrigen Versuche der Aegyptischen Kommission in Kairo um vieles weiter gebracht worden ist. Von eben diesem gründlichen Antiquar haben wir nun auch ein trefflliches Werk über die in Rom befindlichen Basreliefs zu erwarten, welches Heftweise erscheinen und immer eine Hauptklasse zusammenstellen wird.

B.

in großem Folio, elegantem Druck, mit 30 Vignetten, von denen 9 alte meistentheils unedirte Monumente enthalten. Dabei folgen 8 Kupfertafeln, von denen die 3 größten, ohne Rand, 4 Palmen hoch, 2⅓ breit sind, die 3 kleinsten 2 Palmen hoch, 13 Unzen breit. Diese letztern stellen die Obelisken von Montecavallo, Montepincio, Montecitorio im Prospekte vor, wie sie jetzt aufgerichtet stehen. Die drei ersten enthalten die Obelisken von Montecitorio, Belvedere, Montepincio, als Monumente mit dem Detail ihrer Sinnbilder und Hieroglyfen, mit möglichster Genauigkeit nachgezeichnet. Die beiden mittlern enthalten eine, die Spitze des Obelisks von Montecitorio im Großen ausgeführt, die andere die Spitze des Obelisks von Piazza nova, die sich im fragmentarischen Zustande im Borgianischen Museum befindet. Das Werk ist in 5 Abschnitte getheilt, von denen der erste, überschrieben: veterum de obeliscis et de stelis aegyptiis testimonia, 4 Kapitel enthält, deren erstes alle Stellen der Griechischen und Lateinischen Schriftsteller einsbefaßt, wo von Obelisken die Rede ist, theils mit Anmerkungen und Berichtigungen aus Handschriften, besonders die berühmte Stelle des Plinius mit den Varianten von 30 Handschriften, wovon ich 16, die hier in Rom vorhanden, mit größtem Fleiße collazionirt habe. Das 2te Kapitel liefert auf gleiche Weise alle Stellen der Griechen und Lateiner, die von Aegyptischen Stelen handeln. Das 3te, auf uns gekommne,

Steinschriften der Obelisken betreffend. Das 4te, die bildlichen Alterthümer, wo Obelisken vorkommen. Der zweite Abschnitt: Enarratio obeliscorum aegyptiorum, qui hodie vel integri vel aliqua sui parte superstites offenduntur, enthält im 1sten Kapitel eine genaue Beschreibung, Ausmessung 2c. der in Rom vorhandenen Obeliske; im 2ten ein gleiches von denen, die in Europa außer Rom existiren; im 3ten alles, was sich von den in Aegypten und Aethiopien noch übrigen Obelisken hat zusammenlesen lassen, wobei in den Noten die Stellen der Reisebeschreiber, so viel ich habe auftreiben können, in den Originalsprachen geliefert sind. Der dritte Abschnitt: de usu obeliscorum in Aegypto, handelt im 1sten Kapitel vom Namen, im 2ten von der Figur, im 3ten von der Materie, im 4ten von der Größe, im 5ten von der Plazirung, im 6sten von der Bestimmung der Obeliske, im 7ten vom Inhalt der auf ihnen vorkommenden Sculpturen, im 8ten von ihrer mechanischen Bearbeitung und Aufrichtung. Der vierte: de origine obeliscorum, bei weitem der ausführlichste und wichtigste, ist in 3 Kapitel eingetheilt. Das 1ste Kapitel de monumentorum instituto, verbreitet sich über den Ursprung der Denkmäler im Allgemeinen, über die Natur und Beschaffenheit der ältesten Denkmäler, die ihnen beigelegte Heiligkeit, die verschiedenen daraus entstandenen Gottheiten, über die unförmlichen Götterbilder der ältesten Zeiten, die Fetischen und mancherlei Amulete, ferner über die Grabsteine und die Begräbnißgebräuche alter und neuer Völker, besonders der Aegypter, über ihre Mumien, Sarkofagen, Katakomben, Felsenfaçaden, Pyramiden und Grabkapellen, über ihre Begriffe vom Zustande nach dem Tode, verglichen mit denen der andern Nazionen. Ueber die Pyramiden ist bei dieser Veranlassung alles gesammelt, was ich habe aufbringen können, wie auch über die andern hieher gehörenden Aegyptischen Alterthümer. Das 2te Kapitel: litterarum apud Aegyptios usus et origo, giebt zuerst alle Nachrichten der Alten über die Aegyptischen Schriftarten, handelt sodann von der Natur, dem Gebrauche, der Anzahl der Hieroglyfen, und ihren Schicksalen in den verschiedenen Zeitaltern, wobei eine große Anzahl Aegyptischer Monumente angeführt und erläutert wird. Ferner von dem doppelten Alfabet der Aegypter, dem Gebrauche desselben, ihren heiligen und andern uns bekannt gewordenen Büchern. Endlich von dem Ursprunge der verschiedenen Schriftarten sowohl bei den Aegyptern als den übrigen uns bekannten Völkern, und von der Entstehung der Alfabete aus den Hieroglyfen. Das 3te Kapitel: de Stelis aegyptiis, atque de obeliscis, originem trahentibus a Stelis, beschäftigt sich mit den hermetischen und andern ägyptischen Denksäulen und den in den Tempelbezirken errichteten und verschiedenen Göttheiten geheiligten Obelisken; enthält eine Erklärung der auf den vorhande-

nen Obelisken vorkommenden und von den Hierogly=
fen verschiedenen Sinnbildern und eine Beurtheilung
der Hermapianischen Auslegung des Flaminischen Obe=
lisks. Der fünfte Abschnitt: de historia obeliscorum,
begreift im 1sten Kapitel, was wir vom Obeliskenbau
von den ältesten Zeiten bis auf die Persische Eroberung
wissen, im 2ten von Cambyses bis auf Augustus, im
3ten bis auf Sextus V, im 4ten bis auf unsere Zeit.
Das 5te enthält eine dreifache Chronologie der Obe=
lisken, nach Mercati, nach Kircher, nach den im vor=
hergehenden angegebenen Gründen. — Literarische
Neuigkeiten giebts hier nicht, und um die übrigen be=
kümmere ich mich so wenig als möglich. In der
Künstlerwelt ist Canova der einzige, von dem man
reden hört. Er bringt ein Werk nach dem andern
hervor; neulich hat er eine Gruppe in Marmor vol=
lendet, die sehr vielen Beifall findet, und, deucht
mich, auch verdient: Amor und Psyche, die einen
Schmetterling betrachten. Der Amor besonders scheint
mir sehr schön. Je näher ich den wackern Canova
kennen lerne, desto mehr schätze ich ihn auch als Men=
schen. Ihr andern Kenner mögt nun von seiner Bild=
hauerei urtheilen, was ihr wollt. Von seinem großen
für Wien bestimmten Grabmonumente, wovon das
Modell hier ausgestellt ist, und täglich von neuen
Zuschauern bewundert wird, haben Sie ohne Zweifel
schon reden hören. Es ist eine gegen die Wand der
Kapelle angelehnte Halbpyramide, gegen 30 Palmen

hoch, ihr Zirkel, worauf noch zwei Treppstufen sind, ungefähr eben so breit. Die Thür der Pyramide ist offen, und vor der Façade sind Statuen in Lebensgröße auf den Treppen hingestellt, von denen ein Zettel, der den Betrachtern auf der Stelle mitgetheilt wird, folgende Erklärung giebt: Die Figur in der Matronenkleidung, die am Eingang der Pforte des Monuments steht, bezeichnet die Tugend, die von zwei eingeweihten Kindern begleitet, in einer Urne die Asche der Verstorbenen hineinträgt. Ihr folgt die Barmherzigkeit oder Wohlthätigkeit, eine karakteristische Tugend der Prinzessin, und führt einen armen blinden Mann mit einem Kinde. Auf der andern Seite der Pyramide bemerkt man den Genius des Fürstl. Gemahls, der die eheliche Zärtlichkeit ausdrückt, über einen Löwen hingestreckt, dem Bilde der Unerschrockenheit der erhabenen Prinzessin, die hier betrauert wird. Der am Kopfe des Löwen angebrachte Stammbaum der Erzherzogin, und der andere von ihrer königl. Hoheit, an welchen der Genius sich anlehnt, erklären diese beiden Symbole. Oben an den Pyramiden erblickt man im Basrelief die Glückseligkeit, die mit dem Bilde der Verstorbenen gen Himmel fliegt. Das Bild ist mit dem Symbol der Ewigkeit umkreist, und ein Genius reicht ihm die Palme. Ueber der Thüre der Pyramide ist die Inschrift: Mariae Christianae Austriacae Alberti Saxoniae Principis Conjugi: die Tugend hat um den Kopf einen vergoldeten Oelkranz und trägt mit beiden Händen einen Aschentopf von orientalischem Alabaster, von welchem große Festonen herabhangen zu den beiden Fanciulle iniziate, die außerdem jedes eine vergoldete Fackel tragen. Die nachfolgende Gruppe trägt auch einen Feston, und vor ihren Füßen liegt noch ein Blumenkranz. Delfrate hat das Monument unter zwei Ansichten gezeichnet, und vermuthlich wird es nächstens in Kupfer gestochen. Milord Bristol ist wiederum hier, hat aber eine Menge Kunstwerke, die er versprochen hatte, abbestellt. Leben Sie wohl.

———

2.

Paris, den 2ten Germinal
IX.

—— Ich nenne Ihnen die vorzüglichsten Teutschen und Normänner, die jetzt in Paris sind, weil es gewiß manchem Ihrer Leser angenehm seyn wird, auch hier einen geachteten oder interessanten Nahmen zu finden.

Hr. v. Humboldt, der vor mehrern Monaten bereits von seiner Reise nach Spanien wieder zurückgekommen ist, wird in etwa 6 Wochen von hier abreisen.

Hr. Bast, in Diensten des Darmstädtischen Hofes. Er wendet seine gelehrte Muße sehr zweckmäßig an.

Schweighäuser, Sohn, aus Straßburg, ist auch wieder hier; er bringt den Winter in Paris und den Sommer auf dem Lande zu. So viel ich weiß, hat er gegenwärtig keine bestimmte literarische Arbeit von der Art wie die bei seinem ehemaligen hiesigen Aufenthalt, wo er Kollazionen für seinen Vater vornahm.

Hr. Friedländer, ein jüdischer Arzt aus Berlin.

Zu Anfang des Winters war ein Hr. Banks aus London hier, (so viel ich weiß, ein entfernter Anverwandter des Ritters) der sich aber nur kurze Zeit aufhielt und etliche Mspte der Naz. Bibl. verglich *). Jetzt ist Dr. Hager an seine Stelle hier.

Baggesen ist auch wieder hier. Er wollte im Treuttelschen Hause ein Quartier beziehen. Als er aber hörte, daß in demselben Hause ein anderer Däne wohne, der wegen mehrerer Gedichte gegen die Dänische Regierung sich zum 2tenmal aus seinem Vaterland entfernen mußte, so wollte er durchaus nicht mit demselben unter einem Dache hausen. Er scheint über vieles jetzt ganz andrer Meinung zu seyn. Felix quem faciunt aliena pericula cautum.

*) Nachrichten über Paris aus Bank's Tagebuch giebt das Monthly Magazine 1801. Januar bis März.

d. H.

Der liebenswürdige Greis Pfeffel, Bruder des Dichters, der ehedem in den relations extérieures angestellt war und seit der Revoluzion auf die Emigrantenliste gesetzt worden, ist auch wieder hier, und sucht, da er eine Surveillance erhalten, (eine bloße Formalität, wobei man nicht an eine Wache denken muß, die einen begleitet und auch — Achtung giebt) um seine endliche Radiazion an. Er erhält sie gewiß, denn er genießt die allgemeine Hochachtung.

Der Erbprinz von Leiningen ist als sein eigener Geschäftsträger hier, um seine Entschädigung zu negoziiren. — Mehrere Personen verwechselten ihn mit einem Grafen von Leiningen, der eine ziemliche Anzahl Gläubiger hier hat. Als daher die Zeitungen ankündigten, der erstere habe bei dem ersten Konsul eine Audienz gehabt, so freuten sich die Gläubiger dieses letztern, und hofften, sie würden endlich eine Zahlung erhalten.

Graf von Solms, ehemaliger aktiver Reichshofrath, ist als Deputirter der Wetterauschen Ritterschaft hier.

Fürst von Ysenburg, betreibt auch seine eigene Angelegenheiten.

Der Bischoff von Würzburg hat 2 Geschäftsträger hier, wovon der eine der Hr. von Seyfert ist. Da es nicht den Anschein hat, als werde sich die französische Regierung damit befassen, die Reklamazionen der geistlichen Fürsten anzuhören: so gaben sie sich als Geschäftsträger des Grafen v. Wertheim aus, waren aber in ihrem Hotel als Envoyés de l'Evêque de Wurzbourg bekannt.

Hr. v. Edelsheim.

Hr. v. Frank, geheimer Rath des Fürsten von Hohenzollern, um wegen einiger nicht sequestrirten in Frankreich gelegenen Güter seines Fürsten zu negoziiren. Mit ihm kam hieher Hr. Buchhändler Dr. Cotta aus Tübingen, der aber, indem ich dies schreibe, vielleicht schon wieder abgereist ist.

Hr. v. Schraut, ehemaliger östreich. Gesandtschaftssekretair in Berlin, seitdem auch in Rastadt, ist mit Graf Cobenzl hier.

Hr. v. Brink, ist mit 2 Gesandschaftssekretairen in den Angelegenheiten des Fürsten von Thurn und Taxis hier.

Hr. Gröning, ebenfalls mit 2 Gesandschaftssekretären in den Angelegenheiten der Stadt Bremen.

Hr. v. Gachern, für die Nassau-Weilburgschen Interessen.

Hr. Abel, im Namen der Wirtembergschen Landstände.

Hr. v. Zetto, Bairischer Gesandte, und Hr. Macmann, Gesandter des Herzogs von Würtemberg, wendeten sich unlängst an den russischen Gesandten Kalitschew, um sich für sie zu verwenden. Er antwortete ihnen, er habe nichts mit dem teutschen Friedensgeschäft zu thun.

Am 25sten Ventose zog Bonaparte die in ihren eigenen Angelegenheiten hier befindlichen teutschen Prinzen an seine Tafel. Tags darauf gab Talleyrand ihnen und einigen andern von den angesehenen Deputirten ein ansehnliches Diner. Am 28sten hatte dasselbe bei Cambaceres statt. Kosciusko ist auch noch hier, lebt aber sehr in der Stille.

3.

Zürich. Ende April 1801.

— Von wichtigen litterarischen Produkten kann ich Ihnen von hier aus nichts erzählen. Der edle 70jährige Greis, der Archidiakon Tobler, hat zum Anfange des Jahres einige Flugblätter: Ermahnungsworte eines alten Lehrers, und seine Ermunterungspredigt am ersten Sonntage des Jahrs für wenige Freunde drucken lassen. Es sind ührens ie Worte zur rechten Zeit gesprochen. Eine Schrift von

N.T.M. Mai 1801. E

4.

Kalisch, in Südpreußen, im März 1801.

Das hiesige königl. Südpreußische Kadetteninstitut ist im Ganzen nach dem Muster des Berliner eingerichtet, welchem es, so wie alle Erziehungsanstalten gleiches Namens in den Preuß. Provinzen, zur Pflanzschule dienet. Gemeinnützige Stiftungen dieser Art gehören noch gar nicht zu den einheimischen*) Pflanzen des sarmatischen Bodens, und können nur bei der sorgfältigsten Pflege unter dem Schutze vieler dem

---

*) Ich weiß es wohl, daß ehedem zu Warschau eine ähnliche Anstalt geblühet hat. Aber ich weiß auch, daß diese Anstalt mehr dem polnischen Nazionalgeschmack, der sich so gern durch eine prunkende Außenseite für den Mangel wesentlicher Vorzüge entschädigen läßt, schmeichelte, als wahren Nutzen gewährte. Der edle Stanislaus Poniatowsky, der dieses Institut gegründet hat, hatte auch hier das unglückliche Schicksal, seine patriotischen Bemühungen zur Bildung und Aufklärung seiner Nazion durch die Barbarei und Selbstsucht der Großen des Reichs vereitelt zu sehen. Er mußte dem schmutzigen Geiste dieser Menschen nachgeben, die es sehr behaglich fanden, hier ihre Söhne auf Kosten des Staats erziehen zu lassen, während sie selbst in Einem Abend am Farotisch, oder in den Armen feiler Geschöpfe sorglos Summen verschwendeten, die auf ein ganzes Jahr zum Unterhalte dürftiger Familien hingereicht haben würden. T.

Anscheine nach überflüssiger Vorkehrungen, langsam
gedeihen. Kein Wunder also, daß unsere erst seit 8
Jahren bestehende Anstalt noch nicht zu dem Grade
von Vollkommenheit gereist ist, welchen sie, nach den
wohlthätigen Absichten ihres erlauchten Stifters, erreichen soll. Indeß gewährt sie, selbst in ihrem jetzigen Zustande, der Provinz, für welche sie angelegt ist,
so bedeutende Vortheile, daß die 17000 Rthlr., welche zum jährlichen Unterhalte derselben ausgesetzt sind,
dadurch mit reichlichem Wucher erstattet werden. Es
werden hier 120 Söhne armer ablicher Familien un-
entgeltlich unterhalten, unterrichtet und erzogen. Diese Anzahl soll bei einer nächstens zu erwartenden Er-
weiterung des ursprünglichen Plans beträchtlich vermehrt werden. Wer den Grad der sittlichen Verwilderung der weiland polnischen Nazion kennt, und den
Quellen derselben nachgeforscht hat, wird gewiß den
Nutzen nicht verkennen, welche dem ganzen Lande
durch diese einer der bedürftigsten Volksklassen mit weiser Wohlthätigkeit dargebotene Unterstützung zufließt.
Nichts war in dem ehemaligen Polen, dem wahren Vaterlande der Extreme, und unter der polnischen Nazion, d. h., unter dem Adel des Landes, häufiger, als
bettelhafte Armuth neben prunkendem Reichthume.
Schulen, wo Dürftige umsonst eine ihrer zukünftigen
Bestimmung angemessene Bildung erhalten könnten,
sind eben so selten, als Klöster, wo sich ehemals die
Kadets reicher und vornehmer Familien in wollüstiger

Gemächlichkeit mästeten, zahlreich sind. Mit dem Stande des Handwerkers und Landbauers verknüpft das Nazionalvorurtheil. Verlust der Adelsvorrechte. Dem armen Adlichen blieb daher nichts übrig, als Schweinhändler, Stallknecht bei einem Großen des Landes, Landstreicher und was dem anhängt, Gauner und Straßenräuber, oder wenn er diese gemeinen Lebensarten nicht mit seiner vornehmen Geburt reimen konnte — Chevalier d'industrie, falscher Spieler, Schmarotzer, geduldiges Ziel des boshaften Muthwillens seines Gönners und feiles Werkzeug seiner Lüste zu werden. Durch unser Institut wird eine nicht unbedeutende Anzahl dieser Unglücklichen dem traurigen Loose, wozu sie ihre unverschuldete Dürftigkeit verdammte, entrissen und zu brauchbaren Mitgliedern des Staats gebildet. — Auch würden Sie dem liberalen Geiste unserer Regierung sehr Unrecht thun, wenn Sie glaubten, daß unser Institut bloß in der Absicht gegründet wäre, um die Armee mit einem beträchtlichen Zuwachse tüchtiger Offiziere zu versorgen. Dieß ist freilich der nächste Zweck, der sich theils durch das politische Bedürfniß Preußens, als eines militairischen Staates, theils auch dadurch rechtfertigt, daß dem unbemittelten Adlichen so wenig andere Wege zu seinem Fortkommen offen stehen. Aber dieser nächste Zweck ist keineswegs der ausschließende. Das hiesige Kadettenhaus ist eine Erziehungsanstalt für arme Adliche der neuakquirirten Provinzen, ohne Rücksicht auf den Stand, welchem sie sich in reifern Jahren weihen wollen. Die Zöglinge des Instituts werden nicht zum Kriegsdienste gezwungen. Es bedarf blos einer bestimmten Erklärung ihres Widerwillens, und sie gehen ungehindert von dieser Anstalt zu einer, ihren Anlagen und ihrer Neigung angemessenern Lebensart über. Auch ist der Unterricht, der hier ertheilt wird, mit weiser Rücksicht auf alle Fälle so geordnet worden, daß sowohl der angehende Krieger als derjenige, der sich der Landwirthschaft oder einer ähnlichen Lebensart widmen will, hier zur Ausbildung seines Geistes und zur vertrauten Bekanntschaft mit den ihm nöthigen Wissenschaften den Grund legen, und selbst derjenige, der Beruf zu einem gelehrten Stande fühlt, hier die erste Entwickelung seiner intellektuellen Anlagen erhalten, und beim Uebergang zu einer höhern Bildungsanstalt mit einem nicht unbeträchtlichen Schatze nützlicher Vorkenntnisse entlassen werden kann. An Gemeinnützigkeit hat unser Institut auch noch durch die besondere Vergünstigung gewonnen, daß hier selbst Söhne wohlhabender Edelleute gegen ein mäßiges Kostgeld aufgenommen, und auf gleichem Fuße mit den Kadetten unterrichtet und erzogen werden können.

Das Personale des Instituts, so weit es mit dem Unterrichte und der Erziehung der Kadetten beschäftigt ist, besteht aus einem Hauptmanne, zwei Lehrern, zwölf Gouverneurs, wovon einer die Stelle eines Zeichenmeisters vertritt, zwei französischen Sprachmeistern (Nazionalfranzosen) und einem Tanzmeister. Alle diese Personen stehen unter der einsichtsvollen Leitung und Aufsicht des Majors v. Berg. Den wirklich liebenswürdigen Karakter dieses Mannes habe ich Ihnen schon geschildert. Er vereinigt in seiner Person die offene Geradheit des Kriegers und die feine Geschliffenheit des Weltmannes mit einer Fülle der schätzbarsten Einsichten, selbst gelehrter Kenntnisse, und einem seltenen Grade von Aufklärung, so daß man verlegen seyn würde, zu entscheiden, ob er sich mehr zum Offiziere, zum Hofmanne oder auch zum Gelehrten schicke. Desto gewisser ist es, daß ein solcher Mann als Vorsteher unserer Erziehungsanstalt ganz an seinem Platze ist; daß diese Anstalt ihm schon sehr viel verdankt, und von seinem patriotischen Eifer, der von den reinsten pädagogischen Grundsätzen geleitet wird, noch sehr viel zu hoffen hat.

Zum Behufe des Unterrichts, welchem sechs Stunden jedes Wochentages gewidmet sind, sind die Kadetten in drei Klassen eingetheilt. Die erste Klasse besteht aus noch ganz rohen Anfängern, meistens aus Polen, welche kein Wort Teutsch verstehen, und selbst ihre Muttersprache nicht lesen und schreiben können. Diese erhalten Unterweisung im Lesen, Schreiben, Rechnen u. s. w. Die Langeweile — sie dürfen sich

mit ihren Gespielen nicht in ihrer Muttersprache un=
terreden — zwingt sie, Teutsch zu lernen. Die Zu=
rechtweisungen und Belehrungen derjenigen Gouver=
neurs, welche sich ihnen in der polnischen Sprache mit=
theilen können, unterstützen sie dabei, und nach Ab=
laufe eines halben Jahres spricht der polnische Lehr=
ling schon mit ziemlicher Fertigkeit ein freilich noch
gebrochenes und mit Polonismen reichlich ausgeschmück=
tes Teutsch. Die zweite Abtheilung besteht aus
Zöglingen, welche sich schon einen hinlänglichen Grad
von Fertigkeit im Teutschen erworben haben, um ei=
nen zusammenhängenden Vortrag in dieser Sprache
fassen zu können. Sie wird in der höhern Re=
chenkunst, in der teutschen Sprachlehre und Recht=
schreibung, in der Logik, Naturgeschichte, Erd=
beschreibung und in den Anfangsgründen der fran=
zösischen Sprache unterrichtet; erhält Anweisungen
zum teutschen Stile und zum Deklamiren, wobei be=
sonders auch dahin gearbeitet wird, durch statarische
Lektüre zweckmäßig ausgehobener Bruchstücke aus un=
sern klassischen Schriftstellern die Lehrlinge in die Ge=
heimnisse der teutschen Schriftsprache einzuweihen und
ihren Geschmack zu bilden. Außerdem werden die
Kadetten dieser Klasse auch noch im Handzeichnen ge=
übt. Auch wird in besondern Stunden Unterricht in
der polnischen Sprachlehre ertheilt, und mit der nö=
thigen Anleitung zum Uebersetzen aus dem Polnischen
ins Teutsche und umgekehrt verbunden. Die erste

Klasse macht nun den eigentlichen Kern des Korps aus. Sie liefert vorzüglich die Kandidaten zu dem Ausschusse, der jährlich zur Ergänzung der Metropolitananstalt nach Berlin gesandt wird. Auch werden aus dieser Klasse diejenigen ausgehoben, die ihren Stubengenossen, unter dem militärischen Ehrentitel von Unteroffizieren und Gefreiten, als Aufseher und Muster vorgesetzt sind. Doch bindet man sich nicht streng an diese Regel, und läßt auch zuweilen Zöglingen der zweiten Abtheilung die eben beschriebenen Auszeichnungen widerfahren, wenn sie sich durch musterhafte Aufführung empfehlen, und durch hervorstechende Proben von Fleiß und Fähigkeit zu hohen Erwartungen berechtigen. Der Unterricht, welchen die erste Klasse genießt, ist in Rücksicht des Stoffes dem in der vorhergehenden Klasse gleich, nur daß die alte und neue Geschichte den Platz der Logik und Naturgeschichte einnimmt, und an die Stelle der Rechenkunst die Mathematik tritt, welche der Hauptmann des Instituts, Herr Wagenführ, ein verdienter Artillerieoffizier, ein Mann von großer Thätigkeit und schätzbaren Einsichten in seinem Fache, in Verbindung mit den Anfangsgründen der Kriegsbaukunst und Taktik vorträgt, und mit praktischen Anweisungen im Messen und Planzeichnen verbindet. In Ansehung der Form errathen Sie ohne meine Erinnerung, daß man sich begnügt, den Schülern der zweiten Klasse die Anfangsgründe der oben aufgezählten Wissenschaften —

das, was ihr noch ungeübter Verstand leicht fassen und verarbeiten kann — beizubringen; ihnen vom Berge Horeb das gelobte Land zu zeigen, um sie nach näherer Betrachtung der aus der Ferne erblickten Gegenstände lüstern zu machen. Beim Unterrichte in der ersten Klasse wird die gereizte Wißbegierde des Lehrlings durch ein zweckmäßiges Detail befriedigt, jedoch mit Vermeidung aller Weitläuftigkeit, die Ekel und Ueberladung verursachen könnte. Zum Vortrage der Naturlehre fehlt es vor der Hand noch an einem Apparate. Das Nothdürftigste aus dieser Wissenschaft und der Astronomie wird daher im geografischen Unterrichte beigebracht. Denjenigen Zöglingen des Instituts, die sich zum evangelischen Glauben bekennen, wird besonderer Religionsunterricht ertheilt; für das religiöse Bedürfniß der Katholiken ist durch eine andere Lehrstunde gesorgt, worin Sittenlehre — oder, wenn Sie wollen — reines Christenthum, entkleidet von allen Zusätzen, Verdrehungen und Verkünstelungen des Protestantism und Katholizism, vorgetragen wird. Hr. Triplin aus Sachsen trägt alte Geschichte, teutsche Sprachlehre und höhere Rechenkunst vor. Ehemals lehrte er auch Logik und gab Anweisung in der teutschen Rechtschreibung. Da aber diese Stunden in die Zeit fallen, wo er als Auskultator Geschäfte auf der Regierung hat, so hat er diese gegen andere vertauschen müssen, wo er Teutsch- und Polnischlesen lehrt. Uebrigens ertheilt er auch den Kost-

gängern seiner Brigade täglich eine lateinische Privat-
stunde, wofür ihm monatlich Zwei Thaler bezahlt
werden.

Was die Erziehung betrift, so ist sie mit
Hinsicht auf den nächsten Zweck des Instituts ganz auf
militairischen Fuß eingerichtet. Die Zöglinge, Kadetten und Kostgänger tragen Montur, ziehen in Para-
de zum Morgengebete, zur Mittagsmahlzeit, zum
Abendessen, zum Abendgebete, werden zur Subordi-
nazion und zur Pünktlichkeit in ihren Geschäften angehalten, und überhaupt so behandelt, daß ihnen die
Erfüllung der lästigen und zwangsvollen Pflichten des
Standes, zu welchem doch der größte Theil von ihnen
bestimmt ist, zur Gewohnheit werden muß. Sie werden von so vielen wachsamen Augen beobachtet, daß
schwerlich ein Vergehen des Zöglinges der Aufmerksamkeit und Rüge seiner Vorgesetzten entgehen kann.
Jedem Gouverneur ist die besondere Aufsicht über eine
aus zehn Zöglingen — den Unteroffizier und Gefreiten
mit eingerechnet — bestehende Brigade anvertraut.
Diese ist in zwei Zimmer vertheilt, welche nur durch
das Zimmer des Gouverneurs getrennt sind, und mit
demselben durch Seitenthüren in Verbindung stehen.
Die Sorge für den bloß militärischen Theil der Erziehung ist einigen Sergeanten aufgetragen. Der Ma-
jor und Hauptmann übersehen und leiten das Ganze.
Diese Militärerziehung ist nirgends so sehr wie hier

an ihrem Platze. Denn sie ist ganz dazu geeignet, drei dem polnischen Nazionalkarakter fremde Tugenden, Frugalität, Ordnungsliebe und Reinlichkeit, unter dieses Volk zu verpflanzen. An Gelegenheit sich auszutoben, durch Uebungen ihre körperlichen Anlagen zu entwickeln, und den geschickten Gebrauch derselben kennen zu lernen, fehlt es übrigens unsern Zöglingen nicht. Eine Wiese in der Nähe des Kadettenhauses ist im Sommer ihr Tummelplatz. Hier ertheilen ihnen, wenn ihre Erfindungskraft erschöpft ist, ihre Gouverneurs selbst die nöthigen Anweisungen zu Spielen, welche den Körper abhärten und geschmeidig machen.

Dieß wäre das Wesentlichste und Merkwürdigste, was ich Ihnen von der innern Einrichtung dieses für Südpreußen gewiß sehr wohlthätigen Instituts mitzutheilen hätte. Jeder preußische Patriot und überhaupt jeder, dem die Ausbreitung und Erhöhung der Kultur am Herzen liegt, muß, um des humanen Geistes willen, in welchem dieses militärische Filanthropin gestiftet ist, wünschen, daß die am Eingange des Kadettenhauses prangende Inschrift: „Tironibus Palladis Nicephorae" — sich als ein kräftiges Wort der Weihe für Alle, welche aus dieser Anstalt zu dem noch immer unentbehrlichen Stande der Vaterlandsvertheidiger übergehen, in der Zukunft durch das glänzendste Waffenglück bewähren möge.

T.

5.

Wien, im März 1801.

Die letzten Briefe aus Konstantinopel melden uns, daß Mahmud Aif, dessen Namen einem unlängst dort erschienenen Buche vorgesetzt ist, und der im vorigen Herbste als Reisefend nach dem Lager abgesandt worden ist, keineswegs den Erwartungen entspreche, die er durch die Herausgabe des gedachten Buches erregt hatte. Statt Europäer mit der bei den gebildeten Völkern gäng und gäben Artigkeit und Gefälligkeit zu behandeln, zeichnet er sich vielmehr durch Ungeschliffenheit und wahre Rohheit in seinem neuen Amte aus. Auch ist seine Kenntniß des Französischen äußerst begränzt, und kaum hinreichend, das unter seinem Namen erschienene französische Buch zu verstehen, vielweniger ein solches zu verfassen. Man wendet auf ihn das persische Sprichwort an: Staub bleibt Staub, und wenn er bis zum Himmel auffliegt.

6.

Triest, im März 1801.

Mit der letzten aus Darfur in Aegypten angekommenen Karawane, die seit zwei Jahren ausblieb, weil die letzte bei den Unruhen in Aegypten geplündert ward, hat Hornemann einem seiner Freunde in Kairo geschrieben. Er befindet sich am Hofe des Königs von Darfur, wo er ungemein wohl aufgenommen worden ist, und mit vorzüglicher Gunst behandelt wird. Derselbe Freund hatte ihm Empfehlungsschreiben von Murabey an den Herrscher von Darfur verschafft, und zwey europäische Diener samt einem Griechen und Araber mitgegeben. Die Waaren, welche die Karawane aus Darfur mit sich bringt, sind Goldstaub und Elefantenzähne.

V.

Attisches Museum.

Der dritte Heft des dritten Bandes dieser periodischen Schrift, die ihrer Ueberschrift stets getreu blieb und einige der schönsten Blüthen aus Hellas Gärten mit zärtlicher Pflege zu verpflanzen, weder Mühe noch Kosten sparte, beschließt nun die erste Reihe des Museums und hat zum bequemern Gebrauch auch vollständige Register über alle 9 Hefte erhalten. Die zwei vorzüglichsten Stücke in dem letzten, so eben ausgegebenen Hefte enthalten eine metrische Uebersetzung des Prometheus von Aeschylus und der ersten Filippika des Demosthenes, beide mit Einleitungen und Anmerkungen, die auch den mit der Urschrift nicht bekannten Leser vollkommen in den Stand setzen, sich von den eigenthümlichen Schönheiten in der Kompozizion jener bewunderten Originale eine richtige Vorstellung zu machen. In beiden wird man die geübte Hand eines Meisters wohl nicht leicht verkennen.

B.

Der Neue
Teutsche Merkur.

6. Stück. Junius 1801.

I.

Lavater

als

fysiognomischer Naturforscher.

Von

Karl Ludwig von Haller *).

Nicht ohne Grund stützte sich Lavaters vorzüglicher Ruhm, zumal im Ausland, auf sein geistreiches Werk, das er so richtig und zugleich mit der gefühltesten Bescheidenheit fysiognomische Frag-

*) Man wird dieß zugleich als eine Fortsetzung des überall mit verdientem Beifall aufgenommenen Denkmals der Wahrheit auf Johann Kaspar Lavater ansehn.

B.

mente nannte. Das Verdienst eines warmen und
thätigen Gottesverehrers, wiewohl es dem Grade und
der Reinheit nach gewiß selten war, hatte er mit andern trefflichen Männern jedes Zeitalters gemein; sein
Verdienst als Seelsorger war seiner Natur nach größtentheils lokal und nicht zum Ruhme vor der Welt,
noch zum prahlenden Geräusche geeignet; aber seine
fysiognomischen Fragmente stellten ihn nebst jener
Grundeigenschaft, die auch in diesem Werke überall hervorleuchtet, zugleich als einen originellen Kopf dar, und
setzten ihn, ich scheue mich nicht es zu sagen, in die
Klasse der seltenen Männer, die mit entdeckendem Beobachtungsgeist den Umfang des menschlichen Wissens,
wo nicht erweitert, doch wenigstens die Bahn dazu
muthig gebrochen und den Weg zu einem unerschöpfli-
chen Reichthum neuer und wichtiger Kenntnisse eröf-
net haben. Denn was auch blinder Haß oder die
nichts lesende, nichts prüfende und doch über alles
absprechende Unwissenheit sagen mag, so werden Lavaters fysiognomische Fragmente immerhin ein Werk
des Genie, ein Schatz von reichen und schönen Gedanken, ein Monument des scharfsinnigsten und flei-
ßigsten vergleichenden Beobachtungsgeistes, ein kostba-
rer Beitrag zur feinern Naturkunde bleiben. Diejenigen geben wahrlich einen beklagenswürdigen Beweis
von ihrer Geistes-Leerheit, die in demselben nichts
weiter als ein Prachtwerk mit schönem Papier und
vielen theils guten theils schlechteren Kupferstichen er-

blicken, und ihm, wie es scheint, bloß deswegen einen Platz in der teutschen Literatur und Kunst anweisen zu wollen scheinen. Die meisten übrigen müssen es gewiß nicht gelesen oder nach Art der Kinder (deren Zahl auch unter den Erwachsenen groß ist) bloß die Bilder begafft und einzelne Urtheile mehr neugierig als Wahrheitsuchend durchblättert haben, sonst wären gewiß ganz andere Urtheile darüber zum Vorschein gekommen. Man würde dem Verfasser nicht (was zwar den meisten ausgezeichneten Schriftstellern zu geschehen pflegt) Dinge vorgeworfen haben, von denen kein Wort in dem Werke steht, oder von denen gerade das Gegentheil darin enthalten ist, nicht Einwürfe gemacht oder Schwierigkeiten aufgeworfen haben, die Lavater unendlich stärker und aufrichtiger selbst gemacht, zugegeben oder treffend beantwortet hat; man würde nicht bloß über den Verfasser gelacht haben und damit die Natur und ihre Gesetze selbst wegdemonstrirt zu haben glauben, nicht so oft sich selbst widersprechen, und indem man die Fysiognomik an sich zu bestreiten wähnte, fast auf jeder Linie das eigene aus der Natur unvertilgbare fysiognomische Gefühl verrathen. Lavaters Werk waren Fragmente und sollten nichts anders als Fragmente seyn. Er sagt es in der Vorrede, er sagt es fast auf jeder Seite, er wiederholt es am Ende; daher hätte man nicht erwarten sollen, daß ihm die Einen vorwarfen, er habe die Sache gleich zu einer Wissenschaft zu machen gewagt, und die Andern, daß er nur Fragmente und kein vollendetes System geliefert habe. So assertorisch seine Behauptungen sind, wenn von der Wahrheit der Fysiognomik an sich die Rede ist, weil er da gleichsam Gottes Natur läugnen müßte, so sehr ist er andrerseits von Demuth durchdrungen, wenn er von der Unvollkommenheit seiner Versuche (in denen es ihm jedoch noch keiner zuvorgethan hat) oder von seinen Urtheilen spricht; und diese Demuth ging eben aus der deutlichen Einsicht hervor, wie unendlich viel zu diesem Studio erfodert werde, und wie vielen Klippen man dabei ausgesetzt sey. Es kann, sagt er, kein Mensch von diesen Versuchen mehr schlimmes denken, als ich selbst denke; ich besitze sehr wenig fysiognomische Kenntnisse, es mangeln mir manche Eigenschaften und Hülfsmittel, um es hierin weit zu bringen; ich habe mich unzähligemal geirrt und irre noch täglich, wiewohl eben diese Irrthümer das beste Mittel zur Berichtigung meiner Kenntnisse waren (T. 1. S. 7.) u. s. w. Aber verwechselt nicht das Objekt mit dem Subjekt, den Gegenstand mit demjenigen der ihn bearbeitet! Ich kann schlecht über die Fysiognomik schreiben, und sie kann doch eine wahre in der Natur gegründete Wissenschaft seyn; ihr werdet viel gegen meine fysiognomische Einsicht, wenig gegen die Fysiognomik selbst einwenden können u. s. w. Um aber Lavaters Werk mit Gerechtigkeit zu beurtheilen, kömmt es darauf an: 1) ob die Fysiognomik an sich in der Natur gegründet, d. h., ob sie uns den Karakter der Dinge in ihrem Aeußern darstelle, 2) ob sie als Wissenschaft möglich, d. h. ob man es durch Erfahrung und Beobachtung in dieser Erkenntniß weiter als durch bloßes Gefühl bringen könne, 3) ob Lavater hiezu die rechte Methode befolgt oder einige Resultate herausgebracht habe; und es gehört wesentlich in ein seiner Ehre gewidmetes Denkmal hier gedrängt zu erörtern, oder aus der Vergessenheit hervorzuziehen, was eigentlich Lavaters Meinung über die Fysiognomik war, was er in dieser Rücksicht leisten wollte, geleistet hat und worinn eigentlich sein Verdienst um diese Sache besteht?

Daß der Geist und das Gemüth des Menschen sowohl in ruhigem als in bewegtem Zustand in seiner äußeren Gestalt und am erkennbarsten in seinem Gesicht erscheine, daß er alles was ihn umgiebt nach jenen Anlagen oder Neigungen modifizire, allem was er thut gleichsam das Gepräge seines Karakters und seiner habituellen Fähigkeiten aufdrücke, daß mithin aus diesen äußeren Zeichen und selbst aus seinen unbedeutendsten Handlungen sich mehr oder weniger die innere Beschaffenheit, aus der sichtbaren Wirkung die unsichtbare hervorbringende Ursache erkennen lasse, das ist eine von jenen Wahrheiten der unmittelbaren Anschauung, deren Beweise sich allerwärts dergestalt dem allgemeinen Menschengefühl aufdringen, daß man ihre Glorie verdunkelt, sobald man sie nur methodisch zu demonstriren unternimmt, und die zu bezweifeln man ungläubiger seyn muß, als diejenigen, welche ihre eigne Existenz oder die Sonne am Himmel läugnen. Aber schon darinn zeigt sich Lavaters Genie und Originalität, daß gewiß noch in keinem Werk die Beweise davon so mannigfaltig hervorgesucht, so treffend ausgewählt, gleichsam dem gemeinen Menschenverstand entgegengehalten, so interessant und populär dargestellt, so deutlich entwickelt oder so lehrreich in das ganze Werk verwoben und hineingeflochten sind. Es ist in der That kein Schritt und Tritt in dieser Welt zu thun möglich, ohne daß die Fysiognomik jene bewundernswürdige Eigenschaft der Natur, insbesonders aber der menschlichen Gesichtsbildung und Gesichtsbewegung, uns das Innere in dem Aeußeren darzustellen, nicht durch die Erfahrung bestätige. Sie ist die allen Zonen, allen Menschen, ja selbst den Thieren verständliche Sprache, die auf der ganzen Erde Gleichartiges sich nähern, Ungleichartiges sich zu entfernen lehrt, und die allein die Menschen in Gesellschaft führen würde, wenn andere Bedürfnisse es nicht thäten. Denn wer wird nicht z. B. den Zorn von der Sanftmuth, die Stärke von der kraftlosen Schwächlichkeit, den Schrecken von der Ruhe, die Liebe von dem Haß, die Freude von der Traurigkeit u. s. w. im Angesicht des Anderen erkennen und zu unterscheiden wissen, sich von den einen

87

angezogen, von den andern aber zurückgestoßen füh=
len. Es ist kein Mensch auf der weiten Erde, von
Adam an, wie Lavater sagt, bis auf den letzten der
sterben wird, kein Kind, das nicht täglich bewußt
oder unbewußt, richtig oder unrichtig fysiognomische
Urtheile fälle, und von denselben geleitet werde, nur
daß der eine diese, der andere jene, ihm mehr vor
Augen liegende oder seine Aufmerksamkeit mehr rei=
zende, Zeichen (Gesicht oder einzelne Züge desselben,
Gestalt, Bewegung, Rede, Modulazion der Stimme,
Schriften, Kleidung, Hausrath u. s. w.) zum Grund
seiner Urtheile nimmt, jener dunkel aus bloßem Ge=
fühl, aber deswegen oft nicht minder richtig schließt,
dieser bestimmt die Züge angiebt, die ihn zu jenem
Schlusse bewegen. Man trifft diesen fysiognomischen
Sinn oft selbst bei gemeinen Menschen, denen aber
die natürliche Gabe des Aufmerkens und Beobachtens
gegeben ist, in bewundernswürdigem Grade an, und
genau betrachtet, sind alle großen Menschenkenner,
die sich als solche im Staate, im Feld oder in andern
Fächern berühmt gemacht haben, nichts anders als
gute natürliche Fysiognomen gewesen, d. h. solche, die
mit geübtem scharfen Blick, aus äußeren Zeichen, es
sey des Gesichts, der Bildung oder anderer Karakter=
züge, die innere Fähigkeit oder Tauglichkeit der Men=
schen schleunig und richtig zu erkennen wußten. Die
Sprache aller Völker und aller Zeiten ist voll von
Worten, Sprichwörtern und Redensarten, die alle

von fysognomischen Urtheilen herrühren, oder kurz gefaßte fysognomische Urtheile in sich enthalten; sie stimmen sogar auf eine auffallende Art unter sich überein; und im Grund sind alle Wörter, womit wir die inneren Geistes- oder Gemüthsbeschaffenheiten zu karakterisiren pflegen, bloß von ihren äußeren Zeichen d. h., von der Fysiognomik, hergenommen *). Auf

---

*) Es fallen mir in diesem Augenblick z. B. nur folgende ein: **aufrichtig (aufgerichtet) offen — verschlossen — fest — sanft — gerade — schielend — faltenlos — aufgeblasen — Windbeutel, ein wohl organisirter oder gebildeter Kopf, fein — grob — hell — dunkel — trübe — scharfsinnig — stumpf — steif — biegsam — widerhaarig, einfältig u. s. w.** Wenn der Metafysiker uns einwenden will, daß dieses alles nur metaforische Ausdrücke seyen, und daß wir nach unserer Natur geistige Eigenschaften nicht anders als sinnlich und bildlich zu bezeichnen vermögen, so können wir ihm solches allerdings zugeben; aber der naturforschende Fysognom wird dann weiter fragen, woher es komme, daß alle Völker zu allen Zeiten und in allen Sprachen diese und jene Geistesanlagen oder Gemüthszustände gerade nur mit diesen und nicht mit andern oder auch mit den entgegengesetzten, sinnlichen Zeichen oder Bildern karakterisiren, daß man z. B. der groben Brutalität nicht feine sanfte gebildete Züge zuschreibt, dem hellen Verstand, dem nachdenkenden Beobachter kein trübes, leeres umherschwebendes Auge beimißt u. s. w. Woher anders als aus dem unzerstörbaren Gefühl, welches durch Beobachtung

der Fysognomik, als Eigenschaft der Natur, beruhet die Mahlerei, deren höchste Vollkommenheit doch darinn besteht, gleich wie ihr Urbild die Natur, den inneren Karakter gleichsam den unsichtbaren Geist durch äußere Formen allgemein erkennbar darzustellen; die Musik, die durch den Ton anzeigen soll, was in dem Gemüth vorgeht; die Semiotik, die in ihrem ganzen Umfang und aller ihrer möglichen Vervollkommung nichts anders ist, als die auf die Zeichen der Gesundheit oder Krankheit gerichtete Fysionomik; die Schauspielkunst, die Mimik, mit einem Wort, alle Wissenschaften oder Fertigkeiten, wodurch man durch äußere Merkmale auf die innere Beschaffenheit der Dinge schließt, und selbst die so

immer mehr bestätiget wird, daß jener innern Beschaffenheit gewöhnlich (und bei genauer Beobachtung allemal) eine solche korrespondirende körperliche Eigenschaft entspricht, und daß daher, wo letztere sich findet, auch mehr oder weniger auf erstere geschlossen werden kann. Lavater wünscht irgendwo in seinen Fragmenten ein Wörterbuch von allen dergleichen fysiognomischen oder von fysiognomischer Deutung entlehnten Wörtern, und es ist gewiß, daß eine Sammlung von solchen Ausdrücken und Redensarten, eben weil sie aus dem natürlichen Gefühl aller Menschen herkommen, die schätzbarsten Materialien liefern würde, nicht um dadurch sogleich Systeme zu bauen oder zusammenzustoppeln, sondern um durch sie zu mehreren und genaueren Beobachtungen gereizt und geleitet zu werden.

sehr gegen die Fysiognomik eingewendete Verstellungskunst — Denn wofür brauchte man sich zu verstellen, d. h. andere Züge, Mienen und Gebärden u. s. w. anzunehmen, wenn der habituelle ungezwungene Karakter keine erkennbaren Zeichen hätte, und wird der geübte Kenner nicht auch die Merkmale der Verstellung, wie die Schminke von der natürlichen Farbe, zu unterscheiden wissen. Sie ist endlich von allen großen Beobachtern und Naturforschern aller Zeiten eingesehen und anerkannt, wiewohl wenig bearbeitet worden. Des Aristoteles, Galenus, Hippokrates u. a. m. nicht zu gedenken, die bei manchen trefflichen Bemerkungen doch zu allgemein, einseitig und auf Gerathewohl absprechen, führt Lavater merkwürdige Stellen aus Salomo, Jesus Sirach, Plinius, Cicero, Quintilian, Montagne, Baco, Ernesti, Haller, Sulzer, Wolf und Gellert an, von denen er wohl mit Recht sagen kann, daß in ihrer Gesellschaft ausgelacht zu werden, er sich zur Ehre rechne *). Der erste malet in verschiedenen Stellen die körperlichen Merkmale der Falschheit, der Schalkhaftigkeit, der Thorheit, des Hochmuths, wie wir sie noch heut zu Tag erkennen *). Der zweite bemerkte schon, daß das An-

*) Fysiognom. Fragmente B. 1. S. 23. wo auch alle diese Stellen nachzusehen sind.

**) Sein kühnes Experiment, wodurch er die wahre

gesicht, die Gebärden, die Kleidung, das Gelächter, der Gang des Menschen, auch das Weisen seiner Zähne anzeigen, was in ihm sey. Plinius und Cicero haben mehrere ähnliche Stellen, und letzterer hat sogar schon (was auch alle neueren Kriminalisten nicht ganz ohne Recht thaten) diese physognomischen Zeichen unter die sichersten Indizien und Beweise der Schuld oder Unschuld gesetzt *). Montagne achtet die

Mutter des bestrittenen Kindes erkennen wollte, (es wundert mich, daß Lavater dieß nicht angeführt hat) war ebenfalls durchaus physiognomisch. Er setzte die mütterliche Neigung auf eine solche Probe, daß sie sich nothwendig in Miene, Sprache und Gebärden äußern mußte. Scharf nach dem Schatten gezogene Profilumrisse der beiden Mütter und der beiden Kinder, woran man Zug für Zug hätte vergleichen können, hätten vielleicht die Wahrheit noch deutlicher ins Licht gesetzt.

*) Figuram corporis habilem et aptam ingenio humano dedit natura etc. Tum speciem ita formavit oris, ut in ea penitus reconditos mores effingeret etc. Omitto opportunitates, habilitatesque corporis, moderationem vocis, orationis vim etc. de Legib. I. 9. Die andere Stelle lautet folgendermaßen: Ac mihi quidem cum illa certissima sunt visa argumenta tabellae, signa, manus, denique unius cuiusque confessio: tum multo certiora illa (also gewisser als Urkunden und Geständniß selbst, oder vielmehr ihre Bestätigung) color, oculi, vultus, taciturnitas. Sic enim constupuerant, sic furtim nonnunquam inter se con-

Schönheit deswegen an Menschen und Thieren über alles hoch, weil er sie fast für unzertrennlich mit der Güte halte, eine Behauptung, die aber von Lavater in seinem vortrefflichen Fragment von der Harmonie der **moralischen und körperlichen Schönheit** unendlich besser bestimmt, eingeschränkt und berichtiget wird *). Baco gesteht ebenfalls, daß die Fysiognomik, älterer Verunstaltung ungeachtet, ihren festen Grund in der Natur und großen Nutzen für das gemeine Leben habe **). Ernesti

spiciebant, ut non ab aliis judicari, sed ipsi a se viderentur. Wenn es wahre Gottes = Urtheile giebt, so müßte man die fysiognomischen also nennen. Denn es spricht in ihnen die lebendige Natur, die Stimme Gottes.

*) Es mag auch wohl hierinn der geheime, hierdurch geadelte Grund liegen, warum jedermann lieber schön als reizend seyn will, und warum die vollkommne, sanfte, faltenlose Schönheit, allgemeine Ehrfurcht, Bewunderung und Verehrung einflößt.

) Descriptio, qualis possit haberi notitia de animi et habitu corporis, aut de corpore ex accidentibus animae duas nobis peperit artes, utramque praedictionis, inquisitionibus alteram Aristotelis, alteram Hippocratis illustratam. Quanquam autem tempora recentiora has artes **superstitiosis et phantasticis mixturis polluerint, repurgatae tamen ac in integrum restitutae, et fundamentum habent in natura solidum, et fructum edunt ad vitam communem utilem.

leitet daraus einen Beweis der innigen Zusammenstimmung der Seele und des Körpers her, und gesteht auch, daß diejenigen, welche aus den Zügen und Umrissen des Gesichts und des ganzen Haupts von der Natur und den Anlagen des Gemüths urtheilen zu können glauben, die Erfahrung gar nicht wider sich haben *). Haller erkennt in ihr die untrügliche und allen lebenden Geschöpfen verständliche Sprache, wodurch der Schöpfer gewollt hat, daß sich die Gemüthsbewegungen an den Tag legen; er karakterisirt die physischen Ausdrücke der Liebe, der Bewunderung, der Neugierde, des Erstaunens, der Freude, des Lachens, des Weinens, der Traurigkeit, des Zorns, des Hasses, der Verachtung, des Schreckens mit außerordentlicher

> Prima est Physiognomia quae per corporis lineamenta animi indicat propensiones; altera somniorum naturalium interpretatio, quae corporis statum et dispositionem ex animi agitationibus detegit. De augm Scient. L. IV. 1.

*) Ex eo etiam animi corporisque cernitur conspiratio, quod fere solet naturalis corporis habitus cum habilitatibus propensionibusque animi consentire, ut ex oratione, incessu, colore de animi ingeniique ratione conjectura fieri possit. Hierauf folgen einige Beweise, und dann fährt er weiter fort — nihil ut de eo dicam, quod quidam ex oris vultusque lineamentis, totius capitis conformatione de animi natura et indole judicari posse existimant.

Beſtimmtheit, und wagt es ſogar, den fyſiologiſchen Grund anzugeben, warum ſelbſt die dominirenden Aſſekten oder habituellen Gemüthszuſtände ſich in dem Geſicht einprägen und in demſelben deutlich erkennen laſſen *). Sulzer nimmt die Wahrheit der Fyſiognomik als eine unwiderſprechliche Sache an, und nennt den Körper das **Bild der Seele** oder die **Seele ſelbſt ſichtbar gemacht** **). Wolf deduzirt ſie

in quo quidem experientiam minime illi habent repugnantem. Init. Solid. Doctr. p. 70.

*) Nachdem er nemlich die äußere Form jener verſchiedenen Affekten beſchrieben, ſo heißt es weiter: Recte perſpectum eſt non dudum, plerosque quidem dominantes adfectus in vultu inſpecto legi, ut laetum hominem et jocoſum; triſtem et ſeverum: ſuperbum: mitem et benignum: innocentem et pudicum, humilem, uno verbo omnes etiam compoſitos adfectus aut ſuborta vitia, indeque natas virtutes, manifeſtis in vultu et univerſo corpore ſignis ſe prodentes diſtinguas. Id. fit, quia muſculi qui ſunt adfectus alicujus characteriſtici, in eo homine in quo is adfectus dominatur, frequentius agunt, ut necesse eſt frequentius contrahi irae muſculos in homine irato. Ita fit denique repetito uſu, ut ii muſculi invaleſcant, et reliquis in eo temperamento otiantibus potentius ſe efferant, ideoque etiam, poſtquam adfectus animi ſe remiſit, tamen aliqua pars characteris regnantis adfectus in facie ſuperſit. Elem. Phyſiol. T. 5. p. 590 - 591.

*) Wie ungegründet den meiſten Menſchen die Fy-

mit der ihm eigenen zwar nach Gründlichkeit aber nach keiner Eleganz jagenden Einfalt und Methode, metafysisch aus der Verwandtschaft des Leibes mit dem Gemüthe; er dehnt dieselbe sogar auf die Gestalt der Gliedmaßen und des ganzen Leibes aus *), und Gellert hat aus ihr den Stoff zu einer seiner schönsten moralischen Vorlesungen genommen, in welcher er behauptet, daß durch Tugend, durch Veredlung des Herzens das Gesicht verschönert, durch Verstandeskultur die Züge verfeinert werden u. s. w. (S. 303‹307.) Einer Menge anderer theils weniger berühmten theils

siognomik oder die Wissenschaft aus dem Gesicht und der Gestalt des Menschen seinen Karatter zu erkennen, vorkommen mag: so ist doch nichts gewisser, als daß jeder aufmerksame und nur einigermaßen fühlende Mensch etwas von dieser Wissenschaft besitzt u. s. w. Theorie der schönen Künste. B. 2. Art. Portrait.

*) „Solchergestalt, schließt er zuletzt, hat die Kunst, „der Menschen Gemüther aus der Gestalt der Gliedmaßen und des ganzen Leibes zu erkennen, „welche man die Fysiognomik zu nennen pflegt, „wohl einen richtigen Grund: Ob man aber bisher „es getroffen, wenn man besondere Auslegungen von „dieser Verwandtschaft des Leibes mit dem Gemüthe „machen wollen, laß ich vor dießmal an seinen Ort „gestellt seyn." Weiter unten ahndet er auch bereits, daß die festen unbeweglichen Theile die natürlichen Anlagen und Neigungen des Menschen anzeigen, nicht aber das,

neuerer noch lebenden Schriftsteller nicht zu gedenken.
Selbst die vielen physiognomischen, metoposkopischen und
chiromantischen Schriften älterer Zeit, sind nichts
anders, als abergläubische, fantastische und betrügeri=
sche Verunstaltungen oder Uebertreibungen eines dem
allgemeinen Gefühl sich aufdringenden Erkenntnißmit=
tels, denen aber doch, weil sie so allgemein sind, et=
was Wahres zum Grunde liegen muß. Ihre Urhe=
ber, die doch nicht alle in die gleiche Klasse zu setzen
sind, fühlten, daß es möglich sey, aus dem Aeußeren
gleichsam das Innere, aus dem Sichtbaren das Unsicht=
bare zu erkennen, aber sie verließen den einzig wahren
Weg der regelmäßigen Erfahrung oder vergleichenden
Beobachtung, der freilich mühsam und kostbar ist,
sie bauten aufs Gerathewohl Systeme, rhapsodische
Aussprüche, und schafften sogleich allgemeine Regeln aus
einzelnen zufälligen Bemerkungen, es mangelte ihnen

was er ergreifen werde. „Die Sache, endet er, ist
„delikat, und ich fürchte gar sehr, die Physiognomik
„erfordere mehr Einsicht (sollte heißen Beobachtun=
„gen) als zu der Zeit in der Welt gewesen, da man
„sie in Regeln zu bringen sich unterfangen." (Dieß
letztere aber hat selbst Lavater noch nicht gethan, son=
dern nur mannigfaltigere genauere Erfahrungen an=
gestellt, und einige, wiewohl noch vorsichtige Schlüs=
se zu ziehen gewagt, wie wir weiter unten sehen
werden). **Vernünftige Gedanken von der
Menschen Thun und Lassen.** §. 213. 14. 16
und 19.

an Sinn, Geschmack und Urtheilskraft, um auf die wesentlichen feineren Merkmale zu achten; sie wollten endlich aus jenen äußeren Zeichen Schicksale deuten, anstatt daß man aus denselben nur natürliche Anlagen, Neigungen, Gemüthszustände erkennen kann *). Gleichwohl dürfte ein filosofischer Kopf selbst in diesen herumtappenden Versuchen noch manche schätzbare Bemerkungen finden, und dadurch zu weiterem berichtigendem Studio veranlaßt werden.

Allein von allen jenen berühmten Naturforschern, welche die Wahrheit der Fysiognomik ahndeten, anerkannten und bewiesen, hat gleichwohl keiner die Sache selbst angegriffen und tiefer in diese Eigenschaft der Natur einzudringen gesucht. Einigermaßen ist dieses wohl mit den Zeichen der Affekten, Gemüths-

*) Anlagen, Neigungen u. s. w. können wohl Schicksale befördern oder verhindern, aber deswegen werden letztere doch immer noch von ganz anderen äußeren Umständen hervorgebracht. In jenem erstern Sinn sagt Lavater irgendwo, daß sich auch eine weissagende Fysiognomik denken lasse, insofern man nemlich aus Karakter und Fähigkeiten auf Thaten schließen, und vermuthen darf was ein Mensch werden kann und nicht kann, und unter Umständen seyn oder nicht seyn werde, wo dann freilich zur Wirklichkeit noch besondere Veranlassungen nöthig sind. Im gemeinen Leben finden sich dergleichen Urtheile sehr häufig. Man kann gewöhnlich schon an dem Kind sehen, was der Mann seyn wird.

R. T. M. Junius 1801.

bewegungen, Leidenschaften u. s. w. geschehen, die zwar schon an sich unendlich mannigfaltig und zusammengesetzt sind. Man hat dieselben genau beobachtet, durch Bilder und Worte bezeichnet, für Künstler und Dichter in Regeln gefaßt, die wenigstens in ihren Hauptzügen allgemein angenommen, jedem Kinde erkennbar und von niemand widersprochen sind. Dieß nennt aber Lavater die Pathognomik (die Kenntniß und Deutung der Zeichen der Affekten und Leidenschaften), von der er die Fysiognomik (oder die Kenntniß und Deutung der Zeichen des ruhigen und habituellen Gemüthszustandes) unterscheidet. Durch jene erkennt man den bewegten, durch diese den stehenden Karakter. Lavater ahndete und glaubte durch zahlreiche Beobachtungen erfahren zu haben, daß die Form der festen und die Ruhe der beweglichen Theile anzeigen, was der Mensch von Natur oder durch Gewohnheit sey, die Form der beweglichen aber, was er treibt oder in diesem Augenblick sey, und in dieser scharfsinnigen Unterscheidung besteht eigentlich ein Hauptschritt, den er zur Vervollkommung der Wissenschaft gemacht hat. Die Pathognomik war längst bekannt, zugestanden, und es ist auch ganz natürlich, daß dieselbige viel früher als die Fysiognomik bearbeitet werden mußte. Die pathognomischen Zeichen, d. i. die Zeichen der Affekten und Leidenschaften, sind auffallender, hervorstechender, in die Augen springender; sie reizen die Aufmerksamkeit theils durch ihre Neuheit, theils vorzüglich dadurch, daß sie ein Interesse für uns haben, daß sie uns gewöhnlich andeuten, was der durch Leidenschaft bewegte Mensch in Beziehung auf uns sey, was wir von ihm zu hoffen oder zu fürchten haben u. s. w. *), da hingegen die fysognomischen Zeichen schon weit mehr freie Beobachtung erfodern, und eben weil sie den gewöhnlichen Zustand ausdrücken, von dem unaufmerkenden Auge übergangen werden.

*) Wie fysognomisch sind nicht z. B. alle Liebenden? Da ist nichts was ihrem Scharfblick entgeht, selbst wenn die Liebe noch still verschlossen und gar nicht in Affekt oder Leidenschaft übergegangen ist. In jedem Wort, in Blick, Gang, Bewegnng, im Stillschweigen, im Ton der Stimme, in den unbedeutendsten Handlungen werden sie die Liebe entdecken, die bloße Verliebtheit von der durch Hochachtung geadelten Liebe unterscheiden, und eben so ihre Abwesenheit, ihre Abnahme, oder die eintretende Gleichgültigkeit, aller Verstellung und selbst vermehrter Attentionen ungeachtet, augenblicklich zu erkennen wissen. Sie pflegen auch gewöhnlich sehr bestimmt die Zeichen anzugeben, die sie zu diesem Urtheil bewegen, und sich hierin gewiß selten zu betrügen. Der Ton der Stimme, der Druck der Hand ist eben so ausdrucksvoll und so mannigfaltiger Modifikazionen fähig als der Blick des Auges. Ich kann mich hiebei wohl füglich auf die Erfahrung eines jeden berufen, der je in diesem Fall gewesen seyn mag, und zweifle sehr, daß er alsdann noch die Fysognomik läugnen werde.

Aber beide beruhen gleichwohl auf der nemlichen Kraft der Natur; die Fysiognomik ist, wie Lavater sich ausdrückt, die Wurzel, der Stamm der Pathognomik; und wäre auch jene Unterscheidung des bewegten und des unbewegten im menschlichen Gesicht, und ihr Verhältniß mit dem stehenden oder vorübergehenden Karakter des Menschen eine bloße Hypothese: so verdiente sie schon ihrer außerordentlichen Wahrscheinlichkeit wegen, nicht verlachet sondern geprüft und durch regelmäßige Erfahrung berichtiget zu werden. Wenn die Affekten sich in dem Gesichte äußern, d. h. in demselben eine bestimmte Veränderung hervorbringen, warum sollte der habituelle Gemüthszustand nicht auch in dem gewöhnlichen Gesicht erkennbar seyn, warum die Züge, die mit den Zeichen jener Affekten, d. i. mit jener höhern Akzion, es sey des Gemüths oder des Verstandes, analog sind, nicht eine natürliche Disposizion zu denselben verrathen, so daß wenn z. B. bei guter, fröhlicher, harmloser Stimmung des Herzens das Gesicht sich in angenehme Falten legt, ein Gesicht, das habituell diesen Ausdruck, diese sanften Züge hat, auch einen guten offenen Karakter anzeige u. s. w. Ist nicht diese Veränderlichkeit der Züge noch bewundernswürdiger als ihre Stetigkeit, und liegt nicht gerade darin ein Beweis, daß das menschliche Angesicht das Bild der Seele sey, daß so wie der Zustand der letzten sich ändert, auch in dem ersten eine Veränderung und zwar den Haupt-

zügen nach bei allen Menschen die nemliche hervorgeht?
Man gesteht allgemein, daß kein Gemüthskarakter
dem andern, und eben so keine Fysiognomie der an#
dern vollkommen ähnlich sey; und niemand sollte auf
die Vermuthung gerathen, daß mithin irgend ein na#
türliches Verhältniß zwischen beiden herrschen müsse,
daß jener gleichsam Ursache, diese Wirkung sey. Wä#
re nicht der bloße Gedanke des Gegentheils für unser
Gefühl empörend? Könnten wir z. B., wie Lavater
sagt, die Behauptung ertragen, daß die Natur, äußere
Zufälligkeiten abgerechnet, das tugendhafteste erhaben#
ste Geschöpf am häßlichsten mache; daß sie in dem
Maaße äußere Plumpheit oder Grobheit hervorbrin#
ge, in welchem Verstand und Kultur da ist; daß sie
einen Starken zitternd, gebeugt und hinfallend, einen
Schwindsüchtigen aber fest und muskulös aussehen
lasse u. s. w. Ist nicht das Gegentheil in der ganzen
Natur sichtbar, und geht nicht ihre Kraft, das Innere
durch das Aeußere, vermittelst analoger Formen er#
kennbar darzustellen, durch die ganze Schöpfung hin#
durch *)? Pflegen wir z. B. die Güte, die Tauglich#

---

*) Diese Bemerkung ist, ihrer auffallenden Richtigkeit
ungeachtet, so viel mir bekannt, noch von niemand
als von Lavater gemacht worden. Fysiogn. Fragm.
B. 1. S. 47=49. Man hatte sich immer nur auf
die Gestalt oder das Gesicht des Menschen einge=
schränkt, die freilich unserer Beobachtung am nächsten
liegen. Uebrigens kommen alle diese Beweise, die

keit, den Karakter, die Gesundheit, die Krankheit, das Alter der Thiere, der Pflanzen, der Früchte und selbst aller leblosen Produkte anders als nach ihrer Gestalt, ihrer Form, ihrer Farbe, ihrer Größe, ihrer Stellung, ihrem Ausdruck, mit einem Wort, nach ihrer Fysiognomie zu beurtheilen, und zwar, bevor sich jene Eigenschaften noch durch die Erfahrung bestätiget haben; geht nicht auch in diesen Dingen, je nach der Ab- oder Zunahme jener innern Tugenden oder Untugenden, eine korrespondirende äußere Veränderung hervor? Wird nicht auch da (unter der nemlichen Art) das Schönere immer für besser, das Feinere für vollendeter gehalten? Und zuletzt, was hätten wir sonst für Mittel, diese uns am meisten interessirenden verborgenen Kräfte zu erkennen, wenn es nicht durch äußere Zeichen geschehen könnte?

Mit der Wahrheit der Fysiognomik an sich oder der Allbedeutsamkeit der menschlichen Fysiognomie hat es also wohl seine Richtigkeit, und die oben angeführten Stellen der berühmtesten Naturforscher haben sowohl auf diese als auf die Pathognomik Bezug? Aber kann die Fysiognomik je eine Wissenschaft werden? Vermögen wir ihre Zeichen zu erkennen, anzugeben und mit

ich hier zusammendränge und zum Theil mit andern Worten ausdrücke, in Lavaters Werk vor, und werden allda sehr scharfsinnig entwickelt.

einiger, Sicherheit zu deuten? Das scheint mehr die Frage zu seyn, womit man Lavaters Versuche siegreich zu vernichten und zu entwürdigen geglaubt hat, ohne je seine so bescheidene und gründliche Beantwortung zu widerlegen *). Ist die Natur nicht so unerschöpflich und mannigfaltig, jedes Individuum und seine Modifikazionen, von dem andern so unendlich verschieden, sind die Züge nicht so zahlreich, so fein, so unmerkbar, so vermischt, so zusammengesetzt, daß es Vermessenheit wäre, dieselben in Regeln fassen zu wollen, und daß uns vernünftigerweise nichts anders übrig bleibt, als ihr Resultat mit Anbetung zu bewundern und uns höchstens hie und da durch das von dem Zusammenwirken aller äußern Indizien hervorgebrachte dunkle Gefühl leiten zu lassen? — Oder ist es uns mehr oder weniger vergönnt, durch angestrengte Beobachtung, Absonderung und Vergleichung es hierin etwas weiter zu bringen, jener Natur wenigstens einige ihrer Gesetze abzulauschen und dieselben zur Belehrung mitzutheilen, damit die Schwachen weniger straucheln, oder vor allzu häufigen Irrthümern bewahrt, die Stärkern aber zu weiterm Vordringen und eigenem Studium angereizt und geleitet, ihnen einerseits die ersten und schwierigsten Versuche erspart, anderseits die Klippen und Abwege, an denen sie sich verstoßen oder verirren könnten, angezeigt werden?

*) Fysiogn. Fragm. B. 1. S. 52-56

Ja, unser Wissen ist Stückwerk, aber wir können selbst dieses Stückwerk nicht missen. Wir werden die Natur nie erschöpfen, aber aus ihr einen nie versiegenden Reichthum nützlicher Kenntnisse schöpfen, und, durch Beobachtung je länger je mehr Wunder in derselben entdecken. Wenn der Verstand, der Karakter und alle Eigenschaften des Menschen sich in seinem Aeußern auf eine uns erkennbare Weise abmalen, so wird die Fysiognomik insofern eine Wissenschaft, als man diese Zeichen bestimmt angeben, fest halten, in Bilder oder Worte fassen, und durch dieselben mittheilen kann; und weil es eine allen Menschen einwohnende natürliche Fysiognomik giebt, so muß es auch, wie man zu sagen pflegt, eine wissenschaftliche, d. h. eine durch Uebung vervollkommnete und durch Belehrung erlangte geben können, wiewohl diese letztere ihr Urbild, die Natur, nie weder erreichen noch ihre weitere Beobachtung entbehrlich machen wird. So unendlich verschieden auch die Züge und Karaktere seyn mögen, so daß kein einziger dem andern ganz gleich ist, so giebt es doch immer in dem Gleichartigen etwas ähnliches, etwas gemeinsames, das wir als Karakter bemerken, und zu weiterem Studio benutzen oder daraus ein sicheres Resultat zu ziehen im Stande sind, so wie z. B. die Freude in allen ihren unendlichen Graden und Modifikazionen doch immer einige gemeinschaftliche Zeichen hat, die in allen wiederkommen und sie zur Freude qualifiziren. Sollten wir aber deßwegen, weil jedes Ding von dem andern verschieden ist, gar nichts gemeinsames annehmen, gar keine Klassifikazionen machen, so müßten wir gerade das einzige Hülfsmittel verwerfen, welches unserem Geist, der nicht alles auf einmal zu fassen vermag, das Studium der Natur erleichtert und Wissenschaften möglich macht; wir müßten, wie Lavater sagt, (der sehr oft das Talent besitzt, aber witzige Einwürfe sogleich ad absurdum zu deduziren) sogar die Sprache und das Alfabeth aufgeben, zumal da jedes Wort nur einen Begriff, d. i. eine Klasse von Dingen, jeder Buchstabe eine Klasse von artikulirten Tönen ausdrückt, deren Modifikazionen zwar wohl ausgesprochen und gehört werden, aber nicht alle bezeichnet werden können; wir müßten dem Verstand entsagen und läugnen, daß das Vermögen zu abstrahiren und Begriffe zu bilden, ein uns von Gott gegebenes Mittel der Erkenntniß sey. Sollen wir z. B. die Bemühungen der Fysiker, der landwirthschaftlichen Naturforscher als unvernünftig ausgeben, die uns die bisher erkannten äußern Zeichen der Vorzüge und Mängel, der Tauglichkeiten oder Untugenden der Thiere, der Bäume, der Pflanzen, der Mineralien u. s. w. sammeln, prüfen und bekannt machen, obgleich der bloß aus Büchern gebildete Landökonom seine Wirthschaft übel treiben dürfte und oft noch von dem Bauer lernen könnte; oder hat man je die medizinischen Naturforscher getadelt, welche die äußeren Zeichen der Gesundheit und der mannigfaltigen Krankheiten des menschlichen Körpers zu beobachten, zu karakterisiren und zu klasifiziren unternahmen, wiewohl gewiß jede Krankheit in jedem Menschen von der anderen unterschieden ist, und derjenige allerdings ein elender Stümper seyn würde, der ohne Genie, ohne eigenes fysiognomisches Gefühl, ohne Aufmerken auf die eintretenden Modifikazionen, d. h. auf andere Merkmale, jede Krankheit in jedem Menschen, bloß nach dem in der Schule erlernten semiotischen Kompendio und den daraus hergeleiteten Regeln beurtheilen wollte? Eben so ist es auch mit der Fysiognomik im engern Sinne bewandt, die sich mit den äußeren Zeichen der moralischen, intellektuellen oder anderer Eigenschaften des Menschen beschäftiget, welcher (was man ihm übrigens auch für einen Rang anweisen mag), in so weit er erscheint und beobachtet werden kann, doch nur ein Thier oder ein Naturprodukt ist. Bis auf einen gewissen Grad können, wie Lavater sagt, die dunkeln Wahrnehmungen klar gemacht, die Zeichen beobachtet, verglichen, bestimmt, zur Probe ihrer Richtigkeit einerseits an das einstimmige Urtheil aller Menschen, anderseits an die Erfahrung gehalten, durch Bilder oder Sprache mitgetheilt, mithin die Fysiognomik eine Wissenschaft werden; aber manches wird sie noch der ferneren Forschung, weit mehreres dem Genie oder dem Gefühl überlassen müssen, was keine bestimmbaren oder keine bestimmten Zeichen hat, zu

mal da hier, wie in allen Dingen, der seinem Beobach;
tungsgeist oft weiter sieht, als er dem, der ihm
nachstrebt oder nachkriecht, zeigen und
vorbuchstabiren kann*). Die Fysiognomik wird
sich berichtigen, je mehr die Beobachtung sich schärft,
die Zeichnungskunst (als das dazu unentbehrliche Hülfsmittel) sich vervollkommnet**), die Sprache sich berei-
chert; sie wird verdorben werden und rückwärts gehen, so bald man sie für geschlossen ansehen, sobald
man darüber Systeme und Kompendien schreiben und
die Fülle der Natur bloß in Paragrafen und gitter-
förmige Abtheilungen, gleich wie in ein ewiges Gefängniß wird einsperren wollen***). Schwierig ist

*) Fysiogn. Fragm. B. 1. S. 53.

**) Ueber die Unvollkommenheit der bisherigen Por-
traitzeichnung z. B. hat Lavater an verschiedenen Orten sehr scharfsinnige Bemerkungen und zu ihrer Verbesserung schätzbare Winke geliefert. Fysiogn. Fr.
B. 2. S. 78. Ueber die Portrait = Mahlerei.

***) Alle Wissenschaften, alle Kenntnisse, die bloß aus
Büchern erlernt werden, sind immer todt und unnütz,
ja sogar oft schädlicher als die Unwissenheit selbst.
Dank sey zwar den trefflichen Männern, die alle
Fächer menschlicher Erkenntniß, theils mit Genie,
theils mit eisernem Fleiß und zuweilen mit beidem
bearbeitet haben; wir wollen ihren Vorrath benutzen, aber wenn wir können, noch lieber aus der

freilich die Fysiognomik, und nicht jeder soll sich dar=
an wagen. Sie erfordert an demjenigen, der sie be=
treiben und für andere bearbeiten will, besondere An=
lagen, gute und treue Sinne, viel Gefühl, scharfen
Beobachtungsgeist, Unterscheidungs= und Urtheilskraft,
schnelle Beobachtung der Aehnlichkeiten und Verschie=
denheiten, Zeichnungskunst, manche andere Auxi=
liarkenntnisse und Hülfsmittel, dazu auch ein gu=
tes edles Herz, welches das Gute sehen lernt, und vor
einseitigen Beobachtungen oder Urtheilen bewahre.
Lavatern kann man es gewiß nicht vorwerfen, daß
er die Unfähigeren nicht von ihrem Studio abzuschre=
cken gesucht habe, und wollte man überall so strenge
Eigenschaften fodern, wie er von seinem Fysiognomen
fodert, so würde es gewiß mit manchen Wissenschaf=
ten besser stehen, es würden nicht so viele flache Kö=
pfe dieselben verdorben, verwässeret und entheiliget ha=
ben. Die Fysiognomik hat auch allerdings ihre innern
bedeutenden Schwierigkeiten. Die Züge des
menschlichen Gesichts sind unzählbar, ihre Mischung
ist unendlich, die meisten entgehen dem flüchtigen Aus

Quelle selbst schöpfen. Denn die Bücher selbst ma=
chen nicht die Wissenschaft aus, und selbst die besten
unter ihnen sind entweder nichts werth, oder sie sol=
len uns bloß vorarbeiten, uns reitzen und leiten,
das große Buch der Natur (das Buch aller Bücher)
selbst zu studieren, jene daran zu prüfen, zu berich=
tigen und so die Wissenschaft selbst im Geist und in
der Wahrheit zu treiben.

ge; viel läßt sich empfinden, wenig ausdrücken. Eine Menge moralischer und physischer Zufälle bringen in der menschlichen Gestalt und Gesichtsbildung Veränderungen hervor und können die Beobachtung oder das Urtheil irre führen; ein jeder Mensch und also selbst der scharfsinnigste Physiognomist ist mehr oder weniger einseitig oder partheiisch; er bemerkt lieber und also auch eher, ja meistentheils ausschließlich, was mit seinen Neigungen, seinen Lieblingsideen harmonirt oder kontrastirt, übergeht daher die wesentlichen Merkmale und sieht die zufälligen für wesentlich, oder nimmt diese allein zum Grund seiner Urtheile an. Sie erforschet endlich das Unsichtbare, das Verborgene, den Geist der gleichwohl im Aeußeren hervorleuchtet, diesen Geist, den so wenige Menschen zu bemerken wissen, und der es doch allein ist, der da lebendig macht; der allen Dingen erst Leben, Werth und Brauchbarkeit giebt. Dergleichen Menschen, denen gleichsam der Sinn für den Geist der Dinge mangelt, sind alle diejenigen, von denen man zu sagen pflegt, sie haben Augen und sehen nichts, Ohren und hören nichts; die Stumpfen und Blöden, bei denen selbst Bilder und Parabeln nichts nützen, indem sie nur das Bild begucken, mit Worten ohne Sinn wie der Affe vor dem Spiegel gaukeln, und wenn man ihnen durch ein Vergrößerungsglas den Gegenstand verdeutlichen will, sich nur über das Glas lustig machen; die Geschmacklosen, die ein Gemälde ansehen, aber keine Zeichnung, keine Haltung, keine Kompoſizion, keinen Ausdruck darinn wahrnehmen; die Bücherleſer und Rezenſenten, von denen ſo wenige in den Geiſt eines Werks einzudringen vermögen, die Anlage, die Methode, den herrſchenden Gedanken, die innern weſentlichen Eigenſchaften herauszufaſſen verſtehen; die Zeitungsſchreiber und Materialienſammler, die Gebirge von Thatſachen, Reden und Handlungen aufhäufen, ohne etwas darinn zu ſehen und weder ihren Sinn noch ihre Bedeutung anzugeben; die erbärmlichen Politiker, die in der Geſchichte des Tages immer nur Begebenheiten und keine Zeugniſſe bemerken, die nicht einmal den Geiſt und den Karakter ihres Feindes aus ſeinen Reden und Handlungen zu erkennen wiſſen, ihn nie nach demſelben beurtheilen, ſondern ihm dafür den ihrigen andichten, die ſich daher immer betrügen, und ſelbſt da nichts vorausſehen, wo faſt jedes Kind weißagen könnte. Aber deswegen iſt doch die Fyſiognomik nicht ſo ſchwierig, daß ſie jedermann von ihrem Studio abſchrecken ſollte, und Schwierigkeiten ſollen nie den Muth zum Möglichen beſiegen. Alles iſt ſchwer, wenn man es nicht verſucht hat, alles wird leicht, wenn es geübt und mit Methode ergriffen wird. Einem jeden Menſchen iſt mehr oder weniger Anlage zu dieſer Erkenntniß gegeben, die Menſchen als Materialien, als Gegenſtand der Wiſſenſchaft liegen ihm überall vor Augen, und die Natur hat ihre Sprache dem menſch lichen Auge und Ohr nicht so unverständlich gemacht. Trüglich ist ferner die Fysiognomik, trüglich wie die Vernunft, trüglich wie unsere Sinne selbst; nemlich es trügt nicht die Natur, aber unsere Einsicht kann trügen, das hat niemand stärker und eindringender als Lavater selbst gesagt. Bald fehlt es an der Richtigkeit oder Vollständigkeit der Beobachtung, bald an der Reinheit des Willens, an der Unpartheilichkeit des Urtheils. Wer nie urtheilt, wird freilich weniger irren, als der, welcher oft urtheilt; aber soll man darum seine Vernunft nie gebrauchen, weil sie uns auch irre führen kann, und beobachtet man nicht alle Dinge, studirt man nicht eben deswegen die Wissenschaften, damit man sich weniger als sonst betrüge? Oft urtheilt aber der Fysiognom auch sehr richtig, wo er falsch zu schließen scheint. Ein paar unrechte Handlungen beweisen noch keinen bösen Menschen, einige Fehltritte keinen Mangel an Verstand u. s. w.; vorerst müssen diese Handlungen genau und auf allen Seiten bekannt seyn; man muß ihre Veranlassung, ihre Triebfedern, Bewegungsgründe, Absichten kennen, man muß sie mit allen übrigen Handlungen des nemlichen Menschen vergleichen, und oft wird sein Gesicht die Verläumdung Lüge strafen, der Fysiognom gerechter seyn, als derjenige, welcher aus einzelnen Handlungen sogleich zu verdammen oder übermäßig zu lobpreisen wagt. In jedem Guten lassen sich ferner einige Fehler, in je dem Bösen etwas Gutes entdecken; der Fysognom kann ein einseitiges Urtheil fällen, das deswegen nicht minder richtig ist, wiewohl es falsch scheint; man kann von ihm nicht fodern, daß er allemal den Karakter des Individuums erschöpfe, der an und für sich unerschöpflich ist, und wenn man Beispiele von auffallenden Kontrasten zwischen dem Karakter gewisser Menschen und ihrer Gesichtsbildung anführt, so wäre immer zu wünschen, daß vorerst das Faktum genau konstatirt würde; es dürfte sich vielleicht allemal finden, daß entweder der erstere nicht richtig bekannt war, daß es an der gepriesenen oder getadelten Eigenschaft fehlte, oder daß die Gesichtsbildung nicht genau beobachtet worden und so der Widerspruch gelöset wird. Ich will endlich des Nutzens oder angeblichen Schadens der Fysiognomik im weitern Verstand, d. h. der Uebung des fystognomischen Sinnes nicht erwähnen, von denen Lavater den ersteren so schön entwickelt und gegen den letztern so erhaben geantwortet hat *). Sie kann unendlich wohlthätig seyn, wenn sie vom guten Geist geleitet, zu guten Zwecken benutzt wird, und so wie jede Kenntniß jede noch so gute Sache schädlich werden wenn sie zum Bösen misbraucht wird; aber die Menschen urtheilen ohnedein alle dunkel nach fystognomischem Gefühl oder aus einzelnen meist übel gekannten Handlungen, die

---

*) Fysiogn. Fragm. B. 1. S. 155–169.

wahrlich kein richtigeres Kennzeichen sind; es wird
des Splitterrichtens, des hämischen Verunglimpfens
auf der Erde nicht mehr werden, wenn man sie auch
etwas klärer, deutlicher beobachten und mithin behut=
samer urtheilen lehrt. Dagegen befördert die Phy=
siognomik die nützlichste aller Kenntnisse, die Kennt=
niß der Menschen, mit denen wir zu leben berufen
sind, und mit der wahren Menschenkenntniß auch
Menschenliebe; sie schärft den Beobachtungsgeist, der
in allen Dingen so unentbehrlich ist; sie erweckt noth=
wendig Gefühl für alles Edle und Schöne, Abscheu
für alles Unedle und Häßliche, und wenn der physiog=
nomische Sinn (im weiteren Verstand) unter den
Menschen mehr geübt oder verbreitet wäre, so wür=
de er wahrlich mehr ein Schrecken der Bösen als
der Guten seyn, indem jene nothwendig befürchten müß=
ten, überall durch ihr Aeußeres verrathen und erkannt
zu werden; ja wie oft würde nicht sogar der einzelne
Mensch vor sich selbst erschrecken, wenn sein Aeuße=
res ihm weist, daß er von der Bahn des Guten
wich, wenn er durch niedrige Leidenschaften verzerr=
te, verschrobene Züge in seinem Gesicht erblickt, wenn
Kleidung, Anordnung seines Zimmers, seines Haus=
raths u. s. w. ihm die Trägheit, die Unordnung, die
Unreinlichkeit seines Geistes vorwerfen? — wie oft
würde er dadurch nicht mächtiger als durch alle Zu=
sprüche, gleich wie durch eine Stimme Gottes getrof=
fen und zu besseren Entschlüssen entflammt werden.

N. T. M. Junius 1801. H.

Wo ist ein näheres, ein sichereres Mittel zu der schweren Kunst sich selbst zu kennen, und täglich selbst den geheimeren Gemüthszustand zu prüfen, wo sind sprechendere allgegenwärtigere Zeugen als diese?

Mit solchen und ähnlichen Gründen hat Lavater auf die Einwendungen gegen die Wahrheit, die Möglichkeit, die Sicherheit, die Nützlichkeit der Fysiognomik geantwortet, und gewiß wird man gestehen müssen, daß sie keinen gemeinen Kopf verrathen. Allein wie unendlich viel hat er nicht in der Sache selbst geleistet, und wie sehr raget sein Verdienst nicht vor allen früheren Versuchen dieser Art hervor? Man lese die älteren Fysiognomisten, selbst alle Dichter und Naturforscher, die sich mit dieser Sache beschäftigt haben; man vergleiche ihre Beobachtungen und ihre Urtheile mit denen von Lavater, und man wird erkennen, wie unendlich weit sie alle hinter ihm zurückstehen; wie dort überall nur einzelne Bemerkungen oder bloße Machtsprüche zum Vorschein kommen, die bald treffen bald nicht treffen, hier aber die reinste Wahrheitsliebe hervorleuchtet, die schärfste Beobachtung, die strengste Methode mit dem behutsamsten Urtheil gepaaret ist, und wie Lavater gerade denjenigen am wärmsten und aufrichtigsten dankt, die ihn durch vernünftige Einwendungen zu genauerem Beobachten, zu mehrerer Bestimmtheit im Ausdrucke reitzten. Lavater dozirt nicht anmaßend wie jene, er mahlet nicht bloß als Dichter, er ist kein Schwarzkünstler, kein Menschenrichter; sein Zweck geht offenbar nur dahin, Gottes Natur, oder wie er sich ausdrückt, die Offenbarung Gottes in der Natur, zu studiren und zu bewundern; nichts war ihm unerträglicher, betrübender und kränkender, als wenn er sah, daß man das Ziel seiner Bemühungen so sehr verkannte, so wenig in den Geist der Sache eindrang und ihm, als wäre er ein Charlatan, bloß Portraits zum Beurtheilen einsandte *). Ein Schwärmer würde Systeme aus

*) Man sehe diese Klagen, die ihm so ganz aus dem Herzen gesprochen sind, noch am Ende des 4ten Theils S. 484. Da Lavater sich so sehr dieses Portrait-Einsendens verbat, so oft und stark seine eigenen Irrthümer im Beobachten oder im Urtheilen eingestand, so ist es wahrlich unbegreiflich, wie der anonyme Verfasser des Aufsatzes in der Allgem. Zeitung vom 4ten Febr. noch sagen darf: „Die Ueberzeugung von der „Sicherheit der Intuizion, womit er aus den Ge„sichtszügen der Menschen ihr Inneres ablesen kön„ne, verließ ihn bis in seine Todesstunden nicht." Entweder wollte derselbe den Edlen noch im Grabe verläumden, was aus der hämischen Stellung oder Verstellung der Worte wahrscheinlich ist, oder er hat Lavaters Werk nie gelesen. Noch am Schlusse des Werks B. 4. S. 484.485 sagt er z. B: „Es hat „mich keiner gelesen, wenn er sich durch mein Werk „berechtigt glaubt, sogleich über jedes ihm vorkom„mende Gesicht abzusprechen. — Jetzt am Ende „einer mühsamen Laufbahn habe ich neben täglich „steigender Ueberzeugung von der Wahrheit der Fy-

dem Kopf erbaut, der Natur Gesetze vorgeschrieben haben, Lavater aber bemerkte ihre fysiognomische Kraft als Thatsache, und suchte durch den angestrengtesten Fleiß einigen ihrer Gesetze auf die Spur zu kommen; er hat die Fysiognomik von allen Schlacken des Aberglaubens, der Charlatanerie, des unprüfenden Dogmatismus gereiniget, er hat sie auf den Weg der Beobachtung, der Erfahrung zurückgeführt, und das entheiligte wieder heilig gemacht. „Die Fysiognomik studiren hieß ihm, sein Gefühl üben, seinen Sinn schärfen, seine Empfindungen analysiren, sie in Beobachtungen auflösen, sich dieselben bezeichnen, sie karakterisiren, darstellen, mittheilen u. s. w.; er unterscheidet daher zwischen dem **natürlichen** Fysiognomen, der bloß nach dem Gefühl, nach den ersten Eindrücken, die das Aeußere eines Menschen auf ihn macht, richtig von seinem Karakter urtheilt; dem **wissenschaftlichen**, der bestimmt die karakteristischen Züge anzugeben und zu ordnen weiß; dem **filosofischen**, der sogar die innern Gründe dieser äußeren Wirkungen

„siognomik wenigstens eben so viel Behutsamkeit im „Urtheilen gewonnen. — Ich schreibe was ich kann, „was ich weiß, und gab niemanden ein Recht oder „einen Anlaß, von mir zu fordern, daß ich alles wis= „sen soll. — Ich gab mich nie für einen Beantwor=. „ter aus, darum darf ich mir die Fragen verbit= „ten u. s. w." — Man dürfte vielleicht unter andern Gelehrten nicht viele Beispiele von ähnlicher Bescheidenheit finden.

erforscht; und es wäre zu wünschen, daß man für jede Wissenschaft eine so gute Methodologie besäße, wie Lavater sie in seinen beiden Briefen an Hn. v. Thun über das Studium der Fysiognomik geliefert hat. Sie können als eine musterhafte Anleitung zu regelmäßigen Erfahrungen betrachtet werden, und nichts ist interessanter, als wie er da entwickelt, was für Eigenschaften zu diesem Studio erfordert werden, wie man vorerst auf das Gemeinsame, dann auf das Besondere achten, bei dem Leichtesten, bei den extremsten Karakteren anfangen, dann zum Schwerern fortschreiten und immer eines nach dem andern vornehmen solle *); kein Mahler, kein Künstler wird unbelehrt von diesen beiden Fragmenten weggehen. Zufällig war die Veranlassung, welche Lavatern selbst zu regelmäßigen fysiognomischen Forschungen bewog. Ein auffallend richtiges Urtheil, das er unbewußt selbst gefällt hatte, bemerkte vorzügliche Aehnlichkeit zwischen den Gesichtszügen zwei ausgezeichneter Menschen und einigen Theilen ihres Karakters, eine gelegenheitliche Vorlesung, wiederholte Aufmunterungen einsichtsvoller Freunde. Von da erst fing er an zu beobachten, Zeichnungen und Bilder vorzüglicher Menschen zu sammeln, selbst zu zeichnen oder zeichnen zu lassen, zu vergleichen, den Karakter der Personen auf anderen Wegen

*) Fysiogn. Fragm. B. 4. S. 138 = 162 und S. 459 = 475.

zu erforschen, um die Bedeutsamkeit der frappanteren Züge zu entdecken, oder seine Muthmaßungen an der Erfahrung zu erproben u. s. w. Er durchlas zwar die älteren Fysiognomiker, und kritisirt sie eben so treffend als billig; allein sie ekelten ihn ihrer Unbestimmtheit wegen bald an, und er warf dieselben weg, um sich blos an die Natur und ihr Bild zu halten. Aber sehet da, wie viele Mühe er sich gab, wie viele Mittel er angewendet hat, um mit dem mindest möglichen Grad von Zeit und Aufwand die Beobachtungen zu vervielfältigen, die Unvollkommenheit der Zeichnung zu ersetzen, und das Bild der Natur so treu und uns verfälscht als möglich zu erhalten; wie er deswegen die Schattenrisse so sehr empfiehlt, weil dieselben theils leicht zu bekommen, theils auch, wiewohl sie weder Auge noch Farbe, noch Höhe und Tiefe anzeigen, doch ein sehr genauer Abdruck der Natur und in Absicht der äußern Umrisse oft außerordentlich karakteristisch sind; wie er gute Gypsabgüsse fodert, welche die ganze Gestalt des Hauptes und der wesentlicheren Züge in möglichster Treue darstellen; wie er Stirnmaße erfand, um sich die Verschiedenheiten noch deutlicher einzuprägen; wie er selbst Schlafende und Todte zu beobachten räth, weil sie theils leichter zu beobachten sind, theils auch in diesem Zustand, wo das Bewegliche oder das Leben wegfällt, die Aufmerksamkeit weniger distrahirt ist, und die Züge daher viel bestimmter erscheinen; wie lebhaft er dabei auf das weit

wichtigere Bemerken der belebten Natur, auf beſſere
Zeichnungen, auf das Studium der Portraitmalerei,
beſonders aber auf Sprachſtudium und Sprachſchöpfung
bringt, um den Ausdruck der Natur oder ihres Bildes auch in Worten ſo treu wie möglich darſtellen zu
können, ein Erforderniß, worin Lavater ſelbſt alle Augenblicke den Mangel hinlänglich beſtimmter Zeichen
fühlte, wiewohl er ſich darin reicher als kein anderer
Schriftſteller ſeiner Zeit bewies. Und wozu ſind endlich die vielen Bilder und Kupferſtiche da, mit denen
er ſein fyſiognomiſches Werk angefüllt hat? Nicht zur
Zierrath noch zur Befriedigung der Neugierde, ſondern
als Beweiſe deſſen, was er im Texte ſagt, gleichſam als Zeugen oder Urkunden, die man von jedem,
der etwas Neues behauptet, zu fordern berechtiget iſt,
die aber alle ſeine Vorgänger zu liefern vergeſſen haben. Ihnen ſollte man auf ihr Wort glauben, und
es iſt ſonderbar, daß man eben deswegen ihre Ausſprü-
che weniger getadelt hat; Lavater aber führt uns ſo
mannigfaltig als er nur immer konnte, die Natur
oder die Erfahrung ſelbſt entgegen, damit jeder ſelbſt
zu prüfen im Stande ſey, und ſeine Behauptungen an
das Kriterium der Wahrheit, an das einſtimmige Gefühl aller Menſchen gehalten und durch die unmittel-
bare Anſchauung ſelbſt zum höchſtmöglichen Grad
der Evidenz gebracht werden können. Wie zweckmäßig,
wie vielfach ſind aber auch dieſe Bildniſſe nicht ausgewählt? Da ſtellt er in wirklichen oder idealiſchen

Zeichnungen ähnliche oder kontrastirende Karaktere zusammen oder einander entgegen, Judas- und Christus-Köpfe, den höchsten Grad menschlicher Lasterhaftigkeit, von Hogarth gemahlt, mit den erhabenen Tugendgestalten von der Hand eines Rafael u. s. w., damit jeder bemerken könne, worin die Verschiedenheit liege; Bildnisse von Thoren, Rasenden, natürlich Blödsinnigen mit anderen von bekannten weisen, festen, scharfsinnigen Männern, wo man gewiß von allem Sinn entblößt seyn muß, wenn man nicht auf den ersten Anblick erkennt, wer unter jene oder unter diese Klasse gehöre, und wo der eigentliche Sitz jener Mängel oder Vollkommenheiten liege; Bilder von den verschiedenen Leidenschaften und Temperamenten, die eben so lehrreich und noch auffallender sind; Portraits von Menschen nach den verschiedenen Berufsarten, Fürsten und Helden, Geschäftsmänner, stille Denker und Gelehrte, Künstler, Dichter, Religiose, Schwärmer, Bauern u. s. w. und zeigt oder läßt jeden erkennen, wie jede Art von Fähigkeiten oder von habituellen Beschäftigungen ihren eigenen Ausdruck, und bei aller übrigen Verschiedenheit etwas Aehnliches in dem Gesicht hervorbringe; ferner Kontraste der verschiedenen Nazionen, die er sowohl ihren körperlichen als moralischen Eigenschaften nach äußerst bestimmt karakterisirt u. s. w. In der Absicht, den systognomischen Sinn noch mehr zu üben, stellt er in mehreren Tafels auch einzelne Gesichtszüge, eine Reihe nach der Natur gemahlter Schädel, Augen, Ohren, Nasen, Mundstücke, Hände und Handschriften vor Augen, um zu beweisen, wie in jedem derselben, im Einzelnen wie im Ganzen, physiognomischer Ausdruck herrscht; ja es werden endlich sogar wohl gestochene Köpfe von allen Arten von Thieren, vom edlen Pferd bis zum flüchtigen Insekt und bis zur kriechenden verworfnen Schlange vorgeführt und bemerklich gemacht, wie auch da jede Art den Karakter desjenigen trägt, was sie ist, wie in jedem Individuo ein anderer Ausdruck herrscht, und was inobesondere den Menschen vorzüglich vor allen Thieren unterscheidet. Wahrlich, wenn man bedenkt, wie viel Mühe und Gedult es kostete, nur diese Tafeln herbeizuschaffen, unter seinen Augen zeichnen, stechen, ausbessern zu lassen, so muß man dem Manne Dank wissen und über seinen Fleiß erstaunen, der unter so mannigfaltigen Schwierigkeiten bei so weniger Zeit, so vielfältigen Berufsarbeiten, so beschränktem Vermögen es gleichwohl dahin brachte, eine solche Menge merkwürdiger Beobachtungen zu sammeln, zusammenzustellen, und zu einem wissenschaftlichen Zweck aneinander zu reihen. Diesem allem fügt Lavater freilich kurze Urtheile, Bemerkungen über die Bedeutsamkeit des Ausdrucks bei, Urtheile, welche das Groß der unverständigen Leser für die Hauptsache genommen zu haben scheinen, oder die Lavaters Feinde als eitle Proben seiner Gesichtsdeutenden Fertigkeit anzugeben suchen, deren Styl und anspruchlose Einfalt aber man nur einigermaßen zu betrachten braucht, um zu erkennen, daß sie bloß dazu dienen sollen, das physiognomische Gefühl zu üben, dem Leser etwas weniges vorzuarbeiten, und gleichsam sein Zeugniß anzurufen, ob er nicht ebendasselbe bemerken müsse. Oft wird auch sein physiognomischer Sinn durch wohlgestellte Fragen zum Voraus auf die Probe gesetzt, bevor er den anderwärts bekannten Karakter des Urbildes erfährt. Zwar wird man nicht alle Urtheile, die Lavater gefällt hat, durchaus unterschreiben, und Lavater hat auch nie dergleichen Ansprüche gemacht; aber bei weitem die meisten sind gewiß so treffend, daß jeder mit Sinnen begabte Mensch ihnen nothwendig beistimmen muß, und im Ganzen ist es unmöglich, dem Verfasser hierin nicht einen hohen Grad von richtiger Intuizion zuzugestehen. Allein selbst seine fehlerhaften oder für fehlerhaft gehaltenen Urtheile flossen aus einer edlen Eigenschaft, aus der Güte des Herzens, die ihn bewog, in jedem Menschen nur das Gute oder vorzüglich das Gute, ja selbst im Bösen noch die ursprünglichen besseren Anlagen zu erkennen und nur diese bemerklich zu machen *). Bei dem gebildeten Takt und der aus

---

*) Ueber dieses Bemerken der Vollkommenheiten und der Unvollkommenheiten hat Lavater im 1sten Theil S. 40 ff. ein eigenes schönes Fragment

gebreiteten Menschenkenntniß und Menschenbeobach›
tung, die Lavater unstreitig besaß, sollte man ihm
doch zutrauen, daß er das übrige wohl auch werde ge›
sehen haben, zumal da solches oft aus seinem Still›
schweigen selbst geschlossen werden könnte; allein es
war von ihm nur zu fodern, daß die gemachten Be›
merkungen wahr seyen, nicht daß er alles Wahre be›
merken solle. Man sollte auch billiger Weise etwas
theils auf die Unvollkommenheit der Zeichnung, die
nicht immer in Lavaters Macht stand, theils auf Rech›
nung der Verhältnisse und der Pflichten schreiben, in
denen ein Schriftsteller sich gegen die ihn umgebenden
Menschen oder gegen das Publikum befindet. Wenn
z. B. der Verfasser, es sey mit oder ohne Nahmen,
Bildnisse von lebenden Menschen oder von Bekannten
aufführt, die er eben leichter erhalten konnte und zum
Behuf einer Wissenschaft gebrauchen wollte, so wird
doch niemand fordern, daß er gerade das Fehlerhafte,
das Unvollkommne darin aufdecken solle, und mit ei›

geliefert. Er sagt zwar, daß der Fysiognom, der
Naturforscher beides beobachten, aber sich bei dem er›
steren lieber verweilen solle. Wer das Schöne kenne,
werde von selbst auch das Schlechte kennen lernen,
aber nicht immer umgekehrt. Auch scheine ihm der›
jenige kein guter Mensch zu seyn, der bei andern
immer nur auf Fehler, mehr auf Fehler, lieber
auf Fehler als auf Schönheiten und Vollkommenhei›
ten ausgehe.

nem so niedrigen Benehmen hätte nie ein fysiognomisches Werk das Tageslicht erblicken können. Es macht vielmehr Lavatern Ehre, daß er weder den Willen noch die Neigung hatte, nach Fehlern zu spähen, und sein Zweck war auch nicht Menschen zu richten, sondern nur die Wahrheit der Fysiognomik, die Bedeutsamkeit der menschlichen Gesichtsbildung zu beweisen, dazu auch mehr Menschenliebe und Menschenschonung durch dieselbe zu befördern *). Sparsam zerstreut und behutsam sind endlich die Resultate oder vielmehr die sogenannten allgemeinen Regeln, die Lavater aus seinen Beobachtungen gezogen hat, wiewohl auch deren mehrere z. B. über einige Zeichen des Ge-

*) Nach Lavaters Erörterung muß die Uebung des fysiognomischen Sinnes in dreifacher Rücksicht diesem Zweck vortheilhaft seyn. 1. Als Beförderung der wahren Menschenkenntniß; denn wenn viele Menschen bei genauerer Kenntniß verlieren, so seyen hinwiederum eben so viele, die dabei gewinnen. 2. Müsse die Befremdung, die Quelle aller Intoleranz, nothwendig wegfallen; man werde nicht von jedem Menschen das nemliche fodern, sich mehr in seine Lage, gleichsam in den Bau seines Körpers hineindenken, und eher verzeihen, wenn man erkenne, warum ihm diese und jene Eigenschaften oder Tugenden schwerer als anderen sind. 3. Entdecke die Fysiognomik in jedem Menschen verborgene Treflichkeiten, bessere Anlagen, die dem flüchtigen Nichtkenner entgehen, und oft werde der Fysiognom begnadigen, wo dieser verdamme. Fysiog u. Fragm. B. 2. S. 36:40.

dächtnisses, der Stärke, der Ehrlichkeit, der Sanftmuth, des Verstandes u. s. w. zum Vorschein kommen;
denn eben durch dergleichen aus einzelnen Merkmalen
zu frühzeitig gezogne Regeln läuft man Gefahr, die
Wissenschaft zu verderben, sie verdächtig zu machen und
den Beobachtungsgeist zu tödten; aber unmöglich ist
es, Lavaters Werk zu lesen, ohne von der Wahrheit
der Fysiognomik d. h. von der Uebereinstimmung des
Aeußeren mit dem Inneren überzeugt zu werden, ohne
sich selbst eine Menge besonderer und lehrreicher Resultate abstrahirt zu haben. Ja, edler in deinem Leben von Vielen so sehr verkannter Verfasser! O möch-
test du noch da seyn, um die Stimme der Aufrich-
tigkeit zu hören! Möge sie zu den Ohren deiner würdigen Hinterlassenen dringen, um sie über deinen Verlust zu trösten; jetzt am Ende dieses Versuches mache
ich es mir zur Ehre zu gestehen, so viele Mühe ich
mir auch gab, das Wesentlichste deines Verdienstes
herauszufassen, ich habe noch nicht den kleinsten Theil
von all dem Trefflichen gesagt, was in deinen fysiognomischen Fragmenten enthalten ist. Du hast uns eine neue Herrlichkeit der Natur entdeckt, oder vielmehr unserem flüchtigen, zerstreuten, unaufmerksa-
men Auge entgegengeführt; du hast in diesem Studio der
Menschenerkenntniß alle deine Vorgänger verdunkelt,
und mehr als alle deine Nachfolger geleistet. Mag
es dir auch an Zeit und Hülfsmitteln gemangelt haben, um noch mehr zu vollbringen; mögen solche,

die an Geist und Seele todt sind, deine Bemühungen unredlich oder neidisch verlachet und Blinde dir vorgeworfen haben, daß du nicht sehest, oder zu viel, d. h. mehr als sie sehest: dein Verdienst wird bleiben bei allen denjenigen, die dich nicht nach ihnen sondern nach dir selbst zu kennen suchen. Sie werden anstehen, welche Eigenschaften sie mehr in deinem Werke bewundern sollen — die moralische und religiöse Tendenz, der das Ganze dient und die ihm hinwieder eben so viel Interesse als Erhabenheit giebt; den Reichthum von Gedanken, den überquellenden Geist, der jedes Wort mit Leben erfüllt; die scharfe Beobachtung, die schnelle Auffassung alles Merkwürdigen, den beharrlichen, alle Schwierigkeiten überwindenden Fleiß; den richtigen Verstand, die persönliche, anspruchlose Bescheidenheit, die mir lehrt, was wahre Demuth ist und wie sie mit Geistesstärke und würdiger Selbstschätzung bestehen kann; endlich die zierliche und doch so klare Sprache. Ja! deine Schreibart selbst ist fysiognomisch, sie mahlet mir das treue Bild deines Karakters ab, und wenn ich dich lese, so ist es mir, als ob ich in dein Innerstes hineinschauen könnte; denn sie ist unerschöpflich und mannigfaltig wie die Natur, die du erfühlst; lebhaft wie dein Geist, mahlerisch wie deine Einbildungskraft, kühn in ihren Pinselstrichen wie die Hand des Genie; voll Ordnung ohne Peinlichkeit, einfältig und edel wie dein Karakter, abwechselnd wie der Gegenstand und die mit ihm korresponhirende Gemüthsstimmung, bald hinreißend begeistert und gefühlvoll wie deine Seele, bald herablassend und freundlich leitend wie deine Güte; überall ernst wie dein Zweck, schön wie dein Herz und unterhaltend wie dein Witz; keiner der dein Werk gelesen, kann es weglegen, ohne besser und unterrichteter davon zu gehen, ohne einen gebildetern Takt, einen feinern Sinn für alles Schöne und Gute davon zu tragen; ohne sich seines Daseyns zu freuen und von dem Entschluß entflammt zu werden, desselben würdig zu seyn.

II.
Meine letzten Tage in Neapel und Rom.
(Auszug aus einem Tagebuche. *)

Neapel, d. 28 Aug. 1796.

Meine schönen Zimmer auf dem Chiaia alle Crocelle waren besetzt, und ich mußte mich begnügen, auf dem

*) Die Leser des Merkurs kennen dies Tagebuch schon mit dankbarer Erinnerung aus frühern Mittheilungen daraus.

D. H.

Fischermarkt ein Logis zu beziehen, wo ich so recht im vollen Gefühl von Neapel lebe, webe und bin! Die wenigen Tage hindurch, welche ich noch hier zu verweilen habe, werde ich suchen, es zu ertragen. — Für lange wäre es mir eine Hölle!

Die Sonntagsabendszene, die mich erwartete, war wie aus einem Guckkasten genommen; der Abend war schon sehr dunkel, doch sternenhell; alle reinlichen Boutiquen der Fischer und Fischverkäufer waren bunt illuminirt, und aus den glänzenden von der Corser Fahrt im Fackelglanz heimkehrenden Karrossen traten schöne elegante Herren und Damen, und verzehrten die frischgefangnen Seeigel, Austern, Muscheln, Schnecken (mit einem Wort alle Konchylien des Golfes) größtentheils ohne irgend ein Gewürz, doch nahmen einige Zitronensaft oder Pfeffer. Man benennt diese bunte Welt der Schaalenthiere mit dem allgemeinen Namen Frutti di Mare (Meerfrüchte) und verzehrt ungescheut alles wohlschmeckende. Das Gewimmel vor meinen Fenstern ist ungeheuer — denn alles, was vom königlichen Pallast, der Piazza-reale und Strada Toledo nach Chiaia will, muß hier vorbei. — Allein wie schwer ist die Luft gegen den Seeäther, den ich sieben Wochen lang auf Ischia geathmet. Den 29sten nach langer Konferenz mit Domeier ward der Entschluß gefaßt, plötzlich abzureisen — den Winter im Pays de Vaud zuzubringen, und mich so nach und nach zu akklimatisiren. Dometer wollte durchaus, daß ich noch einen Winter in Neapel und Rom verlebte — denn ach! ich bin noch nicht geheilt, obwohl erleichtert — allein auch nach Sorrento, in dessen frischen Schatten Trauben und Orangen mich kühlen und Ruhe mich stärken sollte, wird der Paß, und zwar ohne Hofnung „daß man sich vielleicht mildern lasse" versagt. Auch droht Italiens Geschick finstere Zukunft! Zwar weiß man hier nichts Wahrhaftes vom Stand der Armeen — allein ich habe Pässe, die mich überall sicher hindurch führen.

Schwer wirds mir, Neapel zu verlassen, ohne Sorrento, Capri, Virgils Unterwelt, Pompeja und Pästum gesehen zu haben. Dies alles war nach der Rückkehr von Sorrento dem gesunden Spätherbst aufbehalten. Meine Freunde drängten sich liebevoll um mich — auch sie rathen zur Abreise, — denn jeder fürchtet schon jetzt das Aergste. —

Ich war sehr schwach — und mußte heute der großen Freude entsagen, Tischbeins Gemälde-Kabinet zu sehn, welches der gütevolle Freund für mich mit Künstlersinn aufgestellt hatte — Nicht Rafaels schönen Apollino-Johannes sehn, that wehe.

Den 2ten Sept. Diese Tage habe ich, zu schwach zum Ausgehn, so recht mit meinen hiesigen Freunden verlebt. — Die tiefe Trauer der Edlen unter den Neapolitanern, und den hier eingewohnten Fremden, über ihr bedauernswürdiges, versinkendes Vaterland, ist unaussprechlich tief und herzzerreißend. — Alle wünschen mir Glück zu entrinnen — ach, zu entrinnen aus Hesperien! Alle blicken in die nächste Zukunft, als in eine schon eröfnete Szene des Grauens, des entfesselten Lasters, der unterdrückten Wahrheit und Tugend, und aller Schrecken des mit Verzweiflung gewaffneten Despotismus und der wilden Anarchie! Die Küsten und Inseln werden verschlossen, auf daß der Fremdling nicht sehe das innere Elend, den tief fressenden Krebs, nicht sehe ein gedrücktes, erniedrigtes und oft halb verhungertes Volk! Die Auflagen werden gehäuft, die Nahrungsquellen verstopft, der Geist des Volkes durch Pfaffen-Despotie in Dumpfheit erhalten. Das wenige Licht, welches noch nicht auszulöschen gelang, wird unter den **Scheffel** gesteckt, und wenns auch dort **durchbrennen** will, in **die Festungen**! So fand ich von **fünf** ehrenvollen Gelehrten, an die mein Bruder mir Addreß-Briefe gab, **drei im Gefängniß**! Hier ist fast keine Mittelbahn der Wahrheit mehr zwischen dem dunkelsten fanatischen Aberglauben und der zügellosesten Frechheit Gott und Unsterblichkeit höhnender Atheisten.

Geräusch habe ich genug gehört in Neapel, aber wenig Freude gesehn; das Volk lärmt noch aus alter

Gewohnheit. — Man sagt mir allgemein, daß seit dem Ausbruch der französischen Revolution diese Gegenden wie verwandelt seyen.

Was dem Fremden den Aufenthalt hier aber vor allem verbittert, ist das Erbrechen und Zurückhalten der Briefe, theils bei den Armeen, theils hier auf den Postbureaux — Nun sinds 5 Wochen, daß ich von den Meinigen keine Zeile sah, und doch weiß ich, daß mir regelmäßig alle Woche geschrieben wird *).

Den 3ten. Noch leid' ich durch Krankheit, die mir nicht erlaubt, bei dem jetzigen erschrecklichen Unwetter, welches die Krise des Uebergangs aus dem Sommer in den Herbst ausmacht, unterweges zu seyn. Der Scirocco tobt in Meer und Luft, die schwer herabsinkenden Wolken vereinigen sich mit dem Regen — und aus der mystischen Hölle rollt die schäumende Brandung über die Lavariffe an die Uferdämme von schwarzer Lava. Gegen Abend brachen scharfe Sonnenstralen durch finsteres Gewölk und fielen gerade auf die Küste von Sorrento, recht

*) Anmerk. von 1800. Dies Gemälde des Zustands von Neapel ist wörtlich aus meinem Tagebuch ablopirt. Jetzt ist alles das hier prosezihte Elend schon Wirklichkeit geworden — und der Profet zum Opfer.

um meiner Sehnsucht noch zu guter letzt das unerreich/
bare Plätzchen der Ruhe zu zeigen. — Ach, dort hätte
ich die unglückliche Welt vergessen, im paradiesischen
Thale! Jetzt ist hier die Fülle des edelsten Obstes;
die Trauben des Posilypo sind so süß, daß ihr Saft
eher Honig als Most scheint — nicht allein die weißen
Muskateller haben diese Honigsüße, sondern auch die
Braunen, von denen jede Beere eine Ellipse ist. Der
Abschied von den Freunden ward mir schwer. — Ach,
die finster umwölkten ungewitterschwangeren Lüfte, in
denen ich sie zurücklasse, sind ein nur zu wahres Bild
ihrer Zukunft!.

Den 4ten, im grauen Fittig des Scirocco.

Den 5ten krank in Mola übergelegen bei
unaussprechlich tobendem Meere und gießendem Him/
mel — ich theile treulich das Fieber der Witte/
rung!

Mola den 6ten. Der Sommer ist vorbei, und
der Herbst in himmlischer seegenbringender Milde er/
schienen. Unter den deckenden Wolkenhüllen und dem
Regenschleier ist die liebliche Wandlung schnell vollen/
det worden. Wie glänzen Himmel, Erd' und Meer,
die Küsten und Inseln! Wie blüht in Purpur und
Gold das Laub der früh sich entblätternden Laubbäu/
me — Wie lächeln die Formianischen Zitron/ und
Orangenwälder mit ihrem dunkeln golddurchstrahlten

Laube, gebadet im Thau, und eben von der aufgehenden Sonne geröthet! Die Ponzischen Inseln liegen leicht getuscht im Norden. Trautes Ischia, lebe wohl, und du menschenwimmelnde Procyta! Vesuv und ihr schönen unerreichbaren Küsten von Castell a Mare bis Massa, die ihr so magisch der Ferne entsteigt, wie aus dem Hohlspiegel der Erinnerung — so hell und so zart, seyd gegrüßt, und über euch walte die liebende Vorsicht!

Fondi und Terrazina wurden im Sonnenglanz und Pomeranzenduft von uns begrüßt; in den Sümpfen fanden wir noch den starken Regen und bei frischem Winde bel aria — und frisch und munter langten wir zu Velletri an. — Wir bemerkten lächelnd, daß ich zweimal in den von mir so gefürchteten pontinischen Sümpfen — gesund geworden bin — denn krank verließ ich im Mai Velletri und krank gestern Mola. Das Geheimniß besteht darin, daß es beidemal unmittelbar zuvor stark geregnet und geweht hatte, wodurch die Sümpfe erfrischt und die Atmosfäre durch die Luftströme bewegt worden waren.

Den 7ten. Uns allen ist, als wären wir wieder zu Hause — und jubelnd wurden die Hügel von Genzano und Albano begrüßt. — Es war der schönste Morgen, die Luft so leicht und rein wie Alpenäther, und ich wandelte wie neugebohren den sanft reitzenden Hainen des alten Algidus entgegen.

Hinter Albano am Grabe des Aeneas im Dunkel jener heiligen Eichen erschienen uns unerwartet die geliebten Freunde Zoega, Giuntotardi und Fernow. Schon zum zweitenmal (durch mein Krankwerden in Mola) kamen die lieben Treuen uns entgegen. — Nun begrüßten wir, im vollen Chor den Albanischen See, die Eichenschatten des Emissars, und dich, o holdseeliger Hain von Marino. Alles glänzt wie nie gesehen, im Schimmer des jungen Herbstes und im Zauberlicht der Erinnerung. — Aber fern liegt Rom — das arme Rom, dem seine Götter und Heroen entfliehen, und nur die Heiligen bleiben!!

Wir bezogen wieder unser altes liebes Häuschen in Frascati. Nein! solche Ruheplätze für Geist und Herz giebts doch in und um Neapel nicht, bei allem Pomp in den Umrissen des Ganzen — Solche heilige Schatten der Pinien, Eichen, Zypressen, Platanen und des Lorbeers! Die Freunde blieben mit uns bis zum folgenden Tage.

Den 11ten. Deine arme Freundin ward wieder krank. — Ein Fieber weckte jene peinlichen Seitenschmerzen aufs Neue, die ich in Ischia's Quellen abzuspülen gehofft hatte — das war eine traurige Wiedererscheinung!

Allein diese Stille in himmlischer Luft des Tus,
kulanischen Hügels, diese lethäische Ruhe über alle
Gegenstände ergossen, besänftigt und lindert alles
Wehe. Unter diesen tiefen Schatten gleitet vor mei,
nem innern Sinn die Neapolitanische Schimmerwelt
wie ein Traum vorüber, ohn' ihr Geräusch im Ge,
folge zu haben.

Hier werden alle Lieblingsörter besucht. Alle
diese Bilder von Schönheit, Ruh und melancholischer
Umschattung für immer in die innere Laterna
Magika aufgenommen; da ruhet — bis auch im fer,
nen Norden ein Strahl der Erinnerung euch wecket,
und ihr leise vor meinem innern Auge vorbei gleitet.

Wir besuchten in Grotta Ferrata die geliebte Ju,
lie. — Ach, wie immer leidender ist die Edle — und
doch kann das arme gefangne Vöglein den harten Ker,
ker nicht aufbrechen! Traurig kehrt' ich zurück.

In der äußern Mauer meines Hauses ist ein Ma,
donnenbild in einer kleinen Nische; dieses wird bei
jetzigen bösen Zeiten alle Abend mit Gesang und An,
betung verehrt. — Die Stimmen der Frascatesen
sind rein und volltönend. — Antwortende Chöre der
Mütter, Mädchen und oft ganz kleiner Kinder grüßen
die sanfte Mutter des Erbarmens mit tausend süßen
Namen — Der Gruß ist —

E viva Maria,
Maria è viva!
E viva Maria,
è chi la creò!

E viva Maria,
Maria è viva!
E senza Maria
Non viver se può!

In der erſten Strofe kriegt der liebe Gott doch ein klein Kompliment neben her. Aber im wahren Volksliede, zu dem ein jeder nach Belieben Stanzen improviſirt, iſt nicht ein Wörtchen für ihn.

Maria! speranza nostra,
pregatelo per noi,
il Figlio vostro!

Maria, col bianco viso,
pregatelo per noi
in Paradiso!

Maria, col bello ciglio,
pregatelo per noi,
il vostro Figlio!

Maria, Madre d'amore,
pregatelo per noi
in vostro Cuore!

Maria, speranza nostra,
E liberà noi de'
Francèsi!

Diese letzte neugemachte und den Umständen, wie du siehst, angemessene Strofe ward mit höchster Inbrunst gesungen. — Die Armen! Möge denn die sanfte Mutter der Liebe sie befreien!

Nachmittags versammeln sich viele Kinder des Dorfes vor der Villa Piccolomini bei meiner Wohnung. — Wir sparen Bonbons von unserm Desert und Obst für sie auf, die Kinder und ich; dann laß ich sie tanzen nach der Handtrommel der Aeltesten unter ihnen — Es sind oft 12 bis 16 Mädchen, zum Theil schöne feurige Kinder, mit lebhaften Augen und mahlerischen Krauskköpfen; in ihren Bewegungen ist oft etwas Ideales — wie der jungen Genien auf Grabmählern. Allein der Mangel gesunder Nahrung ist nur zu oft am dicken Leib, der üblen Farbe und dem gedunsenen Fleische sichtbar. Die Mahlzeiten, die sie genießen, und das schlechte Oel, womit alle Speisen zubereitet werden, würden unsere Kinder tödten.

Der Zustand von Rom ist höchst traurig — alle Wohlgesinnten und Vernünftigen ahnden heillose Auftritte. — Alles ist ohne Kraft, besonders ohne festen Plan, und die Wuth der Ohnmacht ist leider die einzige Gegenwehr einer schwachen Regierung, die sich selbst alle Hülfsquellen verstopfte.

Das schnellere Herabsinken des Nazionalgeistes und Muthes, datirt sich auch hier vom Anfange der französischen Revoluzion her — da arbeiteten Geistlichkeit und Regierung vereint jedem Dämmern der Vernunft entgegen. Alle Ketten wurden fester angezogen, das Elend des Volkes stieg. Die Klugen unter den Bösen raubten gieriger und ungescheuter, ahnend daß doch bald alles zu Trümmern gehen würde, und fischten im trübegährendem Schlamm. — Es ist ein in allen Lebensorganen zerstörter Körper — und wehmuthsvoll zieht sich der Blick von der nahen Zukunft dieses unglücklichen Landes zurück.

Den 12ten. Ich brachte den Morgen (den elysischen thauduftenden Morgen) mit meiner Charlotte einsam in der hohen Eichenrotunda der Villa Conti zu. Dieses prächtige Laubgewölbe schattet hoch auf dem Abhang des Hügels, und man blickt rundum in die Laubnetze des sinkenden Hügels.

Wie majestätisch wölbt sich der dunkelblaue und doch glänzende Himmel zur Decke des feierlichen Doms, in dessen Mitte die schöne Fontaine steigt, und in Regenbogen zertröpfelnd auf das thaufunkelnde Moos und Adianthum herabrieselt. O, es ist ein heiliger Natur-

tempel! Auch sangen wir andachtsvoll Friedrich Stoll-
bergs Lied „daß unser Gott uns Leben gab" — nach
Reichardts seelenvoller und feierlicher Melodie.

Den Nachmittag brachten wir in Grotta Ferrata
zu. Der wachsende Mond stieg empor als wir schie-
den. — Die Zurückfahrt in milder und heller Monds-
nacht war unbeschreiblich reißend; magische Lichter fielen durch die fantastischen Schatten des Haines — vom
freien Berggeländer war der Ausblick durch jene prächtige Kluft unterhalb der Villa Bracciano, hin über
die silberduftige Campagna so rührend und melancho-
lisch erhaben, daß ich aussteigen, und hin und zurück-
gehen mußte, ehe es mir möglich ward, ach! wahrscheinlich für immer zu scheiden.

Den 13ten verließen wir unser trautes Frascati.
Wie erschien mir Rom von neuem als Königin der
Städte — wogegen Paris, Petersburg und Berlin
doch nur kleinlich erscheinen. — Alles ist hier für die
Unsterblichkeit erbaut und auf sie berechnet, sowohl
in der alten als neuen Weltherrscherin, die mit
machtvollem Zepter erst die fysische und dann die moralische Welt Jahrtausende lang beherrschte, und in
neuen Hemissfären eroberte, was Mahomed ihr in den
alten geraubt.

Wir fanden Rom in einer dumpfen ahnungsvol-
len Stille. — Wie ich den Corso hinauf fuhr, schien

es mir als ob die Colonna Antonina sich stolz in den perlblauen Aether erhöbe, als wolle sie sagen: „Ich Denkmahl eines ganzen Jahrhunderts, welches durch meine Antonine der Welt zum Seegen ward, bin über den republikanischen Räubern, und dauernder als ihre pappene Freiheitsgöttin."

Den 14ten. Morgenbesuch und Abschied in der Villa Borghese, wo man noch nichts geplündert hat — Letzter Besuch beim sterbenden Museum Pium Clementinum.

Es war mir bitter schmerzlich, die Entweihung anzusehn Im Cortile fand ich die fränkischen Kommissarien herrschend und anordnend. — Der Herkules war schon vom Piedestal. Mein holder Liebling Merkur ward eben zum Abheben gestützt, das heißt, es werden Steine zur Stütze zwischen die Beine der Statuen von unten auf gemauert. — Noch standen Apoll und Laokoon unberührt — „Wenn du Apoll der Pythier bist, brauche deine Pfeile gegen die Barbaren!" und du, o Laokoon! „laß sie in dir das rächende Bild der schlangenumwundenen Unschuld sehen — das Bild so vieler Tugenden Galliens!"

In der Gallerie ward eben Trajan als Konsul auf seiner marmornen Sella Curulis auf Rollen hinweggeführt. — Es war ein wehmüthiger Anblick, wie er langsam die lange prachtvolle Gallerie hinab glitt — „Fahre wohl, du sanfter Weiser — predige den Galliern Menschlichkeit!"

Schon lag die herrliche Amazone im hölzernen Kasten, aber so stolz als wolle sie ihn sprengen; „Geh, kühne Jungfrau, und lehre die Amazonen an der Seine, wie Tapferkeit und Zucht sich in weiblicher Bildung vereinige!"

Die tragische Muse, meine beinah angebetete Melpomene, stand noch unverrückt, aber doch schon als Sklavin bezeichnet. „Göttin des hohen Sofokles, lehre die nachäffenden Fränkinnen, wie die Alten weibliche Würde in bescheidenem Gewande darstellten und was antik sey."

„Sie haschen so sehr darnach mit luftiger Draperie und hochgegürtetem Busen und wähnen Göttinnen gleich zu seyn oder Musen, wenn sie höchstens Bacchantinnen oder Hetären gleichen." Alle Musen waren schon von der Stelle gerückt, um geformt zu werden — denn ach! die Abgüsse kommen nun an die Stellen der Originale — und Gyps soll die prachtvollen Blenden füllen! diese marmorstralenden Wände! — „Solch einen Tempel findet ihr nicht in Lutetia, ihr Götter und Heroen, ihr Musen und vergötterte Cäsaren."

Kleopatra ward eben abgehoben. — Die römischen Arbeiter zeigen ihre Geschicklichkeit in der Me-

chanik der Behandlung dieser schweren Maſſen —
Sie thun es willig für Gold; o Schimpf und
Schande!

Dann nahm ich Abschied von Angelika, die ruhig bleibt, die Zukunft erwartend in ihrem Heiligthum der ſittlichen Grazie.

Abends machte ich meine geliebte Mondſcheinfahrt
nach Monte Cavallo. — „Ihr Götter-Söhne" blei-
bet unangetaſtet, aber ihr ſchauet zürnend auf die ge-
feſſelten Quiriten!" Ich kehrte über Coliſeum und
Forum Romanum zurück.

Den 15ten. Der letzte Tag in Rom. Den Morgen brachte ich einſam auf dem Palatin zu, einſam
traurig und gedankenvoll. — Jede heilige Stätte
ward beſucht und jeder Schattenort der Erinnerung
— Alles iſt jetzt in größter Schönheit. Das Laub
der Eichen und Platanen noch friſch vom Auguſtgrün
— und fern glänzen ſchon golden und purpurn die
Rebgärten; bald beginnet, ach! die dies Jahr freuden-
loſe Weinleſe! Abends ſah ich von Aqua Paoli und
Pietro Montorio die Sonne ſinken über Rom zum
letztenmale, wie ich ſie am 13ten Novembr. 1795 zum
erſtenmale ſah! Neben mir ſtand der edle ſanfte
† † † † † verloren im Schmerz über das Elend
und die Erniedrigung ſeines Vaterlandes — Furcht
kämpft mit der Hoffnung in der beſſern Bruſt —

„ob Rom zu Trümmern gehe, oder eine gute Krise
haben werde?"

Seit 8 Jahren liegen wir in einem dumpfen
Faulfieber, in diesem Zustande ist jede Verände:
rung Hoffnung! Wir sahen schweigend und weh:
muthsvoll eine Fackel des Abendroths nach der andern
verlöschen — Palatin, Coliseum, Pallast Farnese,
St. Peter und zuletzt der hohe Quirinale — bis der
Mond still über den Sabinen heranzog.

Das Unwesen, welches die Geistlichkeit in diesem
Sommer zu Rom getrieben, ist unerhört. Es galt
das Volk durch Wunderzeichen zu schrecken, und mit
Prozessionen zu beschäftigen, daß sie darüber vergäßen,
die französischen Kommissarien zu morden. Zu die:
sem Endzweck kriegten alle Madonnenbilder von An:
kona an durch Umbrien bis Rom das Milchfieber,
nickten auch mit den Köpfen und verdrehten die Au:
gen (wem fallen hier die Bewegungen der Lanuvi:
nischen Juno nicht ein). Diese Vorzeichen mußten
durch Prozessionen büßender, sich geißelnder, ketten:
schleppender Volkshaufen gesühnt werden und dahin
lenkte man den gerechten Zorn des Volkes, ten
man hätte zur Vertheidigung von Heerd und Altären
entflammen sollen! Allein die Polizei war zu schwach,
die Mordthaten zu verhindern — die Regierung, gerech:
ten Widerstand zu leisten — und so blieb nur die Waf:

se der gewissenlosen Ohnmacht elende Täuschung. Die sogenannte Milch der Madonnen ward als Augenwasser und für offne Schäden vertheilt. — In einem Kloster theilten die Mönche (ich will hoffen aus Unwissenheit) ein milchähnliches Gemische aus, worin Scheidewasser war. — Ein Greis und ein Knabe verblindeten. Die Augenheilende Mischung von Extractum Saturni war diesen Idioten nicht bekannt.

Neapel versucht alles, um das schwache Rom zum Religionskrieg zu bewegen. Am 18ten Sept. ist der theuererkaufte Waffenstillstand für Rom vorbei, und man glaubt die Entscheidung nahe. Rom ist in innere Fatzionen zerrissen, wie alle die unglückseeligen Länder es werden, denen die Gallischen Erynnien nahn! Der Nepote ist von den Franken gewonnen! Die Geistlichkeit in ohnmächtiger Wuth hetzt das Volk und besonders die Weiber. Die Zahl der Weisen unter ihnen ist klein, unmerklich die der Edlen, die fähig wären, Opfer zu bringen. Alles aber ist ohne Zusammenhang, und der Pabst, der bejammernswürdige Greis, wird von allen zugleich gepeinigt.

Abreise von Rom.

den 16 September 1796.

Es dämmerte als wir die Straßen von Rom nun zum Letztenmahl durchfuhren. — Der Obelisk vom Piazza del popolo glänzte vom Morgenroth — so wie wir uns entfernten, stieg Rom auf seinen Hügeln aus Nebelhüllen im jungen Sonnenstrahl empor! Zypressen des Janikulus! Pinien des Mont'orio! empfanget mein Lebewohl heilige Schatten! Fraskati, Albano und du Gipfel des Donnergottes; Tibur du Wohnort stiller Schwärmerei und Ihr rauschenden Kaskaden, nie vergeß' ich Euch! Heiliger Berg über dem so prachtvoll die junge Sonne heran schreitet, sanft gewundner Annio und du Vater Tiberinus ich begrüße Euch zum Letztenmale!

Wir waren alle sehr wehmüthig, denn uns alle hatte die ernste hohe Roma mit mächtigen Reizen gefesselt. — Es war uns als sollt ein künftig für uns, indem wir diese große Vergangenheit im Rücken ließen. —

Da ich zu eilen habe, um vor dem Schnee die Alpen zu erreichen, so begannen wir mit der starken Tagereise bis Terni. Sobald die ersten Stationen durch die öde glühende staubigte Campagna bis Monte rosa zurückgelegt waren, wurden die Wege landeinwärts sehr angriffen und unterhaltend. Der Sohn der Campagna der zackigte **Soraktes** ward von uns beinahe umfahren, und wir ergötzten uns an seiner unter jedem Gesichtspunkt abwechselnden Gestalt — sahen Haine, Flecken und fruchtbare Felder um seinen Saum gelagert. Es stehet dieser mächtige Kalkfelsen mitten unter den von volkanischem Ruin bedeckten Bergen der Campagna da, wie eine feste Insel im Schooß des alten Oceanus gebildet.

Wir aber wollen wie im Fluge davon, und ich kann dir nur schnell vorüber eilende schwach gezeichnete Schattenbilder der Gegenstände hinwerfen, die uns vorbeizogen.

Schön ist das lange **Tiberthal** zwischen **Borghetto** und **Marigliano** in **Sabina!** Beide Städtchen liegen auf Felshügeln einander gegenüber, die Tiber strömt weit her zwischen den grünen Sabinerbergen herab, und man blickt ihr nach bis in die sinkende Campagna, welche hier durch den jungen noch grünlichen Strom von Sabina getrennt wird. Wir fanden die Volks-Fysionomien in den Städten und Flecken welche wir hindurch kamen weniger scharf und fein als die der Römer, allein dafür viel gutmüthiger. Die Wege sind vortreflich, nicht schnurgrade todtlangweilige Chausseen sondern sich aus und einbeugende, auf und abschlängelnde, und wohl unterhaltne Landwege — wir gehen im Ganzen bergauf.

Bei sinkender Sonne erreichten wir Otricoli welches schon hoch liegt. Ich wäre im Grunde gern hier über Nacht geblieben, um die schönen Ufer des Velino und Narnis romantische Lage bei Tage zu sehen. — Allein das Wirthshaus war schrecklich und außer einigen Feigen, die eine gute Frau mir schenkte, keine Erquickung zu haben.

Ich sehnte mich nach einem Plätzchen das einen freien Umblick, in die um uns aufgeschichteten Bergreihen gewähre. — Otricoli liegt so schrof am Abhang, daß dies leicht zu finden schien. — Aber nur der Hintertheil der Häuser ist über der Tiefe. — Endlich schlüpfte ich zu einer Stallthüre hinaus und stand (man verzeihe das unpoetische Bel vedere) auf einem hohen Misthaufen, den ich bald vergaß über der prachtvollen Beleuchtung dieser tiefzerklüfteten Berggipfel, von denen der Abendpurpur stromweise in die hohen Klüfte abzugleiten schien, und die ganze wilde Gegend für wenige Minuten in die wärmsten Lebensfarben tauchte.

Die entzückende Schönheit der Mondnacht, welche diesem Sonnenuntergang folgte, wird mir ewig unvergeßlich bleiben. Das Land ward mit jedem Augenblick reitzender — der Weinbau und die Oelgärten wechseln — die Rebe rankt hier zwar nicht von Baum zu Baum, weil das kühlere Clima die Beschattung der Aecker nicht zuläßt — Allein sie umarmt innig den Ulmbaum, vermählt ihr Laub den Seinen — Ihre goldnen und purpurnen Trauben scheinen die Frucht seines Stammes, und dies Ganze bietet als Gruppe, und Fantasie-Bild das holdeste Symbol der innigsten Vereinigung dar! Der Himmel war Aetherrein und von dunkler Bläue, dabei die Luft so milde und so dunstfrei, daß alle Gegenstände scharfe Schatten warfen, und ihre Farben nur in sanfteren Tinten beibehielten. Gegen Eilf war Narni erreicht, der laut rauschende Velino glänzte tief unter der Stadt, die auf hohem Berggipfel liegt, deutlich sah' ich die Bildung des wild zerrißnen Kalkfelsens und das mahlerische Gebüsch, und die vom leisen Nachtwind gehobenen Epheunetze des hohen Ufers. Die Beleuchtung dieser Felsparthieen schimmernd wie Silber, war so Elfenhaft fantastisch, daß ich beinahe zur Ballade ward, mich in ihrem Anschaun verlierend.

Von Narni bis Terni fuhren wir auf hohen mit Oel und Wein bedeckten Gefilden schnell dahin — alle 8 Fenster unserer alten französischen Gallakutsche waren geöfnet. Wenn ich auf Augenblicke entschlummert, die Augen wieder öfnete zur milden reinen Luft und zum unaussprechlichen sanften Silberlicht, war's ein immer neuer Blick in Elysium. — Nie haben süßere Gebilde halbwacher Träume meine Augenlieder vorbeigeschwebt — und das Anlangen vor dem Wirthshaus zu Terni war wie ein plötzlicher Sturz aus empyreischen Räumen, in die unfreundliche Wirklichkeit eines italienischen Gasthofes.

Fr. Brün geb. Münter.

III.
Ueber
Viller's Ueberſetzung
der
Grundſätze der Kantiſchen Filoſofie.

Bei Collignon in Metz wird mit nächſtem folgende Schrift erſcheinen:

Expoſition des principes fondamentaux de la philoſophie tranſcendentale d'Emanuel Kant, par Ch. Villers, correſpondant de la ſocieté royale des ſciences de Göttingue avec cette epigraphe: παντων χρηματων μετρον ανθρωπος. — Protagoras ap. Platon.

Mit lebhafter Freude, erfülle ich die Bitte meines Freundes Villers, vorſtehende Anzeige auch dem deutſchen Publikum bekannt zu machen. Ich kann nicht umhin dieſe Ankündigung ſeiner endlich vollbrachten Darſtellung der Kantiſchen Philoſophie, mit einem gerechten Glückwunſche für Frankreich und unſer Vaterland zu begleiten. Die wohlthätigen Verbindungen deutſchen Geiſtes mit Franzöſiſchem, die ſich von dem feindlichen Zuſammenſtoß beider Nationen hoffen ließen, gehen jetzt auf das ſchönſte in Erfüllung. Mitten unter den Stürmen eines neunjährigen Krieges, hat deutsche Kunst und Wissenschaft, in Frankreich eine so thätige Verehrung gefunden, als sie sich ihrer vordem nicht erfreuen konnte, und sie v i e l früher zu empfangen auch nicht verdiente. Jetzt wird jede geschickte Bemühung unsre classische Literatur im Auslande zu verbreiten, ein gültiger Triumph für unsern Nationalstolz, und eine noch herrlichere Beute, als die Früchte deutschen Bodens sind, bieten den Franken die Früchte deutscher Genie's dar. Seither wurden diese Schätze planlos, und tumultuarisch wie der Krieg selbst, auf französischen Boden verpflanzt. Gleich Plünderern, ohne Auswahl, griff man in die ungeheuern Massen unsrer Literatur. Was zuerst in die Hand fiel, ward aufgenommen, übersetzt und in öffentlichen Blättern beurtheilt; und fügte es endlich auch einmal ein glückliches Ungefähr daß man gerade ein v o r z ü g l i c h e s Produkt aufgriff, so ward es doch meist so unglücklich übergetragen, und dann mit einer so faden Einseitigkeit, einer so nationalen Ansicht der Dinge über dasselbe abgesprochen, daß weder Deutsche noch Franzosen Ehre davon haben konnten. So geschah es daß Frankreich eine so liederliche bibliotheque germanique erhalten hat, und so haben wir denn nur neulich noch den Verdruß gehabt anhören zu müssen, wie der nüchterne französische Uebersetzer von H e r r m a n n und D o r o t h e a, Bitaubé, gerade einige wahrhaft h o m e r i s c h e Scenen dieses Gedichts,

durch — die Liebhaberei der Deutschen für Pferde:
zucht, als ihr vermeintlich höchstes Gut, zu erklären
bemüht ist.

Eine fröhliche Erscheinung muß es daher seyn, daß
der Bürger Villers, ein Mann der durch seine
geistvolle Schrift de la liberté, durch seine anmuthi-
gen lettres Westphaliennes, seine lettres du Voyage
de la Perouse (die in mehr als einer Hinsicht der Ori-
ginalschrift selbst noch vorzuziehen ist) durch seine neuer-
liche Uebersetzung des Heyne'schen Textes zu dem
Tischbeinischen Bilderhomer; endlich aber durch eine
schöne Reihe von Aufsätzen und Abhandlungen im
Spectateur du Nord, die sehr gesunde Urtheile über
deutsche Filosofie und Poesie enthalten, zur Genüge
dafür gesprochen hat, wie glücklich er, mit einem filo:
sofischen Kopf das Vermögen des Dichters verbindet,
wie verdient er das Bürgerrecht so wohl in der Deutschen als in seiner Landessprache, erhalten hat, und
wie richtig er eben so sehr deutsche Literatur versteht, als er sie innig schätzt; — daß ein solcher Mann
also, der einzige seiner Nazion vielleicht der mit dieser
Unbefangenheit, dieser Ueberwindung aller nazionellen
Vorurtheile so deutsch über deutsche Werke denkt, es
unternommen hat die Kantische Filosofie in Frankreich
zu einer Zeit einzuführen, wo der wegen seiner Analyse
der Idrenzeichen hochgepriesene und sogar dem Nazio-
nalinstitut einverleibte Degerando alles andre eher,

als ein Verstehen der Kantischen Filosofie, die er so verkehrt misversteht, in seinem volumineusen Werke zur Schau getragen hat. Es kommt mir nicht zu mit einer Entscheidung, in wie weit ihm dieses Unternehmen gelungen sei, vorzugreifen, aber die Ueberschrift seines Werkes schon allein, die keine Uebersetzung, sondern eine Darstellung verspricht, zeigt wenigstens daß er es auf dem einzig rechten Wege begonnen hat.

Es steht nun den Denkern der französischen Nazion vielleicht eine neue Revolution bevor, ihnen nicht minder wichtig, als die kaum vollendete ist. — „Mon exposition de la Philosophie de Kant" schreibt mir Hr. Villers: „qui m'a coûté un travail bien opiniâtre, va bientot tomber comme une bombe au milieu de Paris. Ce sera le signal d'une furieuse guerre, je le prévois: mais la force me manquera plutôt que le courage." —

Die große Nation segne das Schicksal daß diesen Edeln ihrer Mitbürger nach Deutschland rief, und sie möge von seinem Talent, zu nächst dieser Darstellung der Kantischen Filosofie, auch eine Darstellung der Göthe'schen Poesie zu erwarten haben; das werden Eroberungen seyn, die einen ungleich schönern Werth haben müssen als die gesammte Eroberung eines ganzen linken Rheinufers!

Jena.

Schütz, Dr.

IV.
Mounier's Schrift
über
den Einfluß der Filosofen und Freimaurer auf
die franz. Revolution.

Es ist schon einigemal in dieser Zeitschrift von den Noth- und Allarmschüssen die Rede gewesen, die seit acht Jahren von England aus durch Barruel und seine wackern Gesellen wegen einer vorgeblichen Verschwörung aller guten Köpfe in Europa zum Umsturz der Thronen und Kirchen mit vielem Dampf und Gepraßel in ganzen Batterien abgefeuert worden sind. Die Verständigen lachten und niemand, der nur einigermaßen mit dem Zusammenhang des Freimaurer- und Illuminatenwesens in Deutschland bekannt war, ließ sich von jenen durch Fanatismus entzündeten und von böser Stickluft genährten Irrlichtern in den Sumpf führen. Einige parodirten wohl auch jene wohlbekannte Lobrede auf den hungrigen Magen:

Aber des Magens Wuth, des verderblichen, kann
                      man unmöglich
Bändigen, welche so viel Unheil den Menschen
                      bereitet;
Seinethalben gehn selbst fünf Bände Jacobinismus

Durch das verödete. Meer zur Atzung gläubiger
Gimpel.
Nach Voß Odyssee XVII, 286—89.

Indeß war es doch um mancher ängstlichen und kleinmüthigen Zweifler willen gar sehr zu wünschen, daß ein ganz unbefangener, der Theilnahme an irgend einer Ordensverbindung nie bezüchtigter und die Feder in keine sympathetische Dinte irgend einer politischen oder literarischen Clique tauchende Schriftsteller von entschiedenem Ruf ein für allemal darüber sein Glaubensbekenntniß niederschriebe und jenes Trug und Lugsgewebe in seiner ganzen Häßlichkeit aufdeckte. Was damals, als ich das erstemal von diesem Unwesen sprach, nur als Hoffnung angekündigt werden konnte, ist nun in Erfüllung gegangen, und das Werk, dem, wie jener entzaubernden Ruthe jede Täuschung sich entlarvt, ist wirklich in der letzten Messe erschienen. Herr Mounier in Belvedere bei Weimar hat die wenigen Minuten, die ihm von den Vorsteher- und Lehrgeschäften in seinem trefflichen Institut übrig blieben, auf die Verfertigung einer Schrift verwandt, die durch scharfen Blick und behutsame Mäßigung im Urtheilen eben so wohl, als durch eine männliche Sprache und eine Menge neuer und anziehender Anekdoten jeden Leser von Einsicht und Geschmack befriedigen muß *). Das Werk zerfällt, wie

---

*) Der vollständige Titel des, auch im Aeußern anständig

schon der Titel sagt, in zwei Haupttheile, wovon der
erstere eine Schutzschrift der so oft verlästerten Filosofen, der andere eine Entwicklung der irrigen Vorstellungen über Freimaurer und Illuminaten umfaßt. Der
erste und bei weiten wichtigere Theil führt eine ganze
Reihe würdiger Männer aus den frühern Zeiten der
Revolution, mit welchen der Verfasser selbst in dem
genauesten Verhältnisse stand, vor unsern Augen vorüber und giebt über manchen Auftritt in und außer dem
Kreise der Assemblée constituante u. s. w. Aufschlüsse, von welchen sich freilich Robison und Barruel nichts
träumen ließen. Man lese z. B. nur die bündig moti-
virten Urtheile über Rabaud de St. Etienne, Mirabeau, Necker, die Berichtigungen über die so oft
mißverstandene Benennung Jacobiner S. 129 — 133.
die interessante Darstellung der Ursachen, die den sogenannten Eidschwur im Ballhause hervorbrachten S. 107

gedruckten Werkes heißt: De l'influence attribnée
aux philosophes, aux francs-maçons et Illumi-
nés sur la revolution de France par I. I Mounier.
Tübingen, Cotta 1801. 254 S 8 Herr Mounier
ließ zugleich unter seinen Augen eine deutsche und
englische Uebersetzung von dieser Schrift verfertigen.
Die erstere, welche auch einige Anmerkungen des Uebersetzers enthält, ist gleichfalls bei Cotta in Tübingen erschienen. Die zweite wird schon in England gedruckt und bey den so gutmüthigen und doch so schänd=
lich hintergangenen Britten gewiß eine sehr heilsame
Sensation erregen.

—109. Wie befriedigend und tief eingreifend sind gleich zu Anfang die wahren Ursachen der Revolution angegeben! Für deutsche Leser wird indeß der zweite Theil noch mehr anziehendes haben, worin Hr. Mounier seine eigne Confessionen über die geheimen Orden durch eine Menge Thatsachen, die ihm auf seinem jetzigen Standpunkt zu sammeln gewiß sehr leicht waren, mit vieler Behutsamkeit ablegt und übrigens alles Polemische, wo für die Wahrheit oft nur Haß erworben wird, so viel als möglich vermeidet. Beiläufig wird hier auch in einigen Anmerkungen auf die gallsüchtigen und giftigen Aussprützungen eines fränkischen Priesters und Helfershelfers des sanftmüthigen Barruel Rücksicht genommen, der vor 6 Jahren unter uns lebte, und die genossene Gastfreundschaft nun mit Visionen und Hippocentauren bezahlt, wo die Wahrheit mit der Lüge zusammen gewachsen ist, und den Pferdefuß bald von vorne, bald hinten zeigt *).

*) Indeß hielt der Verfasser der lettres d'un voyageur à Mr. l'abbé Barruel, von welchem hier die Rede ist, doch eigentlich nur die insularische Beschränktheit seines illustern Publikums für gutmüthig genug, seine apocryphischen Legenden für ein ächtes Evangelium aufzunehmen. Darum wurden aus allen Exemplaren, die von dieser Lästerschrift, aus England nach Hamburg geschickt wurden, 2 Blätter ausgeschnitten, auf welchen der Rapporteur die Unverschämtheit begangen hatte, Tischgespräche, die er als mein Gast bei mir gehört haben wollte, zu erdichten. Hier be-

Möge dies Buch, was in einer Handbibliothek zur Geschichte des Tages eben so wenig, als die treflichen Recherches sur les causes qui ont empeché les François de devenir livres desselben Verfassers fehlen darf, von allen Lesern mit eben der reinen Wahrheitsliebe aufgenommen und beherzigt werden, welche den edeln Verfasser bei ihrer Abfassung belebte; möge es dazu beitragen, manche irrige Vorstellung über den Verfasser selbst *), so wie über die Thatsachen, die er

sorgte der glattzüngige Schwätzer denn doch meinen Widerspruch! Möge jeder rechtliche Mann von dieser Handlung auf andere schließen, und gegen solche Ausspäher und Geheimbothen auf seiner Huth seyn!

*) So ist es z. B. völlig grundlos, wenn ein sonst sehr achtungswürdiger und wahrheitliebender Reisende Hr. Küttner in seiner Reise durch Deutschland, Dännemark u. s. w. Th. I. S. 55. erzählt, der Abbé Mounier gehöre zu den französischen Geistlichen, die sich verheirathet haben, und wohne nun mit seiner Familie in Belvedere bei Weimar. Mounier war nie Geistlicher, sondern vor der Revolution juge du roi und Secretaire des etats de Dauphiné in Grenoble, seiner Vaterstadt. Wie leicht kann ein einziger schiefgestellter Umstand der Art auf den redlichen Mann ein sehr gehässiges Licht werfen! Gewiß es wird Hr. Küttner selbst lieb seyn, diesen kleinen Flecken aus einem Werke wegtilgen zu können, das übrigens durch seine weise Mäßigung und zarte Behutsamkeit überall den Mann verräth, der
vieler Menschen Städte gesehn und Sitten
gelernet hat.

selbst sah, et quorum pars magna fuit — zu berich,
tigen. Möge es die mit Argwohn erfüllten, hart verwun,
deten Gemüther mancher Regenten, Gewalthaber und
Edeln im Volk milder und den Zeugnissen der Wahrheit,
die keine Sofistenkunst verstellte, geneigter machen!
Dann ist seine fromme Absicht vollkommen erreicht und
er hinterläßt selbst dann, wenn er zu den sonnenreichen
Fluren des mittäglichen Frankreichs, seinem Vaterlande,
zurückkehrt, in dieser Schrift einen Denkstein seiner
uns unvergeßlichen Tugenden!

B.

V.
Auszüge aus Briefen.

Auszug aus einem Brief aus der Schweiz.

B. 7. May 1801.

Mitten unter den bisherigen Revolutions,Stürmen,
hat Ein großer Mann, eingezogen und verkannt, end,
lich zu Stande gebracht, worauf er sein ganzes Leben
verwandt, dem er alle seine Kräfte aufgeopfert hat.
Durch dieses Produkt eines genialischen Geistes und

edlen Menschen enthält unser gutmüthiger Glaube an eine allgemeine Veredlung der Menschheit erst einen festen Boden und die Hoffnung einer Aufrichtung der zum Thier erniedrigten Volksklassen erscheint uns in einem nahen glänzenden Licht. Dieser Mann ist Pestalozzi und sein Werk ein durch die Erfahrung bewährtes Erziehungs-System, ohne alle Charlatanerie und metafysische Seiltänzerei, einfach und consequent wie die Natur. Durch vieljähriges mühsames Versuchen und Forschen ist er auf den Weg geleitet worden, den die Menschheit im Großen gegangen ist und auf den die Resultate der tiefsten Speculation uns wieder hinweisen. Die Anschauung und sinnliche Erkenntniß ist ihm der erste Vorhof durch den er die Kindheit ins Leben einführt. Seine Methode nöthigt die Kinder richtig zu sehen und deutlich zu unterscheiden, alle Regeln und alles Raisonniren fällt weg, Ausarbeitung der körperlichen Organe als des Handwerkszeugs des Geistes, ist seine erste Absicht. Der Verstand, der das geistige Gesichtsorgan ist, entwickelt sich auf diesem Weg schnell und scharf ohne alles künstliche Treiben, die spielende Einbildungskraft findet vorbereiteten, verarbeiteten Stoff und kann ungehindert ihr Zauberwesen treiben, der Witz entzündet sich durch das Reiben der muntern Sinne mit der feurigen Fantasie, und die Vernunft wird allmälig majorenn und rundet das Ganze. Dies System ist für alle Zeiten, Orte und Verhältnisse gleich anwendbar; es will nicht Gelehrte sondern nur

Menschen bilden; daher sind hier keine Abtheilungen, keine Klassen, kein besonderes Manna für die Auserwählten, alle bedürfen der nehmlichen Vorübungen und im Grund auch der nehmlichen Kräfte, der Landmann und der künftige Staatsmann und Held. Pestalozzis Lehrart hat den entschiedenen Vortheil daß sie von jeder Mutter verstanden und wann sie ernstlich will, auch angewandt werden kann, ja ein Kind kann sogar das andere unterrichten. In den näheren Detail davon einzugehen ist hier nicht der Ort; aber seine bald erscheinenden Briefe denen seine Lehrbücher folgen werden, sind hinreichend jeden Zweifel zu berichtigen. Pestalozzi unterrichtet selbst in wenigen Wochen junge Männer in seiner Methode, und schon gedeihen einige Reiser aus dieser herrlichen Pflanz-Schule einer gesundern Nachkommenschaft. Traurig und unser Zeitalter brandmarkend wäre es daher wenn das Institut zu Burgdorf bei Bern, das einzige Depot und der Uebungsplatz für diese neuen so wichtige Entdeckungen, aus Mangel einer unbedeutenden Geld-Unterstützung wieder eingehen müßte!!

Teutsche Merkur.

7. Stück. Julius 1801.

I.
Lavater
als
Menschenfreund.

Nachtrag
zum Denkmal auf Lavater.

Aus Lavaters fysiognomischen Fragmenten könnte man in der That auf alle seine übrigen Eigenschaften schließen, wenn er sie auch nicht durch sein ganzes Leben erprobt hätte. Wer erkennt nicht in denselben den gebildeten Kunstgeschmack, das dichterische Talent? Jener anonyme Verkleinerer seines Verdiensts wagt es zwar, auch diese in Zweifel zu ziehen; er untersteht sich zu behaupten, Lavaters Fantasie, (die er immer ungezügelt nennt) „habe ihn „das helle Colorit allen höheren Forderungen der „Zeichnung und Komposition vorziehen, ihn die un-„bedeutendsten Gemählde und Kupferstiche nicht ohne „Achselzucken mehrerer Kenner lobpreisen las-„sen." Man weiß kaum, wie man seinen Unwillen bändigen soll, wenn man dergleichen freche Behauptungen liest. Wer ist der Verfasser, der sich nicht nennen darf, und seine eben so namenlose Zeugen, die als vorzügliche Kenner angegeben werden? Wo haben sich dieselben als solche qualifizirt, um mit dieser Dreistigkeit über Lavatern absprechen zu dürfen? Wer bürgt uns dafür, daß er und nicht sie die Geschmacklosen waren? Was ein Mann, der so viel Takt und feines Gefühl besaß, der selbst nicht nur erträglich, sondern gut zeichnete, der mehrere Jahre hindurch die berühmtesten Künstler unter seinen Augen hat arbeiten lassen, sie leitete, bildete, dem mehrere sogar die höhere Entwicklung ihres Talents verdankten, der von der Zeichnung oder von der Mahlerei gerade das feinste, das vollkommenste, nemlich die treue Nach=ahmung der Natur, den Ausdruck der Seele foderte, dessen Sinn dabei so sehr auf Schönheit, Ebenmaaß und Vollkommenheit gerichtet war; dieser Mann sollte keinen Kunstgeschmack haben? er sollte seinen Beifall nur überkleisterten Farben geben?! Man gehe hin — und lese — dort in den Fragmenten, nicht seine fysiognomischen Urtheile, sondern diejenigen, die er oft über den Werth des Bildes vorangehen lassen mußte, und man wird jene Behauptung nach Verdienst würdigen. So mag es auch für Lavaters Ruhm und Verdienst zwar ziemlich gleichgültig seyn, ob er ein Dichter gewesen sey oder nicht; aber daß man ihm auch dieses Talent, welches ihm sogar seine abgesagtesten Feinde zugestanden, versteckter Weise abzusprechen wagt, verdient wahrlich bemerkt zu werden, um daraus den Geist der Zeit zu erkennen *). Wer besaß mehr als Lavater die Anlagen, die zu einem Dichter erfodert werden, die schöne und lebhafte Imaginazion, reich an Gedanken, unerschöpflich an Bildern, das Feuer und die Kraft des Ausdrucks, die Leichtigkeit der Darstellung, die ihn nie einen Augenblick weder um Sylbenmaaß noch um Reime verlegen seyn ließ u. s. w. Ist nicht selbst seine Prose dichterisch, nemlich durchaus Geist in sinnlichem Gewand? und wer hat so leicht mehrere und verschiedenartigere Proben von poetischem Talent geliefert, als Lavater? Wenigstens gewiß nicht die anonymen Kritiker, welche darinn nur hexameterähnliche Zeilen sehen oder sehen wollen. Wie übrigens Lavater in seinen Schriften erscheint, so war er auch in allen menschlichen und bürgerlichen Ver-

---

*) „Wo die schlichte Prose nicht mehr ausreichen wollte, „(sagt jener Verfasser) da flossen hexameterähn: „liche Zeilen ꝛc."

hältnissen. Viel ließe sich hier von seinen geselligen
Tugenden sagen, die alle aus den zwei Hauptquellen
der strengen Gottesverehrung und der menschenfreund-
lichen Liebe flossen — von seiner anerkannten unver-
brüchlichen **Redlichkeit**, **Gewissenhaftigkeit**
und **Uneigennützigkeit**, die ihn eher an alle andern als an sich selbst denken *) und die Pflicht über

*) Die Uneigennützigkeit, obgleich ohne alle Affektazion,
war so innig mit Lavaters ganzem Karakter ver-
webt, daß man mit Recht sagen kann, der Gedanke
an Geld oder an irgend eine Art von Eigennuz sey
bei ihm unmöglich, oder wenigstens der lezte von
allen gewesen. Es gehört daher auch unter die Ka-
rakteristik des anonymen Nekrologisten, daß er Lavatern selbst von dieser Seite zu verdächtigen sucht,
mit den Worten — „Lavaters Kunstaukzionen und
„sogenannte Verloosungen hätten eben nicht dazu
„beigetragen, seine Uneigennützigkeit ins glänzendste
„Licht zu setzen." Damit diese Verdächtigung noch
mehr Gewicht habe, so unterläßt der Verfasser nicht
beizufügen, „einerseits daß Lavater seine Freunde und
„Anhänger ziemlich andringend dafür zu interessiren
„gesucht, und anderseits, daß er doch sein in 20,000
„Thaler bestehen sollendes Vermögen schon frühe
„auf immer in Sicherheit gethan habe." Allein die
Wahrheit ist, daß obgleich Lavater sich leicht hätte
bereichern können, seine Kunstliebhaberei zum Behuf
der Fysiognomik und seine unerschöpfliche Güte ihn
bei aller eigenen Oekonomie in seinen Umständen
sehr zurückgebracht hatten, und daß er deswegen den
größten Theil seiner von ihm besessenen Gemälde, Kupferstiche u. s. w. zu verkaufen genöthigt war. Man ist

alles heilig halten ließ; von seinen liebenswürdigen
Eigenschaften als guter Gatte, zärtlicher Vater, treuer und jede Probe aushaltender Freund, von seiner
gränzenlosen Wohlthätigkeit, die im Geben, Helfen und Rathen nie ermüdete, seinen Bittenden ab-
wies und meist noch dem Bittenden zuvorkam; seiner
gleich großen Dienstfertigkeit gegen jedermann,
ohne nur den geringsten Dank zu verlangen; von seinem allumfassenden Wohlwollen, das bei der größten
Karakterstärke und von jeglicher Empfindelei entfernt,
doch ohne Mühe noch Anstrengung im eigentlichen
Sinn selbst seine Feinde liebte, und denen
Gutes that, die ihn haßten; von der Heiter-
keit, der Anmuth seines Umgangs, der immer
unterhaltend und belehrend war; von seiner Herzensgüte, Freundlichkeit, Leutseligkeit ohne alle Schwäche noch Schmeichelei; von seiner allen

ist aber deswegen noch nicht eigennützig, wenn man
schon den innern Werth der anzubietenden Sachen bekannt macht, und Lavater war gewiß zu redlich hierin, um mit Wissen auch nur ein Wort zu übertreiben.
Sein Vermögen hat er übrigens so wenig in Sicherheit bringen können, daß es vielmehr notorisch
ist, wie seine Glücksumstände nach seinem Tode so
zerfallen waren, daß mehrere Gläubiger zum Zeichen ihrer Achtung und Freundschaft die Schuldschrif-
ten zerrissen an die hinterlassene Familie gesandt
haben.

Glauben übersteigenden Thätigkeit, bei der er jeden Augenblick benutzte, gleichwohl nie von Geschäften überladen schien und immer noch Zeit entweder zur Erholung oder zur freundschaftlichen Geselligkeit übrig behielt. Aber am schönsten zeigte sich sein Herz in der eben so reinen als warmen Vaterlandsliebe, die schon in seinen frühern Schweizerliedern so erhaben hervorleuchtete, und die er besonders am Ende seiner Tage zu äußern die freilich traurige Gelegenheit fand. Hier war die Vaterlandsliebe nicht bemäntelter Eigennuz und nicht versteckte Herrschsucht, nicht unvernünftiger Nationalstolz und nicht ausschließender Egoismus, sie quellte ganz natürlich aus seiner Tugendliebe hervor, und war nichts anders als die Tugend selbst, angewandt auf Gesellschaft, in der man lebt, und durch die Neigung des Herzens erwärmt und in Thätigkeit gesetzt. Er suchte nichts für sich selbst noch für die seinigen, er strebte weder nach Geld noch nach Gewalt oder nach Ruhm; er hatte kein ausschließendes System, keinen besonderen Zweck des engern oder weitern Eigennutzes, den er Vaterland nannte oder mit der Sache des Vaterlandes verwechselte; etwas ungerechtes zu thun, was selbst dem gemeinen Besten frommen könnte, oder ein unerlaubtes Mittel zu gebrauchen, wäre ihm ein Greuel gewesen; aber wo er dem Lande, das ihn geboren hatte, und das er auch unaussprechlich liebte, nützen, wo er darin Gutes befördern, Böses verhindern konn-

167

te, da sparte er, es mochte Freunde oder Feinde betreffen, keine Zeit und keine Mühe, da scheute er keine Gefahr. Wer aber aus dieser warmen Vaterlandsliebe sich zu folgern berechtigt glaubt, „in andern „Zeiten und Umständen wäre Lavater ein alles um„kehrender Demagog, ein Reformator seines Zeit„alters gewesen," der muß ihn entweder, absichtlich verläumden wollen, oder weder seine christliche Gewissenhaftigkeit noch seine sanfte Menschenliebe gekannt haben. Nie wären Zeiten und Umstände günstiger gewesen, um sich eine Parthei zu sammlen, sie zu entflammen, zu beherrschen und durch Zerstörungen oder durch prahlende schwärmerische Lehren sich den Ruhm eines Herostrats zu erwerben; aber siehe da! Lavater setzte sich vielmehr der Wuth der Demagogen bloß und stürzte sich unter sie, um ihnen Worte des Friedens zu bringen, sie zur Pflicht zurückzuführen und das zusammengerottete empörte Volk in Ruhe zu bringen. Sein Wort eines freien Schweizers an den Direktor Reubel, von dem schon oben der Rede gewesen ist, zeugte von dem Muth eines Winkelrieds, und war dabei so anspruchlos, daß es ohne sein Wissen und lange nachdem es abgefertigt war, gedruckt worden ist. Auch hat es vielleicht zu Verminderung der französischen Gewaltthätigkeiten mehr gefruchtet, als die kümmerlichen immer noch mit Lobsprüchen untermischten Lamentazionen, welche die neu helvetischen Minister zu gleicher Zeit und für den nem lichen Zweck zu Paris eingaben; denn das sich rühmende und gerühmt seyn wollende Verbrechen durch Schmeicheleien bekehren zu wollen, ist ein eben so ungereimtes als niederträchtiges Beginnen. Der Bösewicht wird nur dann seinen Verbrechen Maaß und Ziel setzen, wenn er sich fürchtet, und kann man ihn nicht mit Gewalt bestrafen oder an seiner Verübung hindern, so vermag oft ernster Vorwurf und öffentliche allgemeine Verachtung ihn auch in Schrecken zu bringen. Dabei war aber gewiß in der ganzen Schweitz kein Mensch in Absicht auf Personen und Sachen so unpartheiisch als Lavater. Nicht daß er bei all dem Elend, das sein Vaterland traf, kalt und gleichgültig gewesen wäre, (was viele heut zu Tag Unpartheilichkeit nennen) denn er fühlte wärmer und interessirte sich lebhafter als kein anderer für Wahrheit, Gerechtigkeit und für das Wohl des Vaterlandes. Aber ihm war es unmöglich, wie es in Zeiten von Partheiungen zu geschehen pflegt, nur diejenigen zu achten oder für redlich zu erkennen, welche von dieser oder jener Parthei waren: in jedem Menschen, in jeder Sache rühmte er was gut war und suchte nur auf dieses zu wirken; seine Urtheile über die verschiedenen Menschen, welche die Revoluzion auf die Szene führte, waren äußerst billig, und gewöhnlich sehr treffend, kein Schein von Eigennutz, kein ausschließliches Streben nach dieser oder jener an sich todten Verfassungsform blickte in seinen durch die

Zeitumstände veranlaßten religiös, politischen Schrif,
ten hervor; aber je mehr andere muthlos schwiegen,
oder unthätig blieben, desto mehr arbeitete Lavater,
und wo eine Unschuld zu vertheidigen, etwas Gutes
zu retten, Gewaltthätigkeiten zu hindern waren, da
schrieb er an Freunde und Feinde, Bekannte und Un,
bekannte, erschöpfte alle ordentlichen erlaubten Mit,
tel, ohne sich je bis zu einem unerlaubten zu verir,
ren, was er nicht hätte öffentlich bekennen dürfen.
Edle Kühnheit, erhabener Muth war in allen seinen
Schriften, und wenn genauere Beobachter dabei zu,
gleich die Klugheit bewunderten, so mußte man er,
kennen, daß sie nicht studirt, sondern die natürliche
Frucht des reinen Willens war, der niemand belei,
digen wollte, der nur den guten Zweck und nicht Men,
schenhaß im Herzen trug. Diese warme und doch im,
mer in den Schranken der Pflicht gehaltene Vater,
landsliebe war es auch, was ihm in den letzten Zei,
ten von Freunden und Feinden eine so allgemeine
Hochachtung erwarb; sie hat sich besonders während
seiner letzten langen Krankheit gezeigt. Wie in einem
Hof, Bulletin mußten Gattin, Tochter, Bruder,
Sohn und Wundarzt der bekümmerten Stadt täglich
Berichte von seinem Befinden abstatten. Fremde und
Einheimische, Junge und Alte besuchten ihn auf sei,
nem lehrreichen Krankenlager, bewunderten auch da
einen Muth im Leiden, die fast übermenschliche Ge,
duld mitten unter den heftigsten Schmerzen, die stil,

le Hingebung, die Schönheit seines christlich religiösen Karakters; keiner gieng ungerührt und ungebessert von ihm zurück, und man faßte seine letzten Reden oder Gedichte wie die Reliquien eines Heiligen auf. Die Nachricht seines Todes aber erscholl wie ein Donnerschlag durch die ganze Stadt, und ward in Betäubung und der tiefsten Betrübniß von jedermann als ein Nazionalunglück gefühlt. „Alles, sa„gen selbst Augenzeugen, „alles was weinen konnte, „weinte, alles was verlieren konnte, verlor; seinen „unersetzlichen Verlust beweinen die Seinigen, seine „Freunde, seine Mitbürger, seine Gemeinde, sein „Vaterland, die Kirchen, die Schulen, die Armen, „die Kranken, die Waisen, die Fremden, die Einhei„mischen, die Künste, die Wissenschaften u. s. w. *).“ Seufzend und mit nassem Auge strömten Junge und Alte von allen Klassen hinzu, um den entseelten Lavater zu sehen, und herzliches Beileid wurde nie häufiger und nie aufrichtiger als hier der hinterlassenen Familie bezeugt. Sein Leichenbegängniß war rührend, erhaben, erschütternd anzusehen, und einzig in seiner Art. Das ganze Volk folgte dem Sarg; alle Straßen waren von Menschen vollgepfropft, und überall, wo man hinblickte, da herrschte die feierlichste Stille; da wurden Thränen dem Redlichen gezollt. Wenn der

---

*) S. Blümchen auf Lavaters Grab. S. 20.

lebende Lavater nicht mehr zu sehen war, so wollte man wenigstens sein neuestes Bildniß haben, und Lipsens sehr wohl ausgedachtes Denkmal fand einen so reißenden Abgang, daß die Thür des Künstlers den ganzen Tag von Käufern wie belagert war. Kantaten wurden zu Lavaters Ehren in den Kirchen abgesungen, und in Predigten wie in andern öffentlichen Reden wurde sein Andenken gefeiert und das Lob seiner Tugenden zum Stoff der gemeinsamen Andacht genommen. Nichts von den Sammlungen, die man von seinen nachgelassenen Schriften und von seinem Leben und Karakterzügen zum Behuf ausführlicher Biografieen gemacht hat. So mannigfaltige und freiwillige Zeichen der allgemeinen Hochachtung pflegen wahrlich nur auf wirkliches Verdienst zu folgen. Mit Recht schließt daher auch der Verfasser des Blümchens auf Lavaters Grab: „Fest wie unsere Alpen „steht deine Ehre, dein Ruhm. Von dem Monument „deines Andenkens nagt der Zahn des Neides und „der Bosheit nicht die Größe eines Sandkornes ab, „und wer an der Verkleinerung deines Ruhmes arbeitet, erbaut sich selbst die Schandsäule der Verachtung." Was kann es übrigens fruchten, die wenige öffentliche Tugend, von der uns die letzten Zeiten des verflossenen Jahrhunderts Beispiele liefern, noch herabsetzen zu wollen? Ist dies nicht gerade das Mittel, uns selbst zu entwürdigen und bei der Mit- und Nachwelt verächtlich zu erscheinen, so wie es an sich ein niedriges Benehmen ist? O! laßt uns vielmehr wie unsere Väter das Andenken besserer Menschen ehren, und ihr Beispiel zur Nacheiferung aufstellen; laßt uns Lavaters Tugenden nachstreben und in dem nemlichen Geist der Pflicht, des Muthes und der Liebe zu allem Guten thätig mitwirken wie er!

K. L. v. Haller.

II.
Der Maiabend*).

Ich fühle sie, die Wohlthat deiner Wonne,
    Wie sie durch alle Nerven lebt:
Jetzt, jetzt gieb mir ein Lied, du großer Geist der
                              Sonne,
    Die dort am Saum der Saaten schwebt.

*) Derselbe Geist tiefer und wahrer Empfindung, der in diesem Gedichte athmet, und es vor vielen angelernten Reim= und Sonetformen, womit uns die neuen und neuesten Dichter bis zum Ueberdruß über seltsame Gegenstände zu unterhalten suchen — athmet auch in einer ganzen Sammlung Gedichten von Iohann Godfr. Seume. Leipzig, Hartknoch, 1801. Gewiß, es wird keinem Leser von Gemüth gereuen, diese Sammlung, aus der sich auch viele Proben von ächt poetischem Gehalt ausheben ließen, ge-

Sie wogt hinab und ihre Ströme gießen
    Noch Purpur durch das Blumenthal;
Des Berges Schedel glänzt, die Schatten werden
                                    Riesen
    In ihres Goldes letztem Stral.

Ich klimme noch um ihre letzten Blicke
    Mit kühnem Fuß von Höhn zu Höhn,
Und sehe noch zum Lohn von einem Felsenstücke
    Zum dritten Mal sie untergehn.

Mit Jubel ruft das Chor der kleinen Sänger
    Der Scheidenden den lauten Dank
Auf jedem Zweige nach; und feuriger und länger,
    Als sie in Lichtfluth niedersank.

Rund tönt umher in den geschmückten Fluren,
    Tief aus dem seelenvollen Hain
Des Maies Feuergeist durch alle Kreaturen,
    Die sich des neuen Lebens freun.

Erquickend steigt der Balsam aus der Nische,
    Die Florens schönste Kinder deckt,
Empor zum Hügel, wo das Nachtigallgebüsche
    Den Wiederhall der Grotten weckt.

näuer kennen zu lernen. Ein solcher Leser findet gewiß einen verwandten Geist darin.

                                       B.

Ein leiser West, der nur den Zweig durchbebet,
  Trägt labend einen Blütenguß;
Und auf der Wange glüht, daß weit die Brust sich
                                    hebet,
  Des jungen Lenzes Heilungskuß.

Ein Mädchenreihn schlingt dort, geschmückt mit Kränzen,
  Sich durch die Ulmengänge hin,
Und laute Fröhlichkeit ist unter leichten Tänzen
  Der Wandelnden Begleiterin.

Der Frühling mahlt in seiner Abendröthe
  Mit reineen Flammen ihr Gesicht,
Indeß vom Felsensitz des Jünglings Silberflöte
  Nur jetzt verstandnen Zauber spricht.

Das Labyrinth der Quellen und der Bäche
  Ist des erwachten Lebens voll;
Und überall berauscht, im Hain und auf der Fläche,
  Die Freude die von neuem quoll.

Tief aus der Schlucht kommt unter alten Buchen,
  Die viel Geschlechter leben sahn,
Der Heerden Glockenspiel, die die Gefährten suchen,
  Den Weg zur Meierei heran.

Der Städter grüßt den Mann mit grauen Haaren,
  Der froh ins Meer der Saaten blickt,

Und seine Hoffnung zählt, und wallt zu seinen La-
 rem,
 Durch Gottes Athem neu erquickt.

Der Tod hat sich dem Mann durchs Herz gegossen,
 Vor dem des Jahres schönster Tag
Mit seinem ganzen Schatz heut schwer und ungenossen,
 Wie eine Leichendecke lag. —

Dort flockt sich schwach das letzte Licht zusammen,
 Und netzt mit seinem Strahlenfluß
Noch sanft des Abends Rand, und schon blickt milde
 Flammen
 Uns Luna dort und Hesperus.

Mit heiliger und ehrfurchtsvoller Feier
 Betretet jetzt die junge Flur,
Und betet freudig vor dem geweihten Schleier:
 Es ist die Brautnacht der Natur.

Begrüßt den Mai mit einem höhern Liede,
 Und mit des Jubels Reihentanz;
Auf unser Vaterland blickt wieder goldner Friede
 Mit Oehlzweig und mit Waizenkranz.

Der Schwefelhauch, der wie die Pest verzehrte,
 Verliert sich wie ein Fiebertraum;
Der Eisenzug des Kriegs, der Hain und Flur ver-
 heerte,
 Macht nun dem Pfluge wieder Raum.

Schon pflügt das Roß, das sonst am Feuerschlunde
　　Laut brausend zum Verderben zog,
Und Fleiß und Eintracht gehn nun freundlich in dem
　　　　　　　　　　　　　　　　　Grunde,
　　Wo jüngst des Kampfes Donner flog.

Verlaß uns nicht, wohlthätigster und bester
　　Der Genien, verlaß uns nicht,
Und zieh das schöne Band mit jedem Tage fester,
　　Das Brüder sanft an Brüder flicht.

Daß nicht mit Spott der Willkühr blinde Schergen
　　Die Saaten vor der Blüthe mähn,
Und mit der Schanzart nicht auf unsern Trauben,
　　　　　　　　　　　　　　　　　bergen
　　Verwüstend auf und nieder gehn;

Daß die Vernunft der Gottheit Tempel ziere,
　　Und Weisheit, die zum Glücke lenkt,
Und nur Gerechtigkeit und Menschlichkeit regiere,
　　Bei Freiheit, die mit Seegen tränkt. —

Dort glühn sie auf die Myriaden Sonnen:
　　Wer zählt die Zahl und mißt den Lauf?
Wer zeigt uns rythmisch an, wie sie die Bahn be,
　　　　　　　　　　　　　　　　　gonnen,
　　Und löst den Labyrinthgang auf?

Ich möchte jetzt die Schranken niederschlagen,
　　Die die Natur für mich noch zieht,

Mich mit vermeßnem Schritt in die Gestade wagen,
  Wo man die Welt im Urlicht sieht.

Mein Auge stürzt durch Herschels tiefste Ferne,
  Wo kaum noch unsre Sonne graut,
Und findet dort auf einem Nebelsterne
  Das Unermeßliche bebaut.

Und trunken sinkt das Ohr mit Filomelen,
  Zurück in eine süße Ruh,
Und hört in ihrem Lied der Harmonie der Seelen
  Im großen Mai der Geister zu.

Seume.

III.
Die neue Philosophie in der Medicin.
Ein Fragment.
Von H. M. Marcard *).

Ich nahe mich mit allen den Gefühlen, welche die Sache erregen muß, unsern erhabenen philosophi-

---

*) Das Folgende ist ein Abschnitt aus einem nächstens zu publicirenden Werke des Hn. Leibmedikus Marcard in

schen Aerzten, die ihre große Weisheit rasen macht, die Unsinn treiben, indem sie Licht und Aufklärung vorwenden.

Wir wollen eine kurze Uebersicht ihrer Thaten nehmen, um alsdann beurtheilen zu können, ob wohl die gesunde Vernunft der englischen Aerzte eine solche Einführung der Metaphysik in die Arzneiwissenschaft dulden würde. Wir wollen sehen, ob in dieser Hinsicht die teutsche Heilkunst Ursach habe, sich so sehr zu erheben, und ob aus diesem Grunde unsre Schriftstellerei die englische übertreffe. Ich fürchte, diese philosophische Epoche, richtig gewürdigt, wird für uns sehr demüthigend werden.

Wenn man lange genug gelebt hat, um das Getreibe der Menschen, der Philosophen wie der Gaukler, zu beobachten; wenn man nicht mehr so leicht sich vom Scheine blenden läßt, oder Dinge um ihrer Seltsamkeit willen erheblich findet: so kommt man dahin, nur das zu schätzen was nutzbar ist. Man findet es alsdann nicht so interessant mehr, welchen

Oldenburg, welches den Titel führt: über das Leben und die Verdienste des ehemaligen Göttingischen Lehrers, Philipp Georg Schröder. Mit Rücksicht auf die neueste Medizin.

Gang eine Untersuchung nimmt, als wohin sie führt. Und aus diesem Gesichtspunkte betrachtet, wie schwindet alles zusammen, was die neue philosophische Medicin darbietet? Oder will man etwa diese seynsollende philosophische Behandlungsart medicinischer Gegenstände blos als Verstandsübungen angesehn wissen? Das mag, wenn die Uebungen vernünftig sind, für ein gewisses Alter angehn; aber ich hoffe, man werde zulassen, daß es eine Zeit im menschlichen Leben gebe, wo es erlaubt sey, keine Lust mehr zu dergleichen Verstandsübungen zu haben, und wo auch das Bedürfniß dazu nicht mehr vorhanden ist. Wird dieses anerkannt, so verdienen doch wahrlich die hochfahrenden Tironen eine Correction, die seit einigen Jahren so vorlaut sich eine Art des Tribunals in der Arzneiwissenschaft anmaaßen, die das Studium ihrer, in die schwerfälligste Kantische Sprache, Styl und Terminologie gehüllten Spekulationen und Spitzfindigkeiten jedem Arzte für unerläßig erklären. Sie wollen kaum zugeben, daß ein Arzt noch einiges Verdienst haben könne, der kein Gefallen an ihren philosophischen Gaukeleien und Hirngespinnsten findet. Sie meinen wohl etwas recht Herabsetzendes zu sagen, wenn sie irgend einem den Vorwurf machen, er ver stehe sie nicht, und bedenken nicht, daß man sie nicht verstehen mag. So weit ist die gesunde Vernunst noch nicht von den Teutschen gewichen, daß sie hoffen dürfen, lange in diesem Tone fortzufahren, wenn wir gleich den Engländern in sofern nachstehn, daß dergleichen unter ihnen nicht einmal aufkeimt.

Seitdem Herr Kant seine metaphysische Kunstsprache eingeführt hat, hört man von jedem jungen Gelehrten, der sich einiger*****en etwas dünkt, nichts anders als diesen philosophischen Jargon; und diese Narrheit hat man nun auch angefangen, in die Medicin überzutragen. Mir, der ich einen Werth darein setze, eine allgemein verständliche Sprache zu reden, wiederfährt es daher zuweilen, daß junge Weltweise, oder junge Aerzte, die sich für Weltweise halten, wenn ich etwas mit ihnen zu sprechen habe, meine einfache Rede in ihre Terminologie übersetzen, und sie auf diese Weise wiederholen. Dieses ist eine Manier, um auf eine gracieuse Weise zu erkennen zu geben, daß man das Gesagte verstand, aber vielleicht auch manchmal eine höfliche Art, seine Superioritäde zu zeigen. Man muß, durch vielen Umgang mit Menschen aller Art, sehr an ihre Thorheiten gewöhnt seyn, um bei solchen Gelegenheiten nicht zu lachen.

Im Anfange der Periode des metaphysischen Wahnsinns hofte ich, daß wir wenigstens in der Medicin damit verschont und bei gesunder Vernunft bleiben würden, und ich bin jetzt mehr wie jemals dafür, sie festzuhalten, oder, wenn es möglich ist, sie eiligst zurück zu rufen. Die Menschen haben sich untereinander zu allen Zeiten mit der schlichten Vernunft, und einer gewissen darauf gebaueten praktischen Philosophie, ohne alle das neumodische Seiltanzen des Verstandes, so gut verstanden, daß es unerlaubt ist, jene so leichtsinnig zu verlassen. Wo man die gesunde Vernunft gewähren ließ, da war man vor Misverstand sicher, so lange nur keine Leidenschaften ins Spiel kamen, gegen welche leider! die neue Philosophie, wie man an unsern modernen Philosophen sieht, auch nicht schützt. Wenn ehemals von Moral gesprochen wurde, von Religion, von Pflichten, so wußte Jedermann, was darunter zu verstehen sey, und die Bessern bezeugten, wenigstens äußerlich, eine, im Ganzen sehr heilsame, Achtung davor. Seitdem die Königsbergische Philosophie, diese Kunst das Bekannte fremd, das Leichte schwer, das Klare dunkel zu machen, bei uns Wurzel gefaßt, und eine Menge, sonderlich junger Köpfe, mit Rauch angefüllt hat, ist eine neue babylonische Verwirrung entstanden. Die vor der gesunden Vernunft ausgemachtesten Wahrheiten werden in Zweifel gezogen; man versteht sich nicht mehr über die gemeinsten Dinge; man versteht sich selbst nicht, vielweniger also einer den andern. Immerhin möchten die Philosophen unsrer Zeit in ihrem Fache rasen wie es ihnen beliebt, und dies Operationen der reinen Vernunft nennen; immerhin möchten diese engen Köpfe in der Eitelkeit und Thorheit ihrer Herzen sich einbilden, daß ihr

Unsinn, dasjenige was ihr Geist setzt, wie sie lächerlich sagen, in weniger als einem Menschenalter, die Grundsätze des Denkens und Handelns der ganzen Welt abgeben werde: ich fühle keinen Beruf ihnen zu widersprechen. Sie mögen bis an das Ende der Tage sich über die Grundlagen ihrer Philosophie, wenn sie nicht früher weggelacht ist, herumstreiten, ich habe nichts dagegen einzuwenden. Aber die Einführung einer solchen Philosophie in die Medicin betrift mich näher, und ich werde mich immer dagegen auflehnen. Alles was bisher in der Medicin Gutes geleistet ist, danken wir der gesunden Vernunft, und ihren Antipoden, den Metaphysikern, die sich ein solches Ansehen geben, gar nichts. Ich werde daher immer wünschen und bitten, daß wir in der Arzneikunst bei gesunder Vernunft bleiben.

Als ein alter ausübender Arzt bin ich befugt, auf den großen Endzweck unsrer Wissenschaft zurückzusehn und zu fragen: wie steht es um den Zusammenhang alles eures Geschwätzes, aller eurer lächerlich sogenannten haltbaren Grundsätze, mit der Ausübung der Arzneikunst, was haben wir dadurch gewonnen, und was können wir dadurch gewinnen? Oft habe ich mir Mühe gegeben, die unverständlichen und verworrenen, mehrentheils in bloße Spitzfindigkeiten auslaufenden Speculationen nach dem modernen Schnitt, mit Aufmerksamkeit bis an das Ende zu verfolgen, um mich von ihrem Werthe zu überzeugen. Wenn ich mich dann fragte, was habe ich gelernt, was läßt sich von diesem Allem anwenden und gebrauchen? so sah ich mich voll Unzufriedenheit mit leeren Händen und hatte Zeit und Arbeit verlohren. Entweder war die Ausbeute nichts, oder ich befand mich auf dem Wege zu nachtheiligem Irrthum, und bedauerte diejenigen, welche dagegen nicht genugsam verwahrt sind, oder sah mich am Ende alles Weges ohne weitere Faden, ohne allen Uebergang zu einer brauchbaren und nützlichen Anwendung.

Mit Unwahrheit geschieht es daher, wenn diese medicinischen Philosophaster behaupten, die Arzneiwissenschaft habe, in den letzten Zeiten durch ihren Vorschub, Fortschritte gemacht. Aber sie gehen noch viel weiter. Kühnlich behaupten sie, wir haben bisher noch gar keine Arzneiwissenschaft, kaum eine Arzneikunst gehabt, und sagen dann gerade heraus, sie seyen gekommen, um uns jene zu geben. Sie belehren uns, die Medicin sey bisher nur ein verworrener Haufen einzelner Sätze, welche die Erfahrung zusammen getragen habe, und wovon wir keinen Grund anzugeben wüßten. Noch sey sie auf keine feste, und, wie man jetzt allerwärts so läppisch sagt, haltbare Principien gebauet, und man müsse ihr diese jetzt geben. Alsdann werde sie unerschütterlich und unveränderlich seyn, und wir werden aus tiefer

Kenntniß der Natur bei einem gegebenen Falle nur so und nicht anders handeln können. Nach einigen von unsern erhabenen Weltweisen, haben sich Kant und Brown glücklich getroffen, um die Erhöhung unsrer Kunst zu einer Wissenschaft zu bewürken, und der verächtlichen Empirie ein Ende zu machen. Andere aber erwarten von der Vereinigung des Glanzes der neuen Chymie mit Kants metaphysischem Fackelschein das helle Tageslicht, dessen die Medicin bedürfen soll *). Der Gedanke ist groß und die Aussicht reizend. Wenn das Werk vollendet seyn wird, so darf inskünftige der Arzt nur sein System, das ihm diese elenden Schwätzer aufzustellen versprechen, wohl fassen, und er wird allezeit aus festen Grundsätzen in jedem Falle handeln können, ohne zu zweifeln oder zu wanken. Es kann da nur eine Regel geben, wie es nur eine Wahrheit giebt, die unsre jungen Meister uns, nicht durch eine magische Wünschelruthe, sondern durch das nie irreyde Licht der Metaphysik, finden zu lehren versprechen.

Freilich, wenn man aus Wissenschaft ein Ding macht, wie es auf der Erde nicht giebt und nie geben kann, so haben wir noch keine Arzneiwissenschaft, und

---

*) Die Beurtheilung der Lehre Browns und seiner geschwätzigen Jünger teutscher Nation, geht in dem Werke selbst vor diesem Abschnitte her.

werden auch sicherlich durch diese Weltweisen — kei: ne erhalten. Aber bildet sich denn diese Schule ein, man werde sich von ihr gefallen lassen, daß sie Wor: te und Begriffe wechseln und ändern dürfe nach Be: lieben, wenn sie damit aus ihrer philosophischen Gau: keltasche spielt? Doch man muß weiter gehn und betrachten, wie diese philosophischen Welterlöser sich herausziehn, wenn es nun darauf ankommt, ihre Versprechen zu erfüllen, nachdem sie ausdrücklich ver: sprochen haben, die Verhältnisse des Menschen zur Natur festzusetzen! Um die Absurdität dieser Scribenten recht lebhaft einzusehn, muß man ihre eigenen Worte hören. Sie sagen unter andern:

„Teutsche Aerzte von anerkanntem (?)
„Scharfsinne, hätten mit dem zu diesem Geschäf:
„te erforderlichen (?) philosophischen Geiste
„es unternommen, die ersten Grundsätze, auf die
„sich die Arzneiwissenschaft stützen müsse, einer
„Revision zu unterwerfen, um dadurch den Grund:
„stein zu einem künftigen haltbaren, unerschüt:
„terlichen Lehrgebäude der Arzneiwissenschaft zu
„legen. Nach unendlichen Verirrungen war die:
„ses unsern Zeiten vorbehalten." ——

Was das für Jactanzen dieser elenden Großpra: ler sind! Doch wir hören sie weiter, wenn sie schrei: ben:

„Große Physiologen (etwan ein neuer Haller) „haben mit den scharfsinnigsten Beweisen „(also mit lauter Raisonniren) dargethan, daß „alle Erscheinungen, die man beim gesunden und „kranken organischen Körper beobachtet, in der „Mischung und Form der organischen Materie ih„ren Grund habe. Und im Gefolge dieser (er„staunlichen aber unwahren) Entdeckung fange „man allmählig an, den menschlichen Körper aus „ganz andern Gesichtspunkten zu betrachten, und „es eröffnen sich in der Arzneikunde ganz neue „Aussichten (welche denn?), und noch unbebaute „Felder stellen sich dar."

Ist es möglich, solches an Form und Mischung erbärmliches und doch stolzes Geschwätz zu lesen, ohne unwillig darüber zu werden, und wird es für irgend einen vernünftigen Leser nöthig seyn, die Elendigkeit desselben zu zeigen? Mir deucht, es spricht genug für sich selbst.

Doch wir müssen weiter hören, wie denn nun diese Philosophen die versprochene große Sublimation der Arzneiwissenschaft bewerkstelligen. Wer Zweifel hegt, daß die Medicin eines solchen Grades von Ver‑ vollkommung fähig sey, wie ihr dort versprochen wird; wer nicht geneigt ist, jeder Behauptung und jedem Versprechen philosophischer und unphilosophischer Char‑

latane zu glauben, dem ist die Frage sehr natürlich: wie soll denn das alles geschehn? Hierauf wird nun statt einer vernünftigen, verständlichen und brauchbaren Antwort folgendes Recept zur Composition unserer neuen vollkommenen practischen Medicin gegeben:

„Man leite die Heilung aus den Gesetzen der „körperlichen, die Kenntniß zu heilen aber aus „der denkenden Natur ab, verbinde die Resulta„te dieser Deduction zu einem Ganzen nach ihrer „gesetzmäßigen Unterordnung; so muß die Hei„lung in ihrer möglichsten Vollkommenheit er„reicht werden."

Da haben wir's! Das ist nun das große Fundament der medicinischen Reformation; wer darauf bauet, der kann sich nun zur höchsten Stufe eines vollkommenen Arztes erheben. Es heißt dann weiter:

„Wenn und wie weit das denkende Wesen im „Stande ist, den Zustand des Körpers im Raum „und in der Zeit mittelbar oder unmittelbar zu „bestimmen und zu verändern: in sofern hängt „auch die Heilung des Körpers von der denkenden „Natur ab."

Aber ist es nicht eine Schande für die teutsche Arzneikunst, daß solcher Unsinn nicht blos geschrieben und gedruckt, sondern wiederholt, gepriesen, und bewundert wird? So was heißt man unter uns, wenn man unsern großen philosophischen Aerzten glauben will, — Philosophie.

Je weiter diese philosophischen Windbeutel ins Specielle gehn, desto mehr kommt ihre Blöße hervor. Indem sie uns über Krankheit belehren wollen, so schwatzen sie freilich über Materie, Form und Mischung rund um die Sache herum. Aber dann erfährt man, daß sie die Verhältnisse des Menschen zur Natur erst noch festsetzen wollen, und endlich wird man vorläufig damit abgespeiset, daß man uns sagt:

„Es giebt einen Zustand, in welchem der Men=
„schenkörper die gesunden Lebens = Aeußerungen
„nicht zeigt, und dieser Zustand wird in subjecti=
„ver Rücksicht ein kranker Zustand genannt."

Was das für stupende Wahrheiten sind! Wenn man nicht gesund ist, so ist man krank. Wie tief unsere neuen philosophischen Aerzte in die Natur blicken! Am allerlächerlichsten aber ist es, wenn es am Ende heißt:

„Da wir um Krankheiten kennen zu lernen,
„nicht von der Organisation ausgehn können: so
„müssen wir wahrnehmen. Eben derselbe Fall
„tritt auch bei unsern Heilmitteln ein, bei denen
„wir eben so wenig von der Mischung und Form
„ausgehn können."

Dann sind ja aber unsre großen philosophischen Aerzte leidige Tröster! Dann hilft uns ja ihr ganzes Geschwätz zu nichts. Wir stehn alsdann ja noch auf dem nemlichen Fleck, wo wir vor ihnen waren: wir müssen beobachten, erfahren, und damit fällt dann ihr ganzes Gebäude ja zu Boden, und ihre ganze so mächtig angekündigte Lehre a priori ist dadurch von ihnen selbst weggeblasen.

Sonderbar, daß sie sich selbst auf diese Weise ihr Urtheil sprechen müssen. Sie gestehn es also doch selbst ein, was schon der alte Baglio so wahr sagt: Medicina non ingenii humani partus est sed temporis filia. Die Erfahrung, allein die Erfahrung ist Mutter der Arzneiwissenschaft.

Soll ich schon ablassen, die Lächerlichkeit unsrer philosophischen Schwätzer zu zeigen? Thorheiten, die nicht bloß mit solcher geckischen Einbildung, sondern mit so viel Arroganz, mit wahrer Insolenz getrieben werden, kann man nicht zu scharf durchnehmen.

Man trauet kaum seinen Augen, wenn man sieht, daß eben diese Philosophen, die sich gezwungen sehn, der Erfahrung sich in die Arme zu werfen, vorher noch erst recht ernsthaft fragen:

„Ob es auch eine Erfahrung in der
„Medicin gebe?"

und dann dieselbe weitläuftig ventiliren und aus den ersten Principien menschlicher Einsicht, wie sie vorgeben, beantworten. Eine andre Frage, die eben so müßig und eben so kindisch ist, sehe ich mit eben der Gravität behandelt. Es ist diese:

„ob auch überhaupt Heilung möglich sey?"

Wozu soll es nützen, solche Fragen durch weitläuftige, schwerfällige und hochtrabende Demonstrationen zu beantworten, und eine dunkle Terminologie dabei auszukramen, da die gesunde Vernunft darüber so kurz und so bündig entscheidet? Wer mag sich ohne allen Nutzen in den abstrusen Regionen des Raums und der Zeit herum führen lassen, von welchen der Metaphysicus zwar mehr träumt, aber nicht mehr weiß, als wir andern, damit man zuletzt dahin gelange, wohin man auch ohne alle diese Umwege kommen kann? Hätte der Philosoph die Fragen verneinend beantwortet, so wäre er doch gewiß von jedem vernünftigen Menschen für einen Narren gehalten. Denn den Aussprüchen der gesunden Vernunft muß sich doch am Ende ein jeder unterwerfen, auch die stolzesten Philosophen, Jünglinge, Männer und Greise. Unsre Philosophen verneinen die Frage nicht, sondern bejahen sie. Aber was haben wir nun durch ihre Demonstrationen gewonnen? Wissen wir es nun besser, daß es Erfahrung gebe, und daß man Krankheiten heilen könne?

Wenn das wäre, so wird auch noch gewiß einer von diesen After-Philosophen kommen, der uns durch eine Demonstration gründlicher überzeugt, als wirs bisher waren, daß es am Tage helle sey.

Wir müssen dieses lächerliche Unwesen aus der teutschen Medicin verbannen! und das wird auch gelingen, wenn die Sache nur erst auf eine gehörige Weise angegriffen wird. Der Schwindel wird vorübergehn, und die gesunde Vernunft, wie gewöhnlich nach kleinen Interregnis, ihre uralte Herrschaft wieder antreten. Dann wird man es einsehn, daß der ganze Unfug von jungen Leuten angestellt war, die sich schnell, ohne noch reelle Verdienste haben zu können, ohne dazu weder Gelehrsamkeit noch Erfahrung zu brauchen, ein Ansehn von Wichtigkeit geben wollten. Es ist freilich leichter, sich da auf sein Kämmerlein hinsetzen, seinen Einbildungen einen philosophischen Anzug geben, und ein Buch schreiben, als der Natur die Wahrheit abfragen. Mit welcher Mühe, Aufmerksamkeit, Genauigkeit, Kosten und Zeitaufwande, kommt man hiermit oft nur kleine Schritte vorwärts, indessen jener Ballen beschrieben hat! Doch könnte man ihnen ihr Spekuliren gern gönnen, wenn sie es mit Bescheidenheit trieben. Aber es ist gar zu arg, wenn sie trotziglich behaupten: sie allein seyen auf dem rechten Wege, und alle andern sähen nichts, als nur bei dem Lichte, was sie gebracht hätten, oder noch anzünden würden.

Kühnlich will ich gegen diese Großprahler beweisen, daß sie gar nichts in der Medicin geleistet, wohl aber darin viel Nachtheil und Schaden gestiftet haben. Sie wollen sich zwar im Großen und Allgemeinen wichtiger Dinge rühmen, und neue Fundamente sollen von ihnen gelegt seyn; aber wie es damit beschaffen ist, zeigt das oben Angeführte. Gehen wir nun näher ins Detail, und sehen die Reihen von Krankheiten einzeln durch, um zu untersuchen, worin sie etwas gebessert haben, so findet sich auch nicht das Geringste, was zu ihrem Vortheil spricht. Im Gegentheil, es ist erweislich, daß durch die neuen Theorieen und die darauf gebaueten Systeme, Irrthümer gegründet werden, daß man Krankheiten mit einander vermengt, die eine gesunde Beobachtung seit langer Zeit von einander abgesondert hatte, daß man hingegen distinguirt, wo für den Gebrauch nichts zu distinguiren war, daß man durch dieses alles zu Methoden führt, die fehlerhaft sind. Wie manche gegen alle gute Erfahrung streitende Verfahrungsarten hat man nicht aus den neuen Theorieen herleiten wollen; von welchen ihre Erfinder und Verfechter auch schon, durch üble Folgen belehrt, zurückkehren mußten. Wenn man sonst diese Leute sprechen hört, ohne sie aus eigner Erfahrung zu übersehn; so sollte man glauben, Niemand verstehe so gut zu heilen wie sie. Aber nun muß sie beobachten, wenn sie handeln sollen. Dann fällt es in die Augen, wie stümperhaft wankend sie gehn, wie unfest bey jedem Schritte und wie ihre Theorie sie jeden Augenblick im Stiche läßt. Bey solchen Gelegenheiten fühlt man Superiorität, und hätte Anlaß ihnen die Verachtung wieder zu geben, die sie gegen Alles, was nicht von ihrer Lehre ist, affectiren. Und geradezu werfen sie den Aerzten, welche die theoretischen Versuche der Neuern gering achten, vor, sie wollten nichts anders seyn als empirische Künstler.

Wenn man länger als dreyßig Jahr eine Wissenschaft mit Fleiß und nicht ohne Erfolg übte, wenn man ohngefähr die größten Aerzte seiner Zeit in der Nähe gekannt, wenn man ohngefähr beobachtet hat was menschliche Kräfte zu Besiegung der Krankheiten vermögen, und denn dabey noch etwas mehr von der Welt gesehen und erfahren hat als mancher andere: so wird man doch nicht schuldig seyn sollen, sich von dem theoretischen Geschwätze und den Jactanzen junger Leute überwältigen zu lassen, sich vor ihnen zu beugen und ihnen alles zuzuglauben was sie wähnen oder in die Welt hinein schreiben? Ich dächte sogar, ein großer Unwille über solches Benehmen wäre gerechtfertigt, und es sey in demselben erlaubt zu fragen! Semper ego auditor tantum?

Doch ist im Grunde das Thun dieser Leute mehr lächerlich als empörend. Wenn sie auf ihren metaphysischen Stelzen eine Weile um unsre Wissenschaft herum gestolpert sind, und uns dann mit Worten abfinden wollen; wenn sie selbst gestehn müssen, daß sie auf ihrem Wege nicht ins Innere der Wissenschaft eindringen können, so stellen sie alsdann ein künstliches Lustgebäude auf, sich dahinter zu verstecken. Dieses in Nebel von dunkler scholastischer Terminologie und Schulgeschwätz eingehüllte Werk, behaupten sie dann in hochtrabenden und stolzen Versicherungen, enthalte alles was unsrer Wissenschaft zur Vollendung und Vollkommenheit noch fehle. Wenn nun ein Vorübergehender über dieses öffentlich ausgestellte Kunstwerk sich etwan dahin äußert, daß das Fundament nichts tauge und den Bau nicht tragen könne, oder es fehlen darin die nöthigen Lichtöfnungen, folglich das Licht, oder das Dach hänge schief und werde fallen: so tritt der Baumeister mit zorniger Geberde hervor und sagt mit unartigen Worten dem Tadler: er müsse einen Fehler des Gesichts haben, denn er sehe ganz unrecht und es seyen keine Mängel da. Die Antwort ist dann gewöhnlich: der Baumeister müsse stockblind seyn, denn ein solches Gebäude könne niemand aufführen, der nur einen Strahl von Licht sehe. Sie haben in der Regel beide recht, denn beide stehn im Dunkeln.

Aber entscheide ein vernünftiger Mensch, was können Dinge werth seyn, welchen Nutzen können sie einer Wissenschaft bringen, die so subtil oder so dunkel, kurz so schwer zu sehn sind, daß die Philosophen selbst,

Menschen, die sich einer dem andern mit dem Prädicat tiefsinniger Denker beehren, sich darüber einander das Gesicht absprechen? Was sollen nun noch andre hier seyn, die nicht einmal die metaphysische Fackel zu Hülfe nehmen können?

Es sollte mir leid seyn, wenn jemand mit Recht mir vorwerfen könnte, ich thue der Sache zu viel, und es sey nicht so arg mit unsern neumodischen Philosophen im Aesculap. Man kann nicht mehr von mir verlangen, als daß ich sie durch ihre eigenen Worte verurtheilen lasse. Wenn das was ich von einem dieser medicinisch-philosophischen Gaukler jetzt anführen werde, vor dem Richterstuhle der gesunden Vernunft zu verantworten steht, so will ich gern unrecht haben.

In einer sogenannten Deduction des lebenden Organismus als des Objects der Arzneykunde, die vom Anfang bis zu Ende so beschaffen ist, wie die folgende Probe, heißt es an einer Stelle so:

„Zweytens liegt in ihr (der Sphäre) der Ausdruck „eines Begriffs (Zweck); denn die freye Reflexion, „welche Begriffe bildet, den Stoff trennt, aus= „schließet, wird auch in sich zurück getrieben, und „in so fern hat die Sphäre Ganze, welche sich auf „die Theile beziehen: diese beiden Momente sind aber „zugleich in einer und eben derselben Sphäre aus= „gedrückt in einander verschmolzen, und so ist in der „Sphäre kein Theil anzugeben, welcher nicht ein

„Ganzes, und kein Ganzes, welches nicht ein Theil
„wäre. Eine Sphäre, welche so geordnet ist, nen-
„nen wir ein organisches Natur-Produkt.

„Diese Sphäre gehört zur Sinnenwelt,
„und wird als Object vorgestellt.

„Die freye Produktion geht über die Grenze hin-
„aus, und in so fern ist sie im Raume; sie wird zu-
„rück getrieben durch eine andere freye Production
„an die Grenze, und in so fern wird sie angeschauet
„als Größe, wie jedes andere räumliche Ding,
„das zur Sinnenwelt gehört. Die freye Reflexion
„geht innerhalb der Grenze, und in so fern ist sie
„innerhalb der Zeit; sie wird ebenfalls zurück ge-
„trieben durch andere freye Reflexion an die Grenze,
„und in so fern wird sie empfunden als Realität, wie
„jedes andere Zeitwesen in der Sinnenwelt. Diese
„beiden zurückgetriebenen freyen Handlungen schmel-
„zen in einander, jetzt erst werden sie durch einander
„angehalten und eingeschränkt, und es entsteht eine
„begrenzte Größe, eingeschränkte Reali-
„tät; die Synthesis von Größe und Realität ist
„Substanz, und in so fern wird jede Sphäre vor-
„gestellt als Substanz; die Synthesis von Be-
„grenzung und Negation ist Ursache, und in so fern
„wird die Sphäre vorgestellt als Ursache. Substanz
„und Ursache vereiniget giebt die Vorstellung von
„Wechselwürkung, und jetzt ist in der Sphäre

„ein bestimmtes Object, Erscheinung,
„Würkung, Accidenz möglich, und sie ist
„Gegenstand der Erfahrung, wie alles übrige in
„der Sinnenwelt. In dieser Rücksicht nennen wir
„die Sphäre unsern materiellen Leib, welcher mit
„den obigen Folgerungen zusammen genommen, als
„organisches Naturprodukt erscheint. Die=
„ses ist die Deduction des Organismus.—
„Aber der Organismus lebt, und dieses erfordert
„noch weitere Bestimmung ....

Doch wir wollen ihn leben lassen und abbrechen, damit wir auch leben mögen. — Was doch für uns sinnige Dinge in dieser Sinnenwelt getrieben werden!

Unsre neumodischen Philosophen müssen es freylich selbst am besten wissen, wohin ihre Weisheit führt, und wo sich dieselbe an die Arzneywissenschaft anschliessen soll; man muß sie daher zum wenigsten doch hören, wenn sie behaupten:

„Daß der wissenschaftliche Arzt die höchsten Prin=
„cipien seiner Kunst nur in (Ihrer Philosophie) auf=
„finden, der practische aber ohne eine richtige und
„(à la Kant) geübte Denkkraft, zwar Arzeneyen
„verordnen, aber nie die Ansprüche der Ver=
„nunft (welche Insolenz!) an seine Heilmethode
„befriedigen werde."

Man muß sie ferner auch hören, wenn sie sagen:

„Um die Principien der zur Heilkunde nöthigen
„Kenntnisse um so leichter aufzufinden, ist es nöthig,
„den ganzen Umfang des Wissens und Könnens nach
„(Kantischen) Principien aufzusuchen, und dann
„die allgemeinen Grundsätze über Wissenschaften, die
„zu practischen Zwecken bestimmt sind, vorzulegen —"

und dann, um die Sache recht weitläufig zu machen,
und bey der Bildung des Arztes ab ovo anzufangen,
noch hinzu fügen:

„Um den Umkreis des Wissens und Könnens nun
„systematisch zu erforschen, müssen wir diese Prin-
„cipien nach den Geisteskräften und deren Umfang
„bestimmen."

Wenn ich es wagen darf, gegen die großen weltweisen jungen deutschen Aerzte, die uns alle, alt und
jung, auf eine solche Weise in die Schule zu nehmen
sich entschlossen haben, meine Stimme zu erheben: so
würde ich geradezu behaupten: eine solche Philosophie
wie die ist, wovon hier Proben gegeben sind, sey dem
Arzte ganz unnütz, und fördere ihn nicht mehr, als
wenn er sich zu seinem Studio durch Geschicklichkeit im
Tanzen, Fechten oder Hobeln vorbereite. Ich kann
irren, aber ich glaube der Wahrheit nicht zu nahe zu
treten, wenn ich annehme, daß ein sehr großer Arzt
gedenkbar sey (versteht sich von einer begrenzten
Größe und eingeschränkten Realität), der

von dem ganzen oben angeführten Kantisch=metaphy=
sischen Gallimathias, das man eine Deduction nennt,
keine Zeile verstünde, oder zu verstehn Lust hätte. —
Am wenigsten sollten diese Leute von Vernunft
sprechen die ihnen sichtbarlich fehlt. Es kann ihnen
hie und da gelungen seyn den Verstand zu verwir=
ren, aber die Vernunft wird für sie auf solchen
Wegen unerreichbar bleiben.

Unsre medicinischen Philosophen glauben oder ge=
ben wenigstens vor, sie hätten die apices der Arzney=
wissenschaft, vermittelst der von ihnen selbst lächerlich
genug sogenannten von vornigen Philosophie,
würklich entdeckt, oder gar schon erstiegen. Führten
aber auch diese Gipfel in der That zuletzt, welches ich
leugne, zu nützlichen Aussichten, wie wenige würden
sie erklimmen. Wenige Köpfe, die doch brauchbare
Aerzte werden könnten, haben Anlage, Beruf und
Lust zu solchen Speculationen. Oder wollen vielleicht
am Ende unsre Philosophen das Heiligthum als eine
disciplinam arcani, acroatisch für sich behalten,
und wollen den Profanen draußen davon exoterisch
zukommen lassen, was sie ihnen dienlich achten, und
was sie diesen Unmündigen als verdauliche Kost zube=
reitet haben? Aber ich erwarte nichts von Händen die
so sehr den Ort verfehlen wo sie suchen sollten. Noch
nie kam von solchen unfruchtbaren Gipfeln etwas Nutz=
bares. In solcher Höhe, auf solchen Klippen, den

phyſiſchen wie den metaphyſiſchen, herrſcht Kälte und Dürre; nie ſah ich in ſolchen Regionen Auen grünen oder Früchte reifen.

Wenn man nur ein Beyſpiel anführen kann, daß ein engliſcher Arzt der neuern Zeit ſich in dergleichen metaphyſiſchen Nonſens verwickelt und Gehör gefunden habe, wie ſo viele der unſrigen, ſo will ich alles zurücknehmen was ich hierüber gegen die deutſche Medicin geſagt habe. Wenn man einem Britten ſolches Zeug überſetzte und begreiflich machen wollte, ſo würde er ausrufen: metaphyſical Cant! und mit Verachtung ſich davon wegwenden. Die Schüler des Baco befolgen beſſer die Lehre ihres großen Vorgängers, als daß ſie ſich auf dergleichen unnützes Speculiren einlaſſen ſollten, und man kann unſern deutſchen Pſeudophiloſophen das goldne Wort deſſelben nicht oft genug wiederholen, wenn er ſagt: Talem intelligo philoſophiam naturalem, quae non abeat in fumos ſpeculationum ſubtilium, ſed quae efficaciter operetur ad ſublevanda vitae humanae incommoda.

Wer eine ſolche Behandlung unſrer Wiſſenſchaft philoſophiſch nennen will wie die iſt, welche jetzt in Deutſchland um die Medicin herum philoſophirt ohne hinein zu dringen, dem werde ich gern das letzte Wort laſſen. Mich eckelt mehrere Beyſpiele von der Abſurdität derſelben hier anzuführen, wovon man ganze

Bände und Hefte voll in den neuern deutschen medicinisch-philosophischen Büchern, Journalen und Magazinen findet, in welchen curieuse Liebhaber reichliche Befriedigung ihrer Neugierde suchen mögen. Ich kann mich nicht gewöhnen, Speculationen die uns um nichts weiter bringen, eine schwerfällige Terminologie die dunkel macht was helle war, Spitzfindigkeiten die nur Einfältige blenden, und Großprahlereyen mit dem schönen Namen der Weltweisheit zu beehren, die für mich der Inbegriff alles dessen ist, was den Menschen am meisten erhebt. Irre ich aber, und ist dieses wirklich Philosophie, so ist es leichter ein Philosoph zu seyn als ich meinte; denn unser ganzes junge medicinische Schriftsteller-Heer sind schon philosophische Aerzte wenn sie eben aus der Schule kommen. Ich will sie ferner gewähren lassen, nachdem ich einmal meine Meinung darüber gesagt habe; ich hätte auch hier nicht Raum um noch die Complication der Kantischen Schule mit der Brownischen und Antiphlogistischen zu berühren. Hier nur noch eine sonderbare und sehr auffallende Erscheinung.

Ich bin zwar kein Freund vom Travestiren oder Parodiren, und nach meiner Meinung stehn diese Künste auf einer ziemlich niedrigen Stufe. Dennoch ist mir zuweilen eingefallen, daß wenn man die Sprache, den Ton und die Manier unsrer philosophisch-medicinischen Marktschreyer nachahmte, und auf ein ganz planes, einfaches Sujet anwendete, dieses sehr lächerlich ausfallen und von guter Würkung seyn könnte.

Ehe ichs mich versehe, finde ich ein ganzes kleines Büchlein, welches von Anfang bis zu Ende so geschrieben ist, daß man kaum zweifeln kann, es sey als ein Persiflage unsrer medicinischen Kantianer gemeint, wenn gleich nirgends ausdrücklich zu erkennen gegeben ist, daß es Ironie sey.

Die Schrift von der ich hier rede, ist zu Frankfurt 1800 auf 120 Seiten gedruckt und führt den Titel: Der Werth der Anstalten gegen das Blatterübel, erwogen von Carl Wilhelm Mose.

Da ich hier nur einige Stellen daraus anführen kann, so muß ich zur Einleitung über die scheinbare Absicht dieses Buchs einiges voran schicken.

Unter den kleinen Eclipsen der Vernunft, an die wir in der deutschen gelehrten und schreibenden Welt von Zeit zu Zeit gewöhnt sind, erinnern wir uns auch an die, daß einige wohlmeinende Aerzte in den Winkeln von Deutschland getrost darauf los arbeiteten, alle Mächte von Europa unter einen Hut zu bringen, das mit sie ein gradezu unmögliches Werk unternähmen und die Blattern ausrotteten. Ich sage nichts über die Anstalten, die sie dazu vorschlugen, aber das Ganze athmete den Geist eines gewissen philanthropi=

schen Dranges, welcher einst eine von den vielen Seuchen unsrer Schriftstellerey war, der aber schon seit einiger Zeit verschollen ist. Die Vorsehung scheint jetzt diese guten Wünsche auf einem ganz andern Wege erfüllen zu wollen, durch die, wenn es so fortgeht, viel versprechende Einführung der Kuhblattern; allein auf diese scheint Herr Rose noch nicht aufmerksam gewesen zu seyn, als er schrieb, und seine Demonstrationen betreffen blos die Ausrottung der Blattern durch die Policey. Er beschränkt sich daher, die beiden Mittel wider das Blatterübel oder die Pocken-Noth, die ihm bekannt waren, die Inoculation gegen die gänzliche Ausrottung abzuwägen. Er fängt damit an zuerst den Werth der Inoculation oder des Belzens zu betrachten, und führt dazu durch folgende Stelle S. 7 ein:

„Dem gemäß betrachte man das Belzen, — was in „der Folge wohl auf diesen Blättern nur durch B. „anzudeuten seyn dürfte, — mit allem davon abhän„gigen, als etwas das wirklich ist, ohne welches es „nicht gedacht werden kann, was es unter allen Um„ständen seyn und bleiben muß, wenn es überhaupt „für etwas (Reelles) gehalten werden soll, — als „ein Gegebenes oder als ein Quantum. Das „durch wird alles Zufällige oder Außerwesentliche da„von abgesondert, jedes Nothwendige oder Eigen„thümliche darin aufgenommen, und unbeschadet der „Gründlichkeit die oft undankbare peinliche Mühe

„überflüßig gemacht, jedes kleine, geschichtliche oder
„thatsächliche Ereigniß beym B zu kennen, oder
„sich daran zu erinnern. Es ist denn genug, den
„Inbegriff oder die Materie der Sache in ein frucht-
„volles Ganzes aufzufassen: und ob man wirklich
„nach dieser Fülle begriffen habe, folglich auch die
„Sachen im Einzelnen verstehe, das muß sich schon
„von selbst aus der Manier oder Form ergeben, wor-
„in man sie (dem Leser) darstellt.

„Ein solches gegebenes Quantum oder eine rela-
„tive Größe ist nun nothwendig begrenzt. —
„Dieser Satz braucht hier nicht erst von Neuem be-
„wiesen zu werden, weil es schon längst und oft ge-
„schah. — Innerhalb der Grenze liegt der Gehalt,
„der Werth, das Gute des Quantums, oder sein
„Licht; so wie es über die Grenze hinaus seinen
„Schatten wirft *). Von dieser Seite kann also,
„und muß zunächst die Sache des B. angesehn wer-
„den, wenn über das Volle oder Ganze dereinst
„zu entscheiden stehn soll. Sonach bilden sich, zum
„Behuf der gegenwärtigen Abhandlung, drey Ab-
„schnitte."

1) „Die Lichtseite des Blatterbelzens"
(oder das Gute das es hat.)
2) „Die Schattenseite des Blatterbelzens"
(oder was dawider anzuführen ist.)

*) Dieser Satz des Herrn Röse ist offenbar unrichtig.

3) „Das Volle und zu Erfüllende des Ganzen
(oder Demonstration, daß die Ausrottung der
Blattern der Inoculation vorzuziehn sey.)

Man wird eingestehn, daß der Verfasser seinen
Gegenstand überaus glücklich gewählt habe, um die
metaphysische Demonstrir-Wuth damit lächerlich zu
machen; denn da es ihn eben so mühsam geworden
seyn muß, seine einfachen Gedanken darüber in solche
hohe Denkzeichen umzubilden und sie in diese Form zu
kleiden, als es dem Leser wird, sie wieder zu entklei-
den und in faßlichere Vorstellungen aufzulösen, ohne
dadurch auf eine andere Weise zu gewinnen, so ist ja
auf beiden Seiten verlohrne Mühe und viel vergeb-
liches Weges. Ich kann jedoch nicht verlangen, daß
man mir dieses auf mein Wort glaube, und werde
es nicht verlangen, da ich einen so grossen Ueberfluß
(120 Seiten) von Beweisen habe, daß ich jeden Ein-
wurf dagegen ersticken und zermalmen kann.

Bevor ich jedoch den Herrn Nose weiter reden
lasse, will ich den Lesern eine Erleichterung geben, die
man bey der Lesung des Buchs nicht hat, wodurch
man die Buchstaben-Sprache des Verfassers mit einmal übersieht.

A bezeichnet die Ausrottung der Blattern und Im-
met ein negatives Quantum.

B. ist gleich dem Belzen oder der Blattern=Inocu=
lation; es heißt davon S. 21.

„Dieses B. ist zu jeder Zeit und unter allen Um=
„ständen als eine Größe anzusehn, die demnach
„einer Vermehrung oder Verminderung fähig ist,
„Sie sey nun der einen oder der andern zu einer
„gewissen Zeit wirklich unterworfen; auch wenn
„man etwa das lieber will, sie bleibe beständig eine
„und die nämliche oder nicht; so ist doch, wofern
„sie in Würksamkeit gesetzt, oder als Kraft gedacht
„wird, wie es für den Arzt und dessen Pflegbefohlne
„nicht anders seyn kann, ihre Quantität allemal eine
„bestimmte. —

„Vermittelst dieses Eigenthümlichen oder Speci=
„fischen wird nun aber die Größe und Kraft des B.
„eine besondere und positive, der eine allge=
„meine und negative deswegen gegenüber zu stellen,
„oder ihr entgegen zu setzen ist, damit das Gebiet
„einer Kraft auszumessen, der Begriff einer Potenz
„völlig erschöpft, ein vollendetes Ganzes (zur rich=
„tigen Uebersicht, Beurtheilung ꝛc.) erhalten, und
„der Forderung des menschlichen Verstandes Ge=
„nüge geleistet oder dieselbe erfüllt werde. —

G. bezeichnet einen Gegenstand, zum E. das ganze
menschliche Geschlecht; aber mehrentheils stellt es
einen Menschen vor der nicht geblattert hat.

E. ist gleich dem selbstständigen Streben oder Vermögen, Erhebung des G. als dessen Eigenthum; ingleichen das Abhängige, Empirische.

U. ist das Unterdrücktwerden dabey, oder die Hinderung, Hemmung, Lähmung, ingleichen das Unthunliche (Undenkbare, Phantastische, Uebertriebene.)

Es ist nicht möglich hier diese ganze kleine Demonstration, die sich Seite 81 endigt, einzurücken, so merkwürdig sie auch in jeder Hinsicht ist, und so sehr sie auch beweiset, was ich beweisen will.

Ich muß mich deshalb darauf beschränken noch eine Stelle anzuführen, worin alle obige 5 Buchstaben ins Spiel kommen, und alsdann diejenigen, welche mehr davon zu wissen verlangen, auf das Buch selbst zu verweisen. S. 59 lautet es folgendermaaßen:

„Das Nothwendige ist unbedingt, das Zufällige bedingt; deswegen wird auch A auf ein Unbedingtes „G, wie G, ein Bedingtes damit einwirken „müssen.

„Das menschliche Geschlecht oder G stellt indessen „(kann das auch) nur Ein Unbedingtes, nämlich „die Selbstständigkeit auf, das heißt, die Erhaltung seiner Existenz und Würkungssphäre durch „eigenes Vermögen. Was dem zuwider läuft das „beschränkt oder beeinträchtigt G, thut ihm Ge-

„walt-an u. f. w. — Bezeichnet man jenes selbst-
„ständige Streben oder Vermögen in G, als dessen
„Eigenthum durch E, und die Hinderung dabey als
„ein Unterdrücktwerden durch U: so wird jede hö-
„here Ursach A, ihrer Natur nach auf E, und aus
„dem nämlichen Grunde, jede niedere B, auf oder
„für U ewigewürkt haben. Nun kann keine Wür-
„kung dem E. anstehen, wenn sie demselben etwas
„entgegen stellt, es dadurch in seinem freyen Laufe
„hemmt, in seinem Spielraum tritt ꝛc. sondern E
„muß durchaus gelassen werden wie es ist, wofern
„es sich als E bewähren (zeigen und erweisen) soll.
„Deswegen darf rechtmäßiger Weise nichts Positi-
„ves, nichts was E wodurch oder wie kurz oder lang
„es immer sey, ändert (alterirt, verkümmert ꝛc.)
„durch A hinzu kommen: vielmehr soll A blos ne-
„gativ, das heißt, durch Entfernung der dem E ent-
„gegen stehender Hindernisse (Mangel, Uebel ꝛc.)
„für G geschäftig seyn. Durch das Letzte wird E
„befreyet und beschützt, durch das Erste belebt und
„erhöht.

„Dies Alles bringt aber einerseits die Natur des
„A schon von selbst mit sich, — darauf kann man
„sich bey (jedem) A sicher verlassen, — und an-
„derseits wird das Nämliche von jedem auf das
„wahre Wohl des G bedachte Vernunftwesen be-
„zweckt, soll das auch: dies ist ihm geboten, ist

„seine Pflicht. Folglich muß jedermann der dazu
„Vermögen und Beruf hat, in A den Anstalten zur
„Ausrottung der Blattern huldigen, (sie anempfeh-
„len, leiten, befördern, darauf dringen ꝛc.) das
„B oder Blatterbelzen für nichts anders als einen
„bloßen Nothbehelf halten, der zu einer bessern
„Zeit endlich einmal aufgegeben oder abgeschafft
„werden soll, damit dem menschlichen Geschlechte
„in G durch E, nicht nur eine Erleichterung, son-
„dern auch eine völlige Sicherung und Erlösung
„angedeihe, und es immer mehr von U als einer
„Hemmung, Lähmung, Unterdrückung seiner an-
„gestammten Urkraft (vis innata) befreyet wer-
„de. Dazu kann auch jeder — als kupfernes
„Scherflein, oder in goldenen Souverain-Stü-
„cken — das Seinige beytragen."

Doch ich muß hier aufhören, wenn ich nicht das ganze kleine Buch abschreiben will, das durchgehends von einem Ende bis zum andern so beschaffen ist wie diese Stellen. Es ist unstreitig ein wahres und schätzbares Cabinets-Stück, und zeigt unübertreflich die Absurdität der Anwendung der Kantischen Schulsprache auf Gegenstände solcher Art, und auf die Arzneywissenschaft. Es beweiset unwiderleglich die Wahrheit dessen was ich vorher behauptete, daß die Kantische Methode eine Kunst sey, das Leichte schwer, das Bekannte fremd, und das Helle dunkel zu machen. Es wird daher das Seinige beytragen, uns, wenigstens in der Medicin, vor dem fernern Einreißen dieser metaphysischen Pedanterey zu bewahren und bey gesunder Vernunft zu erhalten. Fast findet kein Zweifel statt, daß nicht, wie gesagt, der Verfasser die Absicht gehabt habe, die Einführung der Kantischen Philosophie in die Medicin lächerlich zu machen. Sollte ich aber hierin irren, so wird mir Herr Rose meinen Fehlgriff um so eher zu Gute halten, da offenbar dieses die günstigste Art ist, sein kleines Werk zu beurtheilen.

Um, nach meiner Absicht, gründlich zu zeigen, daß die englische Arzneykunde nicht so tief unter der Deutschen stehe, als unter uns mancher sich schmeichelt, ist mein Weg länger geworden als ich dachte; er war für mich nicht angenehm, oft sehr höckerig, aber ich hoffe man findet ihn grade.

Wenn wir eines von unsern Kantisch-medicinischen Büchern wörtlich ins Englische übersetzten, was würde wohl das Urtheil der Britten darüber seyn? Ich möchte wohl eine der besten und vernünftigsten Parlements-Reden, eine von Pitt, der unter allen Rednern, die ich gelesen oder gehört habe, am meisten zur Vernunft spricht, ins Kantische übersetzt sehn; ob ein Engländer wohl den Sterlings-Sinn, der darin herrscht, wieder erkennen sollte. Die bewafnete Neutralität könnte man N, den englischen Widerstand dagegen W, das Unfeste in dem Benehmen der Mächte, die den Franzosen ohnlängst Alles zustanden und hernach den Engländern Alles weigern, U, das neugebackene Seerecht Y, die Inconsequenzen X, die unvermeidlichen Folgen davon F. benennen, und nun die Demonstration führen wie im Vorhergehenden. Ich zweifle das die Faßlichkeit, noch am Ende die Wahrheit, dabey gewinnen werde. Der Engländer würde wohl über diesen Einfall lachen.

Herr Kant spricht mit einer Art von Bitterkeit über die Redekunst. In so fern hat er wohl recht, daß durch Rednerkünste die Gemüther der Menschen irre geführt werden können. Aber ich begreife nicht wie man die Redekunst verwerfen kann, in so fern sie lehrt, die Wahrheit ordentlich, verständlich, deutlich und angenehm vortragen. Indessen ist Herr Kant consequent: denn in allem was ich von seinen Schriften gelesen habe, verstößt er nirgends durch Wohlredenheit gegen seine Grundsätze.

(Der Beschluß im nächsten Stücke.)

———

IV.

Ueber

eine neue Schrift

des

Herrn Hofrath von Sonnenfels *).

———

Beinahe in allen Zweigen der praktischen Kenntniſſe giebt es Sätze, welche die beständige Ausübung gleichſam zu Wahrheiten, gegen die niemand einen Zweifel erhebt, gestempelt hat, die also näher zu untersuchen für überflüßig gehalten wird. Dahin gehört ohne Zweifel die in dieser Schrift behandelte Frage: Ob und wann die Stimmenmehrheit bei Kriminalurtheilen zureichend ist? Da die Ausübung dieselbe durchaus und von jeher für alle Fälle bejahend entschieden, so ward darüber von den Schriftstellern ganz hinweg gegangen, und nur das was und wie der Gerichtshöfe erzählt. So hätten wir

*) Ueber die Stimmen-Mehrheit bey Kriminalurtheilen: von Joseph von Sonnenfels: K. K. Hofrath bei der böhmisch und österreichischen Hofkanzlei und Beisitzer der Hofkommission in Gesetzsachen, Wien bei Albert Camesina 1801. 8. 7½ Bogen.

also einen abermaligen Beweis vor Augen, daß, obgleich seit 40 Jahren in der Kriminalrechtspflege so viele wichtige Verbesserungen gemacht, und mehr noch über das Kriminalrecht geschrieben worden, den Gesetzgebungen noch manches zu thun, den Schriftstellern manches in das Reine zu bringen übrig gelassen ist.

Dem edelmüthigen Manne, dem die österreichische Rechtsverwaltung bereits die Abschaffung der Folter, die Beschränkung der Todesstrafen, die Aufhebung der Gütereinziehung in Kriminalfällen verdankt, scheint es gewissermaßen zum eigenen Loose beschieden, der Urheber noch mancher Verbesserung in der Kriminalrechtspflege zu werden, unter denen die in gegenwärtiger Abhandlung beabsichtigte, wenn sie Eingang findet, nicht nur eine der wesentlichsten, sondern auch dem Erfolge nach verbreitetesten seyn würde.

Da Hr. Hofr. von Sonnenfels seinem Namen die Eigenschaft Beisitzer der Hofkommission in Gesetzsachen sonst in keinem seiner Schriften beigesetzt hat; so werden wir auf die Vermuthung gebracht, diese Abhandlung sey das Resultat einer bei dieser Kommission wirklich gepflogenen Untersuchung. Hätten wir in dieser Vermuthung, worin wir durch die zahlreichen, wie in der Vorerinnerung gesagt wird, wörtlich gesammelten Einwürfe bestätiget werden, nicht geirret, so muß die Freimüthigkeit und der Ton der Anständigkeit, welcher bei den Erörterungen dieses Kollegiums beobachtet wird, demselben allgemein Achtung und Zutrauen erwerben: und da wahrscheinlich mehrere wichtige Gegenstände daselbst in Untersuchung kommen, so können wir nicht umhin zu wünschen, von Zeit zu Zeit von so interessanten Behandlungen etwas dem Publikum mitgetheilt zu sehen.

Hr. Hofr. v. S. läßt die allgemeinen Grundsätze eines zweckmäßigen Kriminalverfahrens voraus gehen (I. Abschn.). Die 15 Sätze, worauf das Ganze zurück geführt ist, sind von sehr gedrängtem, und als leitende Sätze betrachtet, von erschöpfendem Inhalte. Neu in seiner Darstellung, aber dabey von auffallender Klarheit und Ueberzeugung ist der 5te Satz: „von dergleichen Zumessung der „Angriffs- und Vertheidigungskräfte; der Mittel „nämlich, schuldig zu finden, und schuldlos gefunden „zu werden."

Von der Beobachtung dieses Satzes hängt die Gerechtigkeit des ganzen Verfahrens, hängt die Gewißheit der Bestrafung, die Sicherheit der Schuldlosigkeit ab. Besonders würdig eines tiefern Nachdenkens sind der 10te und 12te Satz mit den darunter stehenden Anmerkungen. Die Bewunderung der englischen Kriminalverfassung, wie man sagen könnte, in Bausch und Bogen, findet darin eine billige, durch das Ansehn des als unverwerflichen Zeugen angeführten Col zuhauns begründete Zurechtweisung, und man freuet sich des patriotischen Deutschen, der zu einer Zeit, wo blinde Exoteromanie alles inländische Gute verkennet, sich bestrebt (S. 9.) „seine Mitbürger auf den „Werth der Verfassungen Deutschlands aufmerksam „zu machen, und die Wohlthat des Schutzes erkennen „zu lehren, für den sie den vaterländischen Gesetzen „verpflichtet sind." Im II Abschn. werden die Begriffe Gerichtsstelle und Beisitzer entwickelt, und dahin bestimmt: die Gerichtsstelle sey ein moralischer Körper, handle nur als Einheit; die Beisitzer seyen nur Theile dieses Körpers, ihre Stimmen für sich ohne Wirkung, und nur unter sich an Gewicht gleiche Momente zur Bestimmung des Richters. Im III Abschn. werden die bei einem Kriminalurtheile in Erwägung kommenden Fragen auseinandergesetzt, und aus ihrer Ungleichartigkeit behauptet: die Thatfrage, über Schuld oder Schuldlosigkeit müsse bei der Abstimmung von der Rechtsfrage über die Ausmessung der Strafe getrennt werden. Der IV Abschn. behandelt dann eigentlich die Fragen: wann bei Kriminalurtheilen die Stimmeneinheit nothwendig? wann die Stimmenmehrheit zureichend sey? Der Verfasser läßt die bloße Mehrheit bei der Rechtsfrage zu, fordert aber Einstimmigkeit bei der Thatfrage, (das ist ungefähr der Inbegriff seiner Gründe) weil, so lange eine

Stimme verschieden ist, die moralische Person des Richters noch zweifelt, also zu seiner vollen Ueberzeugung noch ein Theil abgängig ist: daher, wenn er dennoch (bei diesem noch bestehenden Zweifel) abspräche, einen Irrschluß machte, und wie es Hr. von S. ausdrückt, aus problematischen Vorsätzen assertorisch folgerte. Welch ein trauriges Licht fällt hiedurch auf das bisherige Verfahren zurück, wenn dieser Satz, gegen welchen wenigstens zur Zeit keine Einwendung finden, bewiesen ist! und wie unverschieblich wird es für alle Gesetzgebungen, über diese aufgeworfene Frage auf einer oder der andern Seite zur Entscheidung zu bringen! In dem V Abschn. wird die Abstimmung nach der Mehtheit mit Stimmeneinheit gegen einander verglichen, welche Vergleichung, wie sie dargestellt ist, nicht zum Vortheile der Erstern ausfällt. Der VI Abschn. ist eine Verstärkung der in beiden vorgehenden Abschnitten gegebenen Gründe. Diese drey Abschnitte müssen ununterbrochen ganz gelesen werden, weil sie als Glieder einer Kette zusammen hängen. Der VII Abschn. ist ein Versuch einer nach den vorausgehenden Grundsätzen verfaßten pragmatischen Vorschrift zur Abstimmung bei Kriminalurtheilen. Von hier bis einschlüßig den XVIII Abschnitt folgen XI Einwürfe, bei deren Beantwortung mit unter äußerst wichtige und reichhaltige Bemerkungen vorkommen.

Jedermann muß den von dem H. V. in der Vorerinnerung S. v. und vi. geäußerten Wunsch höchst billig finden: „Man möchte bei Prüfung seiner Mei„nung von dem was jezt besteht, gänzlich hinweg„sehen, und die Frage so behandeln, als ob darüber nir„gend schon etwas bestimmt, als ob heute zum ersten„male darüber ein Beschluß zu fassen wäre. Nur von „diesem höheren, und wie er ihn nennen möchte, trans„scendentalen Standpunkte könne der Gegenstand rein, „ohne Medium vorgefaßter Meinung wahrgenommen „und beurtheilt werden." Indem also H. v. S. der vielen gesammelten Einwürfe ungehindert, die Akten selbst nicht für geschlossen hält, so wollen auch wir dem Urtheile der würdigen Männer keineswegs vorgreifen, deren Meinung er mit so vieler Unbefangenheit für die Seinige, und mit der feierlich erklärten Bereitwilligkeit, sich des Gegentheils überführen zu lassen, auffodert. Aber wir halten uns überzeugt, diese Abhandlung werde als eine wichtige Erscheinung in der Kriminal-Rechtswissenschaft die Aufmerksamkeit der Gesezgebungen und der Rechtsgelehrten erwerben, und sie werden bei der Durchlesung derselben mit uns ein zweifaches Verdienst daran zu schäzen Gelegenheit finden: erstens eine bei Schriften dieser Gattung eben nicht gewöhnliche Reinheit der Sprache, und eine Deutlichkeit, die nicht der modischen Mißanwendung der kritischen Kunstsprache aufgeopfert wird, obgleich H. v. S. darin kein Profan zu seyn wahrnehmen läßt; zweitens eine von der Anmaßung, entscheidend abzusprechen, entfernte Bescheidenheit, die selbst bei der wärmsten Widerlegung nie aus dem Gesichte verloren, und überall mit der Urbanität des feinern Welttons begleitet ist.

Jos. Fried. Freiherr von Retzer.

V.
Uebersetzungsproben
aus dem Plautinischen Trinummus.

Eine metrische Uebersetzung der Plautinischen Lustspiele — und eine andere ist mir wenigstens nicht gedenkbar — dürfte leicht zu den schwierigsten, aber auch zu den dankbarsten Aufgaben in unserer Uebersetzungsliteratur gehören. Sie muß das Alte neu machen, ohne es zu travestiren und ohne dem Alten ganz moderne Begriffe aufzuheften. Der Leser muß zu ihrem Verstehn keiner tiefern Schulgelehrsamkeit bedürfen. Die Sylbenmaaße können zuweilen wechseln. Da wir aber jezt wenigstens noch keine ganz festgesezten Sylbenlängen haben; so können sie sich auch nicht so frei und fessellos ergehn, als es beim Dichter des Originals aus guten Gründen möglich war. Den Plautinischen Text mit allen seinen Redundanzen, Ueppigkeiten und Wortspielen wiederzugeben, wäre eben so unausführbar als abgeschmackt. Niemand unter uns könnte dies aushalten! Hier läßt sich nur durch Approximationen und Compensationen zum Ziel kommen. Es bleibt also auch nur die Frage: wo und wieviel darf man wegschneiden, wo stärker und kräftiger auftragen? Denn daß man selbst den Ausdruck der gemeinern Rede hie und da verstärken müsse, leidet bei Kennern wohl keinen Zweifel. Verschiedene Veranlassungen, die hier nichts zur Sache thun, bewogen mich, einige Proben vorzulegen. Man wird ihnen ihre schnelle Entstehung ansehen, und nichts wird leichter seyn, als sie zu übertreffen. Aber sie sind auch nur dazu bestimmt, um meine Vorstellungen von den Pflichten eines Plautinischen Uebersetzers im Allgemeinen anschaulicher zu machen. Weiter bedarf es hier nichts. Denn der Zeitpunkt ist da, wo sich von mehrern Seiten rüstige Wettkämpfer auch um diesen Preis in die Schranken stellen. Ἀγαθῇ τύχῃ.

Erster Akt, erste Scene.

Den Freund zu schelten, ders darnach gemacht,
bringt freilich wenig Dank! Doch frommts am Ende
und bringt dem Freund Gewinn. So will ich gleich
dort jenen tüchtig schütteln. Er verdients!
Ich thu's nicht gern. — Doch gern thun lehrt die Pflicht.
Ists doch, als liege jede Ehrbarkeit
im Krankenhaus und ringe mit dem Tod.
Indem nun diese krankt, schießt böse Sitte,
wie Unkraut an den Sümpfen, üppig auf.
Nichts ist so wohlfeil, als ein Schurkenstreich!

An diesen Streichen ist jezt reicher Seegen.
Gemeinsinn ist verschlagne Münze. Nichts,
als Gunst der Reichen zu erhaschen, gilt.
Denn Eigennutz und Liebedienerei
sind Modeseuchen. Alles wird gehemmt,
Und Haus und Staat von ihnen angesteckt.

Erster Akt, zweite Scene, V. 162 ff.
Monolog des Megaronides.

Beim Himmel, nichts ist unter Sonn und Mond
so abgeschmackt, so lächerlich, so toll,
nichts so voll Dünkel, so voll Lug und Trug
als diese Pflastertreter, dies Gesindel
von Lustigmachern in der Stadt. Verwünscht!
von diesen Purschen ließ ich mir so eben
selbst eine Nase drehn, mir ihren Trug
für baare Münze zahlen. Das sind Schufte!
Sie wissen nichts, und wollen alles wissen;
sie wissen was wir denken, eh' wirs denken.
Sie wissen, was der Königin ins Ohr
der König flüstert, was mit Jupiter
die Juno Abends hinter den Gardinen
noch abgemacht; was wissen die nicht alles?
was nie geschehn ist, noch geschehn wird — alles!
Lob oder Tadel, ihnen gilt es gleich,
wenn sie nur wissen, was sie wissen wollen.
Da rief die ganze Sippschaft: „Kallikles
beschimpft die ganze Stadt und ist ein arger Lump.
Wie prellt er nicht den armen Jungen dort
um Haus und Hof!" Ich Narr laß mich beschwatzen,
und fahr ihm schimpfend, lärmend auf den Hals,
und find am Ende, daß er — schuldlos ist.

So gehts! man frage nur, auf welchem Stamm
die Klätscherei gepfropft war. Niemand weiß es.
O brächen doch die Klätscher Hals und Bein!
Dies brächte Seegen über Stadt und Land.
Der alleswissenden Nichtswisser würde
dann weniger im Staat, und an das Maul,
das Narrenspossen schwatzte, käm' ein Riegel.

Zweiter Akt, erste Scene.
Monolog des Lysiteles.

Wie das jezt in meinem Herzen kocht und siedet, wie
           michs hetzt!
Leidenschaft ist jezt die Peitsche, ich der Kreisel, den
           sie treibt.
Auf dem Scheidweg steh ich zweifelnd, weiß nicht was
           ich wählen soll.
Gilt es Reichthum, gilt es Minne, welches ist des
           Lebens Zweck?
Wohl, laßt sehn, auf welcher Schaale winkt der
           vollere Genuß? —
  Doch da dies auszumitteln, Kunst bedarf,
  wohlan so stell ich mich jezt zum Verhör,
  und bin Partei und Richter! — Ja, so gehts!
Laßt mich zuerst der Liebe tausend Künste sehn!
Nur heftige Begierden lockt die Zauberin
ins Garn: die sucht sie, diesen schmeichelt sie mit List!
Da, wo sie nistet, sizt der Schalk im Nacken fest,
lockt Honigrede führend, krazt und leckt und beißt,
ist Näscher, Lügner, Gauch, verführt die Unschuld, raubt,
macht Bankerut, betrügt, jagt Wildpret auf, verzehrts.
Denn drang der erste Kuß, ein spizer Pfeil, ins
           Herz,

gleich schmelzts in Topf und Tiegel, Hab und Gut rennt
fort
als wär' es toll. — Gieb, Schätzchen, dies; gieb Schätzchen, das! —
Augäpfelchen, erwiedert unser Gimpel, nimm,
nimm dies und alles, was ich hab und mehr dazu!
Nun flatterts an der Ruthe, wird gezupft, gerupft!—
Was wird nicht blos verquistet, was verzehrt, genippt!
Das Faß ist bodenlos. Sie giebt dir eine Nacht,
gleich siehst du an der Thür den Troß der Dienerschaft
Gard'robenmädchen, Seifenkugelndreher stehn.
Dies Jungferchen trug ihr den Fächer, die den Schmuck
und jene die Pantoffeln. Dort die Harfnerin,
hier Schaffnerinnen, Bothenmädchen und Lakey'n.
Dies alles macht den Finger krumm, besackt sich, stiehlt.
Und so wird Schätzchen, das dem Ungeziefer all
hold und gewärtig ist, ein Bettler. Denk ich nun,
wie man den Ausgebeutelten verlacht, beschimpft,
so ruf ich: weg mit dem Verliebtseyn, packe dich,
Freund Amor, fort! Hier ist kein Bleibens mehr für dich!
Zwar ist der Imbiß honigsüß, doch bitter ist
der Nachgeschmack. Denn wo der arme Schlucker nur
erscheint, rennt alles fort. Auf Markt und Gassen ist
kein Vetter für den kahlgerupften Vetter mehr.
Am Ende nimmt er vor sich selbst verzweiflungsvoll
das Reißaus. Denn kein Freund drückt mehr dem
Freund die Hand.

Drum tausend Meilen weit von dieser Pest!
Spring lieber dort vom Thurm, als in den Pfuhl!
Es trolle sich die Liebe flugs von hier
und brüste sich mit andrer Sclaven Quaal.
Mich kriegt sie nicht. Ich bin nun klug geworden,
und schmeckt's gleich sauer, dennoch beiß ich an.

Was Biedermänner schmückt, Vermögen, Ruf,
Credit und Ansehn alles fällt mir zu!
Mit guten Menschen halt ichs! mit den luft'gen
Patronen dort hab ich nichts mehr zu thun.

Böttiger.

VI.
Künste.

1)
Rafaels Christus und die 12 Apostel vom Direktor Lange in Düsseldorf.

Die ältern Leser dieser Monatsschrift erinnern sich vielleicht noch einer ausführlichen Nachricht in diesen Blättern von einem saubern Nachstich nach Marc Anton, den der Hr. Direktor Lange in Düsseldorf von Rafaels Christus und den 12 Aposteln gegeben hatte*). Es ist seitdem auch in diesen Blättern der Wunsch erneuert worden, daß es doch dem verdienstvollen Künstler gefallen möge, diese lieblichen Abschattungen einer der reinsten und vollendetsten Rafaelischen Kunstschöpfungen durch eine neue Bekanntmachung und Auffrischung des Werkes zu allgemeiner Kenntniß des Publikums zu bringen, das über dem Neuesten nur allzugern das Aeltere vergißt.

*) S. Teutscher Merkur 1789. December S. 269 ff.

Mit Vergnügen räumen wir daher der unten stehenden Ankündigung auch in diesem Journale einen Platz ein, da den Liebhabern hierdurch eine neue Gelegenheit angeboten wird, sich in Besitz jener ächten Kopieen, die man nun auch farbig haben kann, um einen sehr geringen Preis zu setzen. Die Alten bezahlten gewisse Gemmen, worauf alle 12 obern Gottheiten als Amulet geschnitten waren (λίθος δωδεκάθεος), oft weit über ihren Werth, blos aus Aberglauben. Hier ist auch eine Dodekatheos und der vorsitzende Gott noch dazu, und hier bedarf es nur eines wahren Glaubens und Sinnes für die Kunst, um das Werk mit mehrerem Vergnügen und einer Stärkung seines innern Menschen anzuschauen. Nächstens hoffen wir auch unsern Lesern eine Beschreibung des Kuscyclus mittheilen zu können, womit sich Herr Lange gegenwärtig beschäftigt. Es ist die einst auch von Rafael so reizend behandelte Geschichte des Amors und der Psyche.

Ankündigung.

Die Blätter des berühmten Kupferstechers Marc Antonio, eines Zeitgenossen und vertrauten Freundes des unsterblichen Rafaels, sind in unsern Tagen so selten geworden, daß sie sogar in berühmten Sammlungen nicht immer gefunden werden, und daß daher Kenner und Liebhaber auch für geringere Abdrücke oft ansehnliche Summen bezahlen.

Die Ursache dieser Seltenheit liegt nicht in dem hohen Alter dieser Blätter allein, sondern darin, daß unter allen, sowohl alten als neuern Kupferstechern, die nach Rafael gearbeitet haben, keiner den Geist deßselben so richtig aufzufassen, die Bestimmtheit seiner Formen und Umrisse, und die erhabene Größe seiner Charaktere, mit solcher Genauigkeit und Wahrheit, als Marc Antonio, in die Kupferblätter hinüber zu tragen wußte.

Ob es wahr sey, wie viele behaupten, daß Rafael dem Kupferstecher jedesmal selbst die Umrisse in seine Platten gezeichnet habe, läßt sich nicht wohl erweisen. Gewiß aber ist's, daß Marc Antonio unter der Aufsicht und Leitung dieses großen Malers gearbeitet hat.

Unter die seltenen und vorzüglicheren Blätter dieser Künstler gehören: Christus und die zwölf Apostel. Rafael hat sich in diesen nicht allein als ein Künstler vom ersten Range, sondern auch als ein großer Menschenkenner, und als Mann von tiefem Verstande und von großer gefühlvoller Seele gezeigt.

Er hat bewiesen, wie Würde und Erhabenheit des Charakters auf die mannigfaltigste Art im einzelnen Menschen sich darstellen läßt. Man sieht in jedem Apostel einen großen, erhabenen, mit jeder ihm eigenthümlichen Tugend begabten Mann; nicht allein im Ausdruck des Gesichts, sondern auch in jeder Bewegung der Theile, und selbst im Wurfe der Gewänder. Ich schweige von Christo, als dem Höchsten und Vollkommehsten unter ihnen. Und bei dieser Mannigfaltigkeit in der Darstellung der Erhabenheit und Größe ist nicht die mindeste Wiederholung oder Copie des einen von dem andern in diesen Blättern zu finden: jedes ist ein für sich bestehendes Original.

Um diese selten gewordenen Blätter wieder in Umlauf zu bringen, habe ich sie mit der möglichsten Genauigkeit durchgezeichnet und geätzt, und ohne mich auf den Beifall öffentlicher Zeitschriften zu berufen, glaube ich, den Originalen ganz getreu geblieben zu seyn. Ich verfertigte diese Sammlung vor dem Kriege, und der trefliche und mit der Kunst so vertraut gewesene Lavater, welchem ich sie damals als ein Denkmal meiner Hochachtung übersandte, erbot sich freiwillig, nach diesem Werke eine Charakteristik zu schreiben. Der gleich darauf erfolgte unglückliche Krieg und der nachherige Tod dieses vortreflichen Mannes, vereitelten aber sein Vorhaben.

Um nun dem wiederholten Ansuchen der Freunde und Liebhaber Rafaelischer Kunst, welche keine Kupferstiche in Portefeuillen aufbewahren, Genüge zu leisten, habe ich mich entschlossen, dieses Werk, damit es hinter Glas als Zimmerverzierung dienen könne, in Farben herauszugeben. Eine jede Figur hat darin die ihrem Character angemessene Farbe, welche zusammen auf dem hellen mit Dunkelviolet eingefaßten Grunde eine sehr angenehme Wirkung hervorbringen. Alle Künstler und Liebhaber Rafaelischer Werke werden demnach von mir eingeladen, sich für dieses Ueberbleibsel zu interessiren*).

Düsseldorf im März 1801.

Langer,
Akademie-Direktor.

e)
Ueber den Musikgeschmack in Wien, v. Lichtensteins Bathmendi und Haydn's Jahreszeiten.

Wien im Mai 1801.

Ueber einige der bedeutendsten Erscheinungen an unserm musikalischen Horizonte ist im auswärtigen Publikum so vielerley hin- und hergeschwatzt worden, daß ich mir's zur Pflicht mache, Ihnen etwas Bestimmteres und Zuverläßiges darüber zu sagen, obschon die Sachen selbst nicht mehr ganz neu sind. Ich fange vom kleinern an.

---

*) Der Preis dieser Blätter in Farben ist, so wie auch in Schwarz, auf braun Papier abgedruckt, 4 französische Laubthaler, oder 1 Carolin in Gold. Wer 9 Exemplare sammlet, erhält das 10te umsonst, und da, wo kein Sammler sich in der Nähe befindet, beliebe man sich unmittelbar an mich zu wenden.

Der Freiherr von Lichtenstein gab seine Oper, Bathmendi, zu seinem Benefiz. Hrn. v. L..s Ruf und eine äußerst vortheilhafte Ankündigung dieser Oper vor einigen Jahren von Dessau aus (im ersten Jahrgang der musikalischen Zeitung, mit dem Namen Spazier unterzeichnet), hatten die Erwartung sehr hoch gespannt. Schon dies mußte dem Werke selbst nachtheilig seyn: denn solche Erwartungen an einem Orte, wo man Glucks, Salieri's, Mozarts, Winters, und anderer großer Meister Werke stückweise auswendig kennt — wer kann sie jetzt befriedigen oder übertreffen? Hierzu kommen noch Eigenschaften des Stücks, die nie verstatten werden, daß es hier bedeutendes Glück machen kann. Man will hier durchaus viel und überraschende Handlung; das Sujet ist aber leer daran und etwas schleppend. Man will durchaus, daß die Stadttheater (ganz verschieden von den Vorstädten) Anstand und Geschmack nicht verletzen; und manches in dieser Oper, besonders die Scene, wo die Schulknaben vom Schulmeister umhergetrieben werden, lief ein wenig stark dagegen an. Man will in der Musik zwar Neues, aber planmäßige Ausführung; und hier giebt es der bekannten, oft gebrauchten Ideen nicht wenige, und das zu oftmalige Verändern der Tempo's, die vielerlei eiligen Uebergänge u. d. gl. geben etwas Zerstückeltes und Rhapsodisches, das Einen nirgends genießen, nirgends befriedigt werden läßt. Man will, aus Nachbarschaft und Kenntniß des gesangreichen Italiens, freyen, schönen, einfachen, herzlichen Gesang; und hier ist, auch in den allerdings mitunter recht sehr guten Sätzen, der Gesang etwas steif und unbeholfen, wozu noch die Ueberladung der Instrumentierung kömmt, welche bey Sängern und Sängerinnen, die, wie viele der hiesigen, wenig Stimme haben, desto unangenehmer wird. Nehmen Sie nun noch dazu, daß zwar Dem. Saal sehr schön sang, Herr Weimüller aus seiner undankbaren Rolle alles Mögliche machte, Mad. Galvani viel Beifall verdiente, aber Hr. und Mad. Schüler, so wie der Tenorist Hr. Neumann, die an sie gemachten nicht ungerechten Forderungen keineswegs erfüllten; daß man gegen die beiden letztern Sänger, weil ebenfalls zu viel von ihnen versprochen worden war, einige Bitterkeit hegt; daß das Parterre durch jene Schulmeisterscene durchaus übel gestimmt und nun auch für Besseres nicht mehr empfänglich war; so wird es Ihnen ganz erklärlich, ohne daß Sie an Kabale zu denken hätten, wie die Oper, bei so manchem Guten, hier ganz mißfallen mußte, und ich brauche Ihnen einzelne Uebelstände, die dies Misfallen vermehrten, gar nicht erst anzuführen — wie z. B. daß Herrn Schülers, vom Komponisten recht gut verfaßte Arie: das Genie — theils ihres, wenigstens wunderbaren Endes, theils deshalb, daß im ganzen Hause kein Mensch ein Wort davon verstund, als das leidige, oft wiederkehrende: „das Genie" — den üblen Eindruck vermehrte. Ueberhaupt ist es höchst ungerecht, wenn man aus dem

Schicksal dieses Stücks etwas Nachtheiliges über das hiesige Publikum zu verbreiten bemüht ist, als lasse es sich von Kabale beherrschen u. d. gl. Ich weiß von der zuverläßigsten Hand, daß auch in Leipzig, da der Herr v. Lichtenstein diese Oper dort gab, sie nicht ungünstig, aber auch ziemlich ruhig aufgenommen wurde, und gerade jene Schulmeisterei erregte allgemeines Mißfallen, obschon man es nicht ganz laut werden ließ. Man gab dem Hübschen in der Musik sein Recht, und übersah das nicht Hübsche, weil man Verbindlichkeiten gegen den Komponisten, der mit beträchtlichem Aufwand den Leipzigern einige Monate hindurch so vieles Schöne gab, zu haben glaubte. So recht und billig das dort war, so kann man es hier doch nicht verlangen, nicht einmal billiger Weise erwarten, da jener Grund bei uns wegfällt. Ich wünsche von Herzen, daß die zweite Oper des Hrn. v. L. mehr für allgemeinen Beifall geeignet seyn möge; dann wird er ihr gewiß auch nicht entgehen: denn das ist sehr wahr, was ich so eben in einem neuen Stück der musikal. Zeitung über die Eigenheiten des hiesigen musikal. Publikums lese — daß man nur dem Eindruck des Gegenwärtigen sich überläßt, und dabei ganz vergißt, was — Gutes oder Nichtgutes — vorhergegangen ist. Und das von Rechts wegen.

Jetzt einige Zeilen über das berühmte Produkt unsers Haydn — die vier Jahrszeiten. Es ist schon bekannt, daß sie beim Fürsten Schwarzenberg dreimal — und zwar, ohngeachtet nur zwei vollständige Proben gehalten worden waren — unverbesserlich aufgeführt wurden. Es ist auch bekannt, daß Haydn sie auf Antrieb der für Musik sehr eifrig thätigen Verbrüderung mehrerer vornehmen Häuser schrieb — eine Verbrüderung, die hauptsächlich dem Hrn. v. Swieten (der den Text zur Schöpfung und zu den Jahrszeiten verfaßt hat, und gleichsam der Mittelpunkt des Ganzen ist) ihre Existenz verdankt. In welche Klasse musikalischer Kunstwerke dies Produkt gehöre, könnte man schon errathen, ehe man es gehört hätte, wenn man analogisch von der Schöpfung schlöße, Haydn als Komponisten für den Gesang kennte, und den jetzt schon ziemlich bekannten Text durchginge. Der einzige Standpunkt, von wo aus diese Werke in ihrer Idee (von der Ausführung hernach) Entschuldigung verdienen, ist der: sie sollen Versuche seyn, um zu erfahren, wie weit hinaus in die sichtbare Welt die Gränzen der Instrumentalmusik gerückt werden können. Deshalb sucht der Komponist, der (was ihm nicht etwa zum Nachtheile gesagt seyn, sondern als eine bekannte Sache nur nicht unbemerkt bleiben soll) mancherlei wissenschaftliche Kenntnisse, welche die eigentliche Bearbeitung eines Textes erfodert, nicht besitzt, von der andern Seite aber seinem Ideenreichthum, und vielleicht noch mehr seiner Erfahrung und einzigen Gewandtheit in Benutzung der Mittel seiner Kunst, alles nur Mögliche zutrauen darf — er sucht nur erst den ganz allgemeinen Charakter der Worte seines Satzes*) aufzufassen und wieder zu geben, aber nun mit äußerst ordentlichem Fleiß und sehr bewundernswürdiger Geschicklichkeit die sinnlichen Details der Worte musikalisch nachzubilden, wie z. B. in der Schöpfung, in der Sopran-Arie das Violinenpaar das Gurren „des Taubenpaars" nachmachen zu lassen. Solcher Scenen giebt es nun in dem neuern Werke noch viel mehrere und noch weit auffallendere. Der Dichter — ich meyne den Verfasser der Worte — hat dem guten Haydn mit Bildern aller, oft auch der gemeinsten Art so arg zugesetzt, daß diesem alles das, so weit es sich thun ließ, zu überwinden, gewiß noch dreimal mehr Anstrengung und Aufwand an Mühe gekostet hat, als der Sieg über die Worte der Schöpfung. Daß aber dieser ganze Weg offenbar der verkehrte sey; daß die Musik nirgends mahlen solle, als in dem seltnen Falle, wo Mahlerei und Ausdruck in Eins fällt; daß sie sich also auch da Ausdruck, und nicht Mahlerei der Objekte zum Zwecke machen müsse; daß dies durchaus unerläßlich sey — wenn man auch alle Gründe aus der Natur der Kunst und der Mittel derselben, als spitzfündiges Geschwätz

*) Für Nichtkenner bemerke ich, daß ich damit nichts weiter meyne, als was sich mit einem Paar Worten deutlich bestimmen läßt; z. B. wenn ich von der bekannten schönen Arie der Schöpfung: Mit Würd' und Hoheit angethan — sagen wollte: pathetisch — nach und nach im zweiten Theile ganz in Zärtlichkeit übergehend.

mäßiger Filosofen nicht hören möchte oder nicht verstünde — schon darum, weil die Musik nie deutlicher die Objekte bezeichnet, als daß man sich daran erinnern kann, wenn man hört oder liefet, das soll das seyn; weil sie in der Mahlerei alles Großen und Erhabenen (ein anderes ist beim Ausbruck des Großen u. Erhab.) unendlich weit zurückbleibt, und kleinlich, oft lächerlich wird: das, und noch so vieles Andere, was mich in einen noch weitschichtigern Perioden hineinziehen will, ist so oft gesagt und jedem wissenschaftlich gebildeten Musiker so bekannt, daß ich kein Wort weiter hinzu setze, aber das Gesagte doch nicht übergehen konnte, ohngeachtet ich besorge, der alte würdige Vater Haydn nehme mirs übel — weil man dem Unwesen, das durch Nachtreter ganz gewiß eingeführt werden würde, entgegenarbeiten und so verhüten muß, daß wir nicht wieder in die lächerliche Zeit Telemanns, gleichfalls des geschicktesten aller musikalischen Mahler jener Zeit, zurückgeworfen werden. Möchten doch jene verdienten Männer, die Musik lieben und befördern, und die Haydn wahrscheinlich auf diesem Abwege (den dafür zu erkennen, man von ihnen nicht verlangen könnte) erhalten — möchten sie doch Haydn Instrumentalsachen schreiben lassen, worin er so groß, jetzt einzig ist; und möchte es ihnen gefallen, einen Theil dessen, was sie dem Besten der Tonkunst widmen, da Haydn es nicht braucht und keine Familie hat — dazu zu verwenden, daß dem dringendsten Bedürfniß der Musik in Teutschkand abgeholfen und eine gute hohe Schule für Sänger und Sängerinnen gestiftet würde — für Sänger und Sängerinnen im edlen Sinn, deren Mangel mit der Sehnsucht nach ihnen in gleichen Graden zuzunehmen scheint! Wien, gerade Wien wäre der beste Ort in Deutschland zu solcher Pflanzung; Wien, wo sich noch so manches aus den ältern, bessern italienischen Schulen erhalten hat, wo man für zarten italienischen Gesang weit mehr Sinn, oft auch mehr Organ hat, als etwa im nördlichen Deutschland — und was der Gründe dafür mehr sind! —

Aber sehen Sie, Freund, wohin mich die Theilnahme an der guten Sache der Tonkunst hingeführt hat! Wir haben über dem, was unveränderlich fest stehet, die veränderlichen Jahrszeiten aus den Augen gelassen. Also — jenen Gesichtspunkt gefasset, alles Andere entfernt, über die niedern Scenen des Lachens, des Hopsasa, über die Vivats für das Faß, für den Weinberg ꝛc. hinweggesehen: so gewährt Haydns Werk einige Stunden eine sehr angenehme Unterhaltung dem, der sich ohne Kunstkenntniß und ohne Aufmerksamkeit auf die Details dem Ganzen blos hingiebt, und eine kaum erschöpfbare Quelle zu Ideenbeschäftigungen dem, der auf die Details der Ausführung mit Musikkenntniß achten will. Er findet in dieser Ausführung alles und oft auf die überraschendste Weise aufgeboten, um die Bilder des Dichters treu darzustellen; die fleißigste und geschickteste Instrumentirung, die nur nach langer Erfahrung so vollkommen gearbeitet werden kann; große Kenntniß der Harmonie, und doch dabei Klarheit des Satzes, auch bey den complizierteſten Stücken; die Fugen ſind ſo kräftig, und doch auch ſo angenehm, wirkſam, und für Jedermann genießbar, als die in der Schöpfung; dabei wechſelt hier mit dem Ernſt (freilich oft etwas ſchnell, und einigemal bis zur Beleidigung eilig, was der Dichter meiſtens verantworten muß) der Witz, die Tändelei und Fröhlichkeit noch weit öfter als in der Schöpfung — und ſomit verdient auch dieſes Produkt Aufmerkſamkeit bei Jedermann, ohngeachtet man, bei allem Bemühen, den Wunſch nicht wird unterdrücken können, daß, wenn Haydn ja als Komponiſt für den Geſang zu beſchließen gedenkt, es ihm doch gefallen möchte, auf einer edlern, reinern Bahn einherzugehen und ſich Denkmale zu ſtiften, die der Zeit trotzen. Denn ſo angenehm es ſeyn mag, ſich beim erſten Anhören ſolcher Werke dem Ganzen ohne Kritik zu überlaſſen; bei dem zweiten, ſich damit zu beſchäftigen, die artigen Kleinheiten der Muſik zu verfolgen; ſo iſt es doch dann damit abgethan; und wenn man, bei dem Reichthum an ſolchen artigen, kleinen Details, das letztere auch zum dritten = und viertens male vermag, ſo iſts doch dann damit deſto ſicherer vorbei, und für die Nachwelt, die, nach allen Zurüſtungen in unſern Tagen, gewiß auf einem eben ſo hohen Gesichtspunkt für Werke der Tonkunst stehen wird, als das jetzige Zeitalter auf einem Gesichtspunkt für Werke der bildenden und Dicht-Kunst stehet. — Für diese Nachwelt ist so Etwas gar nicht, außer daß sie daraus unsre Verirrungen erkenne, und den Aufwand von Talent, Zeit, Mühe und Geschicklichkeit bedauere.

3)
Ueber die Aufführung von Haydn's Schöpfung in Regensburg.

Regensburg, den 15. Jun. 1801.

Gestern wurde Haydn's Schöpfung zum zweitenmale in dem zu Redouten und Konzerten gewöhnlich bestimmten großen Saal des Gasthofs zum Kreuz aufgeführt (die erste Aufführung geschah am Pfingsttag). Das Orchester bestand aus 70 Instrumentalisten und 30 Vokalisten für die Chöre, die fünf Hauptstimmen ungerechnet, und wurde von den Konzertmeistern Croes und Marchand von der fürstl. Taxischen Hofkapelle dirigirt. Mit rühmlicher Beharrlichkeit hatten beide dies ansehnliche und zum Theil wenig geübte Personale so einzustudiren gewußt, daß der Totaleindruck über alle Erwartung gelang. Wer unsre wenigen Kräfte, und den geringen Grad von Empfänglichkeit und Unterstützung kennt, welchen die Kunst,

überhaupt in dieser durch Schuldenlast und Kriegs=
drangsale ganz ausgesogenen Stadt findet, weiß, wie
viel dazu gehört, bei Darstellung eines Meisterwerks
den, welchem dessen voller Genuß in einer unsrer musi=
kalischen Hauptstädte zu empfinden versagt ist, nur zur
Hälfte schadlos zu halten. Und dies wurde bei weitem
erreicht. Zudem besitzen wir nur ein einziges hervor=
stechendes Talent zum Gesang. Dies ist ein junges
musikalisches Genie, ein Knabe von 11 Jahren, Sohn
des fürstl. Taxischen Hofraths Lieber, der mit einer
seltenen Fertigkeit auf der Violine und Pauke, eine
Diskantstimme von außerordentlicher Fülle, Umfang
und Reinheit verbindet. Die ihm zugefallene Rolle
der Eva trug er mit bewundernswürdigem Takt, Festig=
keit und Präzision vor, und dies ist es eigentlich, wo=
durch er den künftigen großen Künstler verräth, der er
seyn wird, wenn er gleich in mannbaren Jahren seine
schöne und reine Stimme verlieren sollte. Und das ist
leicht zu befürchten, wenn sie sich nicht in Baß ver=
wandelt. Sein Vortrag ist sicher und einfach, ganz
der edlen Simplizität des vorgetragenen Gegenstandes
würdig, wodurch er sehr zu seinem Vortheil von der
hier gewöhnlichen manierirten neuitalienischen Art ab=
sticht, die besonders eine Sünde des hiesigen Theaters
ist. Vorzüglich gelang ihm das schöne Rezitativ:
O du, für den ich warb. Und nun denken Sie
sich den muntern Knaben selbst, mit der glücklichsten
Fysiognomie, einem freien, unterschrockenen Anstand,

der ihm allein fast alle Herzen gewann, und Sie werden es begreiflich finden, daß ihn das Publikum mit Entzücken aufnahm und mit Liebkosungen überhäufte.

Die übrigen, Mad. Reinwart und Hr. Kadleschek, vom Theater, welche die Diskant- und Tenorstimmen Gabriel und Uriel vortrugen, und zwei Dilettanten, als Bassisten, worunter vorzüglich der Sänger der starken und schweren Rolle Rafaels rühmliche Erwähnung verdient, thaten nach ihren besten Kräften.

Ich bemerkte mit Vergnügen eine vortheilhaftere Arrangirung des Saals, als bei der ersten Vorstellung. Damals war das Orchester auf gleicher Fläche mit den Zuschauern, und durch nichts von letztern getrennt. Der Schall drang zu nah und in den Chören zu grell auf uns ein. Diesmal hatte man Schranken angebracht, die ein paar Schritte von der ersten Reihe Stühle entfernt waren, und den Platz des Orchesters sehr zweckmäßig um eine Elle erhöht. Dies that sehr gute Wirkung, und eben soviel hatten die wahren Musikfreunde der Gleichgültigkeit des größern Publikums, selbst der ersten Klassen zu danken, welche diese zweite Vorstellung sehr sparsam mit ihrer Gegenwart beehrten, und den übrigen einen, wenn auch nicht dem Unternehmer, doch gewiß dem stillern Zuhörer sehr erwünschten freien Genuß des ohnehin beschränkten Lokals gewährten. Es versteht sich, daß, wie überall, wo von Beschützung der Kunst die Rede ist, die liebenswürdige Erbprinzessin von Thurn und Taxis hier eine ehrenvolle Ausnahme machte, welche nicht allein zweimal selbst gegenwärtig war, sondern auch zu dem beträchtlichen Kostenaufwand ansehnlich beitrug. Es ist unbegreiflich, und läßt sich bloß mit dem verholden Charis so ungünstigen Geräusch der Waffen beschönigen, daß es hier mit der Verbreitung einer ächten Kunstliebe, selbst in der immer nahmhaften Masse gesitteter und gebildeter Personen so wenig gedeihen will. Ein feindseliger Dämon scheint seine bösen Einflüße umherverbreitet, und besonders seit dem Ausbruch des unseeligsten aller Kriege, wodurch wir alle, vom höchsten bis zum niedrigsten, zu Politikern umgeschaffen wurden, jedes warme, lebendige Gefühl für das Schöne erstarrt zu haben. So verklingen jetzt nur einzelne, traurige Töne von der musikalischen Welt, die ehemals hier, wie im ganzen südlichen Teutschland, in üppiger Fülle aufwuchs. So sinkt unser Theater, lange schon der Tummelplatz Schikaneders und seiner Nachfolger, zu einer Niedrigkeit und Geschmacklosigkeit herab, wohin sich durchaus kein anderes stehendes Theater, kaum eine böhmische oder kärnthner Provinzialbühne verirren wird. So ist es wenigstens bis jetzt gewesen, und ob es gleich scheint, als wolle man durch eine bessere Auswahl von Stücken sich aus dem Wust des bisherigen Unsinns zu etwas höherem emporarbeiten, so fürchte ich doch, daß der Mangel an eignem Fond, und folglich die Nothwendigkeit, dem Geschmack der Gallerie zu fröhnen, welche hier eigentlich alle Plätze besetzt, jeden bessern Keim gar bald zerstören wird. Wenigstens ist der erste geschehene Schritt, die Aufführung eines größeren Stückes in Jamben, nicht sehr glücklich gewesen. Dies war Kotzebue's Bayard, nach Angabe des Komödienzettels, der erste Versuch, den reinen Geschmack an ächter Kunst und versifizirten Stücken wieder herzustellen. Es ist aber so unendlich über dem Horizont des nur an Donauweibchen und ähnliche Siebensachen gewöhnten Publikums erhaben, daß nicht einmal der Name des sehr beliebten Verfassers die zweite Vorstellung füllen konnte. Man muß den Schauspielern indeß die Gerechtigkeit widerfahren lassen, daß sie über Vermögen thaten, und man den Einfluß des bessern Stoffes deutlich wahrnehmen konnte. Mehr Antheil hofft man indessen bei dem nächsten Versuch zu finden, Gustav Wasa, auf den Maria Stuart!! folgen soll. Die Idee ist so exorbitant, daß ich äußerst auf ihre Aufführung begierig bin. Kommt sie zu Stande, so erwarten Sie von mir eine nähere Anzeige von dem Erfolg.

Der Neue Teutsche Merkur.

8 Stück. August 1801.

I.
Gedichte.

1.

Die Aeols-Harfe *).

Himmlische Töne, die einst, wenn kräftig wehte die Nachtluft,
Strömt' in melodischem Klang Davids Harfe dahin **);

*) Einige schöne Ideen über die Aeols-Harfe findet man in einem Aufsatze des seel. Lichtenberg im Göttinger Taschenkalender vom J. 1792 S. 137 fg., und in Frhn. von Dalbergs allegorischem Traume, die Aeols-Harfe. Erfurt 1801.

**) Nach dem Talmud (Berac. S. 6) klang die Harfe Davids von selbst um Mitternacht, wenn der Nordwind sie berührte.

N. T. M. Aug. 1801.   D.

Die ihr von selbst, — wann ringsum schwieg in Hai-
 nen und Grotten
 Ossians Harfengetön *) — lieblich den Saiten
 entstiegt;
Töne, bald leise verwehend, und sterbend, wie Kla-
 gen der Geister,
Bald ergreifend mit Macht, laut, wie der Wo-
 gen Gedröhn;
Singen euch klagende Seelen mir zu? Wie? seyd ihr
 die Lieder
Liebender Geister der Fluth, traurig den Wellen
 entschwebt?
Seyd ihr die Seelen der Klagegesänge Malvina's
 um Oskar?
Oder das launigte Spiel eines ätherischen Geists?
Floßt ihr von Sternengefilden herab, ihr reinen Ak-
 korde?
Oder ist Gräbergetön euer ersterbender Klang? —
Wohl, ihr wehet Begeistrung mir zu; bald wecket
 ihr Liebe,
Singet bald zärteren Schmerz, lullet die Seele
 in Ruh.

*) Auch Ossians und Malvinas Harfen tönten, bei stür-
 mischer Nacht, auf freiem Lager, durch bloße Lüfte
 erregt, oft von selbst, als wenn klagende Geisterstim-
 men ihre Saiten bewegten.

Bald beschwingt ihr zu Ahnungen mich von besserem
Daseyn,
Rauschet Hymnen mir zu, in melodischem
Sturm! —
So erklingen die Harfen der Engel, wenn heilige
Seelen
Sie entführen dem Staub himmlischen Wohnun-
gen zu! —
Wallet erquickend am Abend des Lebens, ihr Fluthen
des Wohllauts,
Und im reinsten Akkord sey dann mein Geist
euch gestimmt! —

Marburg.
C. W. Justi.

2.

An Rhingulf, auf dessen Klage um Sined.

Ha Biedermann, und wärest du
Auch Barde nicht, mir liebenswerth.

Sined.

Weht auch aus deiner Halle, Rhingulf!
(Erwartet hab' ich es von dir)
Ein Schauerlüftchen mir entgegen;

Dein letzter Ruf, ach, Freund der Geister *)!
Der Ruf an deinen Sined
Durchfuhr den Schatz des Busens mir!
Vernarbt ist sie noch nicht, die Wunde,
Die mir der Tod des Barden schlug.
Doch kann sie je vernarben?
Wenn mich des Lenzes wolkenfreier Himmel,
Den Vater Oskars in der Hand,
Aus Herz der Mutter Erde lockt;
Wenn mich der Nächte stille Feierstunde
Im Traum' und wachend an Freund Sineds Liebe
        mahnt;
Wenn mich das Volk der Luft umschwirrt,
Und seiner Küchlein Wipfellager sucht;
Da säuselt mir aus jedem Blätchen
Der Odem meines Freunds entgegen;
Er war der Jugend gut **).
Wenn ich um Grabeshügel wandle,
Auf den das Heimchen zirpt,

---

*) So nannte Sined Rhingulfen.

**) Anspielung auf die schöne Stelle in Sineds Lie-
den:

  Sicher könnt ihr mich umfliegen,
  Mir entdecken, wo die Brut
  In den warmen Nestern ruht;
    Sined ist verschwiegen,
    Ist der Jugend gut.

Nur Ihn, nur Ihn, den Unvergeßlichen,
Mir bitterweinend denke;
Wenn ich in meinem weisen Freund *)
Den Freund und Zögling Sineds sehe;
Wenn deine Harfe, Rhingulf, mir,
Die deiner Lieder Kraft begleitet,
So sanft, Minonen gleich, ans Herz mir spricht;
Wenn Klopstocks Adlerfittig rauscht;
Trotz Scheitelschnee,
Des alten Hüttners **) Liedermund
Noch überströmt;
Wenn auf den Fürstenhallen noch,
Und auf des Ruhmes Steinen
Des Barden Sineds Geist,
Mit Römergriffeln eingegraben,
Zum ew'gen Denkmal ruht.
Kann ich Ihn je vergessen,
Der, als ich nur bewundern konnte,
Zu lieben Ihn aus Furcht nicht unterstand,

*) Herr Hofsekretair und k. k. Büchercensor, Freiherr von Retzer, dem unsere vorzüglichsten Köpfe des Auslandes Hochachtung und Liebe zollen.

**) So nannte sich unser ehrwürdiger Greis Gleim in einem herzlichen Gedichte an den Fhrn. v. Retzer. — Die tropischen Ausdrücke: der Schatz des Busens, Scheitelschnee, mit zween Schilden spielen, und der Worte Dolch sind geflissentlich aus der Skaldensprache entlehnt.

Mir freundlich einst die biedre Rechte both;
Als ich im kampferliegenden Gefühle,
Und im Bewußtseyn meiner Unkraft,
Noch unentschlossen war,
Ob ich Ihn lieben darf;
O lebte Sined noch! Er würde mich vertreten,
(Er horchte gern den kleinen Liedern zu,
Die zitternd oft mein Mund dem Kenner sang)
Vertreten würd' Er mich,
Wenn jetzt, ach, Menschen selbst,
Die Liebe mir geschenkt,
Mit zween Schilden spielen,
Der Worte Dolch in meinem Herzen wühlt;
Wenn lieblos mich der Mißgunst Stachel,
Gleich einem Hummelschwarm verfolgt.
Dich lieben sollt' ich nicht, mein Sined!
Das wollten sie, die dich verkannt;
Das Blümchen, das ich an dein Grab
Mit Wehmuth hingepflanzt,
Sollt' ich vom Ruhehügel reißen,
Und statt der Blumen dir der Nessel Saamen streu'n —
Wohl droht der Winter unsern Bardenhainen,
Verstummen wird, ach, bald der Harfensöhne Mund!
Nur Wenigen tönt lieblich noch
Des ernsten teutschen Sanges Silberlaut.
Ein frecher Knabenhauf' entweiht den heil'gen Hain;
Zerstören möcht' er ihn,
Daß nie der Eichenkranz den weisen Barden kröne,

Und frembes Unkraut nur die Fluren Teuts vergifte,
Geweint hab' ich bei deiner Klage,
Geweint, du Sineds edler, treuer Freund,
Geweint, daß Teutschland seine Bardenführer,
Des Volkes Lehrer schon vergißt.
Vielleicht versöhnt der Barden heil'ger Schatten
Einst noch das kommende Geschlecht,
Tilgt seiner Väter Schuld, läßt aus den Grüften
Die Flammenharfen auferstehn.

Karl Anton von Gruber.

3.

Proben einer metrischen Uebersetzung von Tasso's befreitem Jerusalem *).

(Canto IV, Stanz, 20 - 41.)

20.

Damaskus, und das Land umher, regierte
Der alte Hydraot, ein Mann, der nie so ganz
Sich glücklich fühlt, als wenn der Sterne mystischer Tanz
Ihn in der Zukunft Wunder führte,

*) Auch nach Manso und Grieß darf ein Eingeweihter in die heilige Musenkunst sein (dem Vernehmen nach schon seit mehrern Jahren vollendetes) Konkurrenzstück ausstellen. Die ganze Uebersetzung wird

Doch, was er jetzt auch thut, um Unterricht
Vom Ausgang dieses Kriegs und seinen dunkeln
Geweben einzuziehn, kein Licht
Will diesmal durch des Schicksals Macht ihm funkeln.

21.

Auf einmal sieht der Kabalist
Der Zukunft grauen Morgen tagen;
Er sieht — wie trügend oft der Menschen Wissen ist! —
Das Buch des Schicksals plötzlich aufgeschlagen;
Sieht, wie sich auf der Heiden Seite
Der Sieg nach langem Schwanken neigt,
Und wünscht, — denn Geiz und Habsucht steigt
Nun plötzlich in ihm auf — sich Theil an dieser Beute.

noch im Laufe dieses Jahres bei Anton in Görlitz im Druck erscheinen und gewiß schon dadurch, daß sie das ganze Gedicht umfaßt, die Aufmerksamkeit des Publikums auf sich ziehn. Der Verfasser ist mit allen Feinheiten und Schattirungen der Sprache, aus welcher er übersetzt, seit vielen Jahren vertraut und selbst Dichter. Vielleicht bewog ihn eben dieß, sich hier und da nahmhafte Abweichungen vom Original und eine gewisse Entfesselung von der allzustrengen ottave rime zu erlauben, weil er gerade diese allzuängstliche Treue für Untreue hielt. Vielleicht hielt er daher gewisse Verstärkungen, wie z. B. in der 32 Stanze, für nothwendig, worin ihm freilich nicht alle beipflichten werden. Doch dem Herausgeber kommt hierüber kein Urtheil. Ἐν τῶ Ἰυδικα γούνασι κεῖται.

B.

22.

Indessen hatte von dem Muth der Franken
Dermaßen sich Ruf und Gerücht gehäuft,
Daß ihn ein kalter Schauer beim Gedanken
Mit ihnen sich zu messen, überläuft.
Vielleicht, spricht er bei sich, gelingt es mir durch List!
Der schlaue Mann wird oft des Starken Meister. —
Weil er noch so mit sich im Rath begriffen ist,
Beschleicht ihn der verschlagenste der Geister.

23.

Was, raunt er ihm ins Ohr, was sinnst du lange? —
Sieh,
Dein ist der Sieg durch deine Nichte. —
Armide hieß sie. Nach dem Morgenlichte
War in der Schöpfung Schönres nicht als sie.
Der Alte, der bereits sich Palmen und Trofäen
Von seiner Nichte Reitz verspricht, —
Denn mit der Weiberlist verband sie noch der Feen
Geheime Kunst, — ruft sie herbei und spricht:

24.

Geliebtes Kind, das mit der Reize Macht
Des Mannes Muth, des Greises Ernst verbindet,
Und mich, so weit ich es in meiner Kunst gebracht,
Beinah an Klugheit überwindet,
Ein großer Plan beschäftigt mich.
Der Ruhm ihn glücklich auszuführen,
So ganz verlaß ich mich auf dich
Und deine Kunst, soll dir allein gebühren:

25.

Begieb dich nach den feindlichen Gezelten
Zu Gottfrieds Heer, und laß bei seiner Fürsten Schaar
Die Macht, die stets der Schönheit eigen war,
Durch Klagen und verstellte Thränen gelten.
Ein schönes Auge, das in Thränen schwimmt,
Ein Busen, den gepreßte Seufzer heben,
Hat öfrer wohl Den plötzlich umgestimmt,
Der nie der Stärke nachgegeben.

26.

Und läßt auch Gottfrieds Herz, vielleicht zu leer
An Feuerstoff, sich nicht durch deinen Blick entzünden,
So suche wenigstens die Tapfersten im Heer
Durch deiner Reize Macht zu überwinden.
Belade sie mit Fesseln und mit Ketten;
Bediene dich der Falschheit und der List.
Um Glaub' und Vaterland zu retten,
Wird jedes Mittel gut, das sonst verwerflich ist.

27.

Armiden, stolz auf Jugend, Hoheit, Reiz,
Schien es ein leichtes, Helden zu bekriegen,
Die noch kein Feind bezwang. Im Geist sah sie bereits
Die Sieger Assens zu ihren Füßen liegen.
Nachdem sie noch einmal mit ihrem Ohm den Plan
Durchdacht, trat sie auf unbesuchten Pfaden,
Als sich des Meeres bläulichen Gestaden
Die Sonne schon genaht, die Wallfahrt an.

28.

In kurzer Zeit erreicht Armide
Die Zelte, wo der Franken Fahnen wehn.
Man eilt die schöne Pilgerin zu sehn,
Und niemand wird sie zu bewundern müde.
So wird an Schlaf und Schlummer nicht gedacht;
So drängt das Volk sich im Getümmel
Hin nach dem Markt, wenn ein Komet am Himmel
Sich unter kleinen Sternen sichtbar macht.

29.

Nein! größre Schönheit ward, an Tagen hoher
Feier,
In Argos nie und Delos aufgedeckt!
Es glänzt ihr Haar wie Gold, das unter leichtem Schleier
Sich bald, vom Wind bewegt, enthüllt, und bald versteckt.
So pflegt die Sonne bald ihr Licht
Mit weißen Wolken zu verhüllen,
Bald, wenn sie durch die Nebeldecken bricht,
Die Erde mit gewohntem Glanz zu füllen.

30.

Es wallt ihr Haar mit Nardenöl getränkt,
Den Nacken sanft hinab. Ihr Auge, schön gespalten,
Ist, wenn es schonend nicht den Blick zur Erde senkt,
So wenig als das Licht des Tages auszuhalten.
Die Wangen gleichen frischen Blumenbeeten,
Auf welchen Rosen unter Lilien blühn,
Weil ihre Lippen von Rubin
Die Rosen mit erhöhtem Purpur röthen.

31.

Es deckt die Alabaster-Brust,
Die zierlicher die Hand der Liebe nie geründet,
Ein lockrer Schnee, an dem geheime Lust
Nur heißer sich und heftiger entzündet,
Vergeblich birgt ein neidisches Gewand
Zur Hälfte diese schönen Marmorhügel;
Die Fantasie geräth nur mehr in Brand
Und löst verborgner Schätze Siegel.

32.

So wie der Sperling am Geländer
Nach der vom Netz umhangnen Traube pickt,
So schiebt die Fantasie die Hüllen weg, und blickt
Durch alle Falten der Gewänder;
Wühlt ungestraft mit frecher Hand,
Verliert sich in geheimer Lust Genüssen,
Und schwelgt, den Becher bis zum Rand
Gefüllt, wo andre darben müssen.

33.

Armide, weil um sie der Franken Schaar sich drängt,
Jauchzt ingeheim, daß solche Wunder
Ihr bloßer Anblick thut, und daß der Zunder
So leicht in aller Herzen fängt.
Jungfräulich schüchtern fürder gehend,
Fragt sie bescheiden nach des Feldherrn Zelt,
Als ihr, so hohen Glücks sich nicht versehend,
Eustaz, sein Bruder, in den Weg sich stellt.

34.
So wie dem Lichte nicht sobald die Mücke
Sich nähert, als die Glut die Flügel ihr versehrt,
So fühlt der Jüngling bei Armidens Blicke
Sofort daß in die Brust ein Pfeil ihm fährt.
Aus ihren Augen fahren helle Funken
Und machen sich zu seinem Herzen Bahn.
Er aber naht sich ihr, und redet, trunken
Von Lieb' und Hochgefühl, also sie an:

35.
O Jungfrau! wenn du anders in den Schranken
Der Menschheit stehst, und keiner Gottheit Kraft
Aus dieser Hülle strahlt, was hat den Franken
Die Wonne deiner Gegenwart verschafft?
Wie heißest du, o Schönste? wie das Land,
Das stolz ist dich gezeugt zu haben?
Und was kann immer unsre Hand
Dir bieten? Opfer, Weyhrauch oder Gaben? —

36.
Zu günstig ist dein Urtheil, und zu warm
Dein Lob, erwiedert sanften Lauts Armide.
Ein Mädchen bin ich, sterblich, schwach und arm,
Und ach! des Lebens fast und seiner Bürde müde.
Wie du mich siehst, verworfen und verwaist,
Fällt mir oft schwer dem Leben nicht zu fluchen;
Denn bittres Unglück ist's, was Hülfe suchen
Mich bei der Franken Feldherrn heißt.

37.

Verleugnet nicht dein Herz dein freundliches Gesicht,
So hilf mir Zutritt bei dem Feldherrn finden. —
Erfreulich, spricht Eustaz, ist mir die Pflicht
Dem Bruder dein Erscheinen zu verkünden.
Kann außerdem mein Arm dir nützlich seyn,
So werd' in deinem Dienst mein letztes Blut verspendet;
Und möge nie die Stunde dich gereun,
Daß du an mich, o Schönste, dich gewendet!

38.

Mit diesen Worten führt er sie
Zum Feldherrn, um ihr Elend ihm zu klagen.
Sie grüßt ihn schüchtern, mit gebognem Knie,
Will reden, und vermag kein Wort zu sagen;
Gewaltig scheint ihr Herz zu pochen.
Sie stammelt mehr als daß sie spricht,
Bis sie, nachdem Eustaz ihr freundlich zugesprochen,
Allmählig aus in diese Worte bricht:

39.

O Fürst! erhabner als noch einer war,
Dem Macht und Hoheit zugefallen!
Von dessen Huld und Edelmuth sogar
Von dir besiegte Länder wiederhallen,
Was kann den Ruhm, den du bereits erstritten,
Was kann ihn würdiger erhöhn,
Als wenn auch Die um Schutz dich bitten,
Die sich von dir besiegt gestehn?

40.

Ich, von dem Glauben, welchen du
Bekämpfst, ja, welchem du den Untergang geschworen,
Eil', in Gefühlen meines Grams verloren,
Den Stufen deines Thrones zu.
Wenn andre, selbst zu schwach ihr Recht zu schützen,
Bei ihren Freunden Hülfe sich erflehn,
So wag' ichs, wider die, auf die ich stützen
Mich sollte, dich als Retter anzugehn.

Dresden.

Hauswald.

II.
Die neue Philosophie
in der Medicin.
Ein Fragment von H. M. Marcard.
(Beschluß)

Mit weniger Unwillen, als über das Brownische und metaphysische Unwesen in der Arzneiwissenschaft, kann ich von den Philosophen per ignem reden, in sofern sie sich der Grundlage der Medicin bemeistern wollen. Sie haben zwar allerdings oft mehr Einbildung in ihren Köpfen als Realität in den Tiegeln, aber sie sind doch weit weniger zudringlich als die Brownianer und Metaphysiker.

Nachdem durch die pneumatische Chymie die Scheidekunst auf ihre jetzige Stufe stieg — die jedoch mancher neue Stagirit:: sich höher vorstellt als er sollte — ist man dahin gekommen, den ganzen Bestand der Natur und ihre sämmtlichen innern und äußern Veränderungen, Bestimmungen und Bedingungen auf diese Chymie zu reduciren. Die ganze Welt ist für sie eigentlich nicht viel anders, als ein großes, weites, chymisches Universal-Laboratorium. Alles was darin vorgeht, in physischer und moralischer Hinsicht, das Toben der Vulkane und der Völker, Erdbeben und politische Revolutionen, Regen und Sonnenschein, Krieg und Frieden, sind im allerletzten Grunde nichts anders — als chymische Operationen.

Dieses ist keine Uebertreibung von mir, wenn es etwan so scheinen möchte. Nicht allein den Stoff, die Zusammensetzung und Bildung, oder wie man schulrecht spricht, M a t e r i e, M i s c h u n g und F o r m des lebenden Körpers hat man den Gesetzen der neuen Chymie unterworfen, sondern auch die Vitalität selbst mit allem was davon abhängt. Aber man ist noch viel weiter gegangen. Sogar den intellectuellen und moralischen Menschen, das Denken und Wollen in uns, hat man aus der Zusammensetzung und Zersetzung der feinsten Substanzen, nach den Gesetzen der Chymie, geglaubt erklären zu dürfen; vielleicht alles am Ende aus einer einfachen Grundkraft der Materie, dem Anziehn und Zurückstoßen.

So weit die Wissenschaft der Scheidekünstler jetzt reicht, ist dieses nach meinen Begriffen etwas zu weit vorgeschritten. Man sollte zuerst doch wohl ein wenig weiter mit den sichtbaren Dingen fertig seyn, bevor man sich so kecklich an die unsichtbaren wage. Man nimmt, wenn ich nicht irre, bis jetzt vierzehn einfache — das heißt von den Chymisten nicht weiter zersetzbare — Substanzen in der organischen Materie an. Wenn weiter nichts zur Organisation gehörte, als die Vereinigung dieser Stoffe, so sollte es doch wohl, durch viele Versuche, endlich einmal einem unserer vollendeten Feuer-Philosophen gelingen, wenigstens eine einzige lebende Fiber zusammen zu setzen, die sich eben so gut zusammenzöge, wie die Fiber in dem isolirten Muskel eines eben getödteten Thiers.

Ich kann mir nicht einbilden, daß von allen unsern teutschen speculirenden und experimentirenden Weltweisen irgend einer so toll sey, daß er dieses jemals und bis ans Ende der Tage für möglich hielte. Wenn man aber nicht einmal im Stande ist, auf diesem Wege zu beweisen, daß zu einer solchen lebenden Faser nichts weiter gehöre, als die Vereinigung der uns bekannten Stoffe: so däucht mich, hätte man wohl Ursach, mit mehr Bescheidenheit von solchen Dingen zu sprechen, die uns noch weit mehr verborgen sind, als eine solche Faser, die wir unter unsre Sinne bringen und auf mannigfaltige Weise, anatomisch, physiologisch und chymisch, untersuchen können. Wie oft hätte man nicht Veranlassung unsern Philosophen, die sich einbilden, die Elemente des Universums nächstens in ihren Kolben zerlegt zu sehn, mit dem alten Shakespeare zuzurufen: There are more things in heaven and earth, than are dreamt of in our Philosophy.

Doch nur in dieser Rücksicht allein, indem man ins Wilde hinaus, mit Schlüssen und Einbildungen die Grenzen überschreitet, rechne ich eine chymische Theorie, und ein darauf gebauetes medicinisches System, unter unsre Thorheiten. Die Wahrheit rächt sich immer, wenn wir weiter gehn wollen als unser Vermögen reicht. Sonst müssen für jeden vernünftigen Arzt gute chymische Versuche über die Beschaffenheit des thierischen Körpers allemal schätzbar seyn. Sie liefern, wenn ihre Resultate richtig und nicht eingebildet sind, Thatsachen, die unsre Kenntniffe bereichern, und von welchen niemand im voraus sagen kann, ob sie nicht einmal zu etwas Nutzbarem führen.

Allein sobald man wieder so weit geht, auf dergleichen Dinge eine medicinische Theorie zu gründen, so zerfällt alles wieder in unbrauchbare Hypothesen. Ein darauf erbauetes System hätte wieder mehr Analogie mit der alten Humoral-Theorie als mit der, die auf die Reizbarkeit bauet, bei welcher man auch von Dynamik (wenigstens nicht in dem von Leibnitz zuerst angegebenen Sinne des aus der Mathematik entlehnten Ausdrucks) gesprochen hat. In so fern allein hätte eine solche chymische Theorie einigen Werth, daß es eine Theorie mehr wäre, die immer Standpunkte giebt, aus welchen man die schwachen Seiten anderer übersieht, und sich von der Nichtigkeit aller Systeme überzeugt.

Was nützen uns sonst im Grunde alle die Ausgaben von den feinsten Bestandtheilen des thierischen Körpers? Wenn man auch in der todten Materie eines ehemaligen Thiers, oder gar schon bei dessen Leben, in demselben Wärme-, Kohlen-, Sauer-, Wasser-, Stick-Stoff u. s. w. findet: so sind wir damit im Grunde noch sehr wenig weiter gebracht, als wir mit den Atomen oder molécules organiques waren. Zuverlässig kennen wir nicht alle die Materien, welche den lebenden Körper bilden; von der Art ihrer Vereinigung, und weswegen sie bald diese bald jene Gestalt annehmen, wissen wir nichts, höchstens können wir etwas von den Proportionen derselben gegen einander ausfündig machen. Wir wissen nicht, ob sie einfacher oder zusammengesetzter, als sie der Chymist darstellt, im lebenden Körper würksam sind. Von einigen Substanzen ist es augenscheinlich, daß sie in sichtbar groben Theilen in die Organisation übergehn, von andern ist es zu vermuthen. Wenn sich Alles im Körper aus seinen ersten Bestandtheilen zusammen setzen müßte, so würde sich das nicht mit dem schon so lange anerkannten principio parsimoniae vereinigen lassen, welches wir durch die ganze Natur finden. Alsdann wären ja alle die grossen Operationen vergebens, welche die Erhaltungsmittel des thierischen Körpers vorbereiten, die auf eine so bestimmte, ist drohende Weise, beschränkt sind. Alles das wäre ja unnöthig, wenn die Materien, welche in den Körper aufgenommen würden, zuerst in ihre Urstoffe zersetzt, und so assimilirt werden müßten. Wenn das sonst wäre, so ließe sich würklich auch als möglich denken, was einige teutsche philosophische und — wie sie sich nennen — rationelle Aerzte vor kurzem bei einer lächerlichen Gelegenheit annahmen, daß der Mensch, unter gewissen Umständen, auch wohl von Luft leben könne, die manche jener Urstoffe enthält.

Alles dessen ohngeachtet kann es doch immer seyn, daß sich durch die Würkung des Lebens einige feinere Substanzen entwickeln. Wärme ist immer vorhanden, wo Leben ist; aber darum gleicht die innere Operation des Lebens noch nicht dem Verbrennen. Es zeigt eine gewisse Engheit der Begriffe, wenn wir alles, was uns vorkommt, gleich so voreilig auf bekanntere Formen zurückführen wollen. Soll denn aber durchaus Alles, jede Mischung, jede Zusammensetzung, jede Veränderung, ein chymischer Proceß heißen, auch wenn wir nichts davon wissen, wie er vor sich geht, so mag es meinetwegen geschehen. So nennt denn aber auch die edle Kochkunst eine Reihe chymischer Processe, analysirt sie, bringt sie auf Grundsätze, macht eine Wissenschaft a priori daraus; ich werde behaupten, ihr spielt mit Worten und treibt Tand.

Wie viele Operationen können nicht im Innern des lebenden Körpers vorgehn, von welchen wir nichts ahnden, die wir nicht einmal zu fassen vermöchten; wie viel Substanzen, Stoffe oder Materien, wie vielerley Modifikationen und tausendfach verschiedene Zusammensetzungen derselben können da nicht vorhanden seyn, die uns unbekannt sind. Und was eigentlich der das Thier belebende Hauch sey, ob etwas wesentliches für sich, oder blos Würkung, das wird uns immer unbekannt bleiben, weil er sich nie unsern Untersuchungen unterwerfen kann. Folglich ist der Grund, worauf man eine chymische Theorie der Medicin bauen wollte, ganz unzulänglich und unfest, und kann nie, das sieht man voraus, solide werden.

Undurchdringliche Finsterniß, unabsehbare Tiefe umgiebt uns allenthalben, wo wir uns über die Grenzen hinaus wagen wollen, die unserm Erkenntnißvermögen gesteckt sind. Wir können, der Philosoph wie der Physicus, von daher nichts zurückbringen, als Irrthum und höchstens Zweifel. Doch noch etwas können wir, wenn wir weise sind, davon haben: Erkenntniß unsrer Beschränktheit und Schwäche, und die so vielen jungen teutschen Weltweisen so nöthige, und so sehr anzuwünschende Bescheidenheit.

Schon vor geraumer Zeit und als ein junger Mann habe ich, in Absicht auf die theoretischen Extravaganzen, ebendieselben Grundsätze gehabt, wie jetzt, und noch nie habe ich Grund gefunden, sie zu ändern. Bereits in meinen, im Jahr 1777 gedruckten, medicinischen Versuchen, in der Vorrede des ersten Theils S. VII. erklärte ich mich darüber wörtlich auf folgende Weise.

„ — nicht alles, was Theorie heißt, ist gut; „die Sinne bestimmen die wahre Grenze dessen,

„was in theoretischen Lehren nützlich und wissens-
„würdig ist, und dessen, was nicht der Mühe
„werth ist darnach zu fragen. Alles was inner-
„halb der Grenzen der Sinne liegt, davon ist's
„möglich, daß wir es begreifen und einsehn, al-
„les was sich nicht unter die Sinne bringen
„läßt, darinnen können wir niemals zur Gewiß-
„heit kommen. Aus dem was man auf jene Art
„begreift, daraus läßt sich noch vielleicht einmal
„bei Gelegenheit ein brauchbarer Schluß machen,
„auf den man sich verlassen darf; Schlüsse aus
„diesem sind aufs Höchste wahrscheinliche Muth-
„maaßungen, die sich wieder auf Muthmaaßun-
„gen gründen, und die zu nichts taugen *).‟

*) Als ich in jener Zeit, gleich nach dem Abdrucke, mein Buch an Zimmermann schickte, der vorher davon keine Zeile gesehn hatte, war die obige Stelle seiner Aufmerksamkeit nicht entgangen. Er antwortete mir am folgenden Tage, in einem Billete vom 22sten Oktober 1777 unter andern darauf so: „Eine Zeile in „der Vorrede ausgenommen, (Zimmermann oder „Pringle! warum nicht St — r oder Pringle?) war „die Vorrede gleich für mich äußerst merkwürdig. Mir „deucht, etwas so — gutes über die Theorie, habe ich „nie gelesen. Mit so klarem bon sens ist man gar „nicht gewohnt, sich über die Theorie zu erklären. „Immer sind es Gemeinplätze, die keine Ueberzeugung „wirken; hochmüthige Prahlereien mit Physik, Me- „chanik ꝛc.‟ (Jetzt würde er wohl Metaphysik und Chymie hinzusetzen).

Betrachten wir endlich die auf chymische Grundsätze gebauete medicinische Theorie, mit Rücksicht auf den Hauptzweck des Arztes, und wägen sie nach ihrer praktischen Brauchbarkeit, so behält sie gar keinen Werth. Da wo wir zu handeln haben, geht durchaus ein ganz anderer Faden, eine neue mit der Theorie nicht zusammenhängende Reihe von Dingen an. Wir haben ja nicht mit einem in seine Urstoffe zerlegten, sondern mit einem zusammengesetzten Körper zu thun, der ein Ganzes für uns ist, und immer bleiben wird; dessen Art der Zusammensetzung wir nie zu ergründen vermögend sind; in welchem Gesetze herrschen, die ganz andere Würkungen hervorbringen, als wir sie an andern Orten von Körpern oder Mischungen wahrnehmen, die wir ohngefähr aus solchen Bestandtheilen zusammengesetzt halten. Hierzu kömmt noch, daß wir fast nur mit zusammengesetzten Substanzen und durch wenige Wege auf ihn würken können.

Zum Beweise dessen, was ich sage, sind, wenigstens bisher, die Bemühungen, Arzneimittel aus chymischen Gründen ausfündig zu machen, von geringem Erfolg gewesen. Säuren sollten die venerische Krankheit heilen, weil man in den Quecksilbermitteln keinen andern Grund ihrer Würksamkeit finden konnte, als den Sauerstoff. Wie hat sich das bestätigt? So viel ich Gelegenheit hatte zu erfahren, geht es nicht besser mit der Phosphorus-Gänze beim Knochenfraß. Contagia, und die Pest selbst, sollten durch Gasarten hervorzubringen stehn. Bisher hat man noch nicht gehört, daß irgendwo Unglück damit angerichtet sey...

III.
Kanzlei - und Registraturs - Auswurf,

oder

geschriebene Makulaturen.

(Eine politische Sammlung in Monatschriften, herausgegeben von Paul Stierlinger, entlassenem Amtsboten bei — „ —)

Bei dem Unglück, das mich betroffen hat, danke ich der Vorsicht für einen Sohn, der mir ausdrücklich dazu geschenkt zu seyn scheint, um die Stütze meiner Verlassenheit zu werden.

Doch ich spreche hier, als ob der östreichischen Monarchie und ganz Teutschland Paul Stierlinger, gewesener Amtsbote bei „ „ und die traurige

Geschichte ſeiner Entlaſſung eben ſo bekannt ſeyn müſſ=
te, als die in allen Blättern angekündigte Beförder=
tung eines Präſidenten, der durch eine dünſtige Ver=
lobung und einen erhöhten Titel von der Stelle ge=
hoben wird, wo man ſich mit ihm nicht länger zu
laſſen wußte.

Ich darf von mir ſagen, was nicht jeder ſelbſt
auf ſeinem hohen Platze, ohne von ſeinem eigenen
Bewußtſeyn Lügen geſtraft zu werden, von ſich ſagen
darf: daß ich nicht wider die Abſichten der Natur zu
meinem Amte gelanget bin. Ich hatte alle Eigen=
ſchaften eines rüſtigen Amtsboten; einen feſten Auf=
tritt, eine ſehnige Fußbeuge, Schultern und Bruſt,
um auszudauern; ich konnte die Aufſchriften der Pa=
kete, die ich zu vertragen hatte, fertig leſen, auch,
ſo viel Rath war, ſchreiben, und hatte eine Anlage
zur Grobheit, die ſich, da ich einige Monate bei ei=
ner Kaſſe diente, durch die unerreichlichen Muſter
neben und über mir bald gehörig ausbildete; übri=
gens verſchafften mir Zeit und Erfahrung in Kurzem
die nöthige Amtsgeſchmeidigkeit und Ge=
ſchäftspolitik.

Ich erſuche meine Leſer, bei dieſer Stelle eines
Unglücklichen nicht zu ſpotten. Der Amtsbote, wie
der Staatsminiſter, jeder an ſeinem Platze, muß ei=
nen Vorrath von Politik haben, um ſeinen Zweck zu

verfolgen, sich zu erhalten, sich höher aufzuschwingen, und wo es so seyn muß, dem, welcher ihm in Weg tritt, geschickt ein Bein unterzuschlagen. Ich habe wohl ehe gesehen, wie Se. Gnaden Herr Hofrath von * ihren Amtsgefährten in dem Vorzimmer des Präsidenten mit Innigkeit herzten, und in dem Augenblicke hingiengen, alle Triebfedern der schwärzesten Verläumdung in Bewegung zu bringen, um einen Mann, dessen höhere Talente ihn zu sehr in Schatten setzten, bei Seite zu schaffen. Ich habe gesehen, wie Se. Exzellenz... einen ihrer Räthe mit Lobeserhebungen und Zusicherungen ihrer Wohlgewogenheit noch auf der Treppe überschütteten, die sie eben hinaufstiegen, um den Vortrag eigenhändig zu überreichen, der ihn um seine Stelle und die Hälfte seines Gehaltes bringen sollte. Se. Exzellenz würdigten mich zu verschiedenen Malen des hohen Zutrauens, sie zu begleiten, wann sie sich unbemerkt entfernen wollten, um Herrn * * aufzuwarten, einem Manne, den sie nur vor wenigen Tagen sich nicht den Zwang anlegten, selbst in unserer Gegenwart einen elenden Aufkömmling *) zu nen-

---

*) Parvenu, wie S. Erz. sich gnädig auszudrücken geruhten. Jodok Stierlinger ist, wie man in der Folge sehen wird, sehr beflissen, Kraftwörter in seiner Muttersprache zu schaffen, um ihr nach und nach die Völligkeit und den Nachdruck der französischen Sprache zu geben. Er arbeitet, versichert er mich,

nen, und den man demüthigen müßte. Aber ja, nun war dieser Aufkömmling, den man damals gänzlich untergesunken zu seyn glaubte, wieder empor geschwommen, und Se. Erzellenz urtheilten erleuchtetst, nun sey auch billig, gegen ihn Sprache und Betragen zu ändern. Ich habe den goldenen Denkspruch genau behalten, welchen dieser große Minister seinem Vertrauten, der über die plötzliche Veränderung Befremden zeigte, entgegneten: Wenn Caligula den Incitatus zum Bürgermeister erhebt, so muß der Senat ihm huldigen. Mein Sohn erklärte mir, Incitatus habe, nach dem Suetonius, das Pferd geheißen, dem Caligula einst das Bürgermeisteramt in Rom bestimmte. Ich bewunderte beides: daß Se. Erzell. den Suetonius kannten, und sich mit so vieler Gewandtsamkeit den Umständen zu fügen wußten. Solche Beispiele sind unterrichtend.

Aber freilich meine Politik hatte keinen so hohen Schwung zu nehmen; sie schränkte sich darauf ein, den Rath, der meine Füße am wenigsten abnützte, je

an einem Beitrage zu dem Reichthume der teutschen Sprache, der aus ungefähr 500 von ihm geschaffenen Wörtern bestehen, und als ein Anhang zur neuen Ausgabe des Adelungischen Wörterbuchs erscheinen soll.

desmal um Vergebung zu bitten, daß ich Ihrer Gnaden so oft überlästig zu seyn genöthigt wäre: demjenigen, der mich mit allen an ihn überschriebenen Paketen noch immer gerade an seinen Sekretair wies, ein Kompliment über die Güte zu machen, mit welcher er einem Untergeordneten die Gelegenheit verschaffte, sich unter seiner Leitung zu bilden, und einst, der Himmel wolle geben so spät als möglich! dem Staate den Verlust eines so großen Mannes dennoch in etwas zu ersetzen. Dem Sekretair hingegen ermangelte ich nicht, das Glück eines Rathes zu rühmen, dem ein solcher Sekretair zu Theil geworden; nebenher auch gegen die Ungerechtigkeit der Präsidien und Unerkenntlichkeit der Regierung loszuziehen, daß Ehre und Vortheil nicht auch auf der Seite sich fänden, wo Geschicklichkeit und die ganze Last des Amtes.

Ungefähr so stimmte ich mit Hohen und Niedern an, und war vorzüglich in Bewunderung des Kanzlei-Direktors, als meines unmittelbaren Gebiethenden, bei jedem Anlasse unerschöpflich. Ich setzte sein Verdienst über das aller Staatsbeamten hinweg; denn ich hatte seine Schwachheit bald heraus, daß er sich in seinen Augen so groß dünkte, um das übertriebenste Lob blos als Gerechtigkeit, die man ihm leistete, anzunehmen. Daher bediente ich ihn nach Wunsch und Verlangen, und erstickte ihn manchmal im Dampfe der unverschämtesten Schmeichelei, ohne ihm jemals die kleinste Röthe an die Stirn zu treiben.

Auf diese Art brachte ich mich überall durch, erhielt mich bei allen Partheien und war bei einer vorsätzlich einfältigen Miene nicht selten der Vertraute der offenbarsten Gegner und verdecktesten Feinde, die ihren Klagen gegen mich Luft machen zu können glaubten, ohne etwas zu besorgen. Dadurch bekam ich aber auch manches Geheimniß weg, bekam Fingerzeig und Aufschlüsse, die ich zu meinem Vortheile benutzte.

Dann, um mir einen kleinen Nebenverdienst zu schaffen, gab ich mich, meinem Botendienste zur Seite, ein wenig mit Agenziren ab. Da konnte ich nun freilich es dem Titius und Sempronius nicht gleich thun, konnte nicht bei dem Referenten vorfahren, nicht Gesellschaften halten, wo ich Freundinnen und Freunden die Gemächlichkeit, sich zu finden, verschaffte; konnte Haupt und Glieder nicht zu gut besetzten Tafeln laden, um, wenn Wohlbehagen und Wein zur Gefälligkeit bereitwillig gemacht haben würden, die Sache eines Klienten zu Billigkeit und Wohlwollen zu empfehlen. Auch nahm ich keine

Partheien an, die Bestallung geben, weil ich mein Bischen Gewissen nicht so ganz unterbringen konnte, um unbedingt mich zur Vertretung aller, auch der unbilligsten Angelegenheiten zu vermiethen, und überhaupt diente ich nur mit meinem Rathe.

Ich war unermüdet, zu erfahren, wer die Angelegenheiten meiner Pflegebefohlenen vorzutragen hatte, und ertheilte ihnen dann nach Umständen und Beschaffenheit der Person Anleitung, wie sie sich zu benehmen hätten. Dem Einen gab ich einen Wink über die Liebhaberei des Mannes, in dessen Hand sein Wohl lag: „er sey verlegen, seine Kupfersammlung mit einem Bürgermeister zu ergänzen." Einen andern warnte ich, gerade zuzufahren. H** wäre eben nicht unzugänglich, im Grunde auch nicht unerkenntlich; aber, der äußere Anstand müsse bei ihm strenge beobachtet werden; was also kommen sollte, müßte so kommen, daß er es gleichsam nicht wüßte, wie es gekommen sey. — Es gebe nicht leicht ein Vaterherz, wie K**. Könnte man seinen Sohn durch eine artige goldne Uhr, oder sonst ein Spielwerk dieser Art gewinnen, Papa würde dem lieben Sachführer nichts versagen. — In dem L..schen Hause sey man mit einem kleinen Merkmale der Verehrung zufrieden; eine Näscherei für Küche oder Keller bringe da vorwärts. Aber das Haus des „ „ wolle auf einem festeren Grunde ruhen; ohne wenigstens einen brillantenen Ring, oder so was von Belang zum Vorläufer, könne man da gar nicht in Unterhandlung treten. Bei „ „ werden Sie, sagte ich einem wohlgebildeten Amts‑ werber, wohl thun, sich an die Frau des Re‑ ferenten zu wenden; einen andern wies ich an den guten Freund derselben. Lassen Sie sich, gab ich dem einem unter den Fuß, im Hause aufführen; und sehen Sie zu, an dem Tische der Frau von ** zu spielen; spielen Sie mit gewöhn‑ lichem Unglück, und verlieren Sie mit Edelmuth; Frau von „ wird Ihnen bei Herrn „ „ ., der ihr nichts abschlägt, Rech‑ nung halten. — Zu H... schicken Sie an Ihrer Statt Ihre muntere Frau; er ist galant, und ein Freund von zartem Gefühl; und es ist doch billig, daß die Frau etwas zum Glücke des Mannes beiträgt, das sie mit ihm theilt.

Mit diesen und ähnlichen Anschlägen war ich der Beförderer mancher Geschicklichkeit, die Zuflucht in mancher verzweifelten Gelegenheit, der Wohlthäter, der Retter mancher Familie: und weil ich nur sel‑

ten mit Unerkenntlichen zu thun hatte, so konnte ich mir und den Meinigen dabei etwas gütlich lassen, und ward den Druck der Zeiten und Umstände nicht sehr gewahr.

Gütiger Himmel! wie hätte ich besorgen, wie nur von ferne träumen sollen, daß die großen Veränderungen in der Staatsverwaltung auf den kleinen Paul Stierlinger Einfluß haben würden! Und gleichwohl hatten sie diesen. Nicht, daß ich die Erschütterungen der oberen Gegenden nicht hätte wahrnehmen sollen; aber, dachte ich: der Sturm ist nur dem Adler gefährlich, der auf dem Wipfel der Eiche bäumt, um der Sonne näher zu seyn, nicht auch dem Gewürme, das demüthig in dem Schatten des Grases kriecht. Meine Sicherheit hinterging mich. Der Gegenstand der Bewerbung ist verschieden; die Mittel waren eben dieselben, um ein Plätzchen für einen Amtsboten, um eine Stelle in dem Konferenzsaale. Oft erhielt sie der verschmitzteste, immer der glücklichste. Ich war der nicht, der Glücklichste; denn ich war bei der neuen Ordnung der Dinge, wie der geläufige modische Zeitungsausdruck heißt, als überzählig entlassen. Entlassen, und um das Maaß des Unglücks voll zu machen, entlassen ohne Gnadengehalt. — Die Buchhalterei mit ihrer erkannten Pünktlichkeit und dem ihr eigenen Scharfsinne, ein Frauenhaar zu spalten, erhub aktenmäßig, daß ich 9 Jahre, 11 Monathe, 30 Tage gedienet habe. Es fehlte mir also noch ein voller Tag, um nach dem Pensionsnormale ein Drittheil des Gehalts anzusprechen, welches für 10 Dienstjahre festgesetzt ist. Ich stellte zwar dagegen alleruntertänigst vor, „daß falls ich 24 Jahre, 11 Monathe, und 30 Tage ge„dienet hätte, die Pension dann nach dem Normale „auch nur auf ein Drittheil ausfallen würde. Nun „unterfieng ich mich, nur ehrerbietigst scheinen zu „lassen, als ob nicht allerdings die genaueste Gleich„heit unterwaltete, daß 14 Jahre, 11 Monathe, 3 „Tage mir nicht einen Heller zulegen, der Abgang „eines einzigen Tages hingegen mich um die ganze „Wohlthat der Pension zu bringen fähig seyn sollte. „Ich ward abermal auf das noch bestehende Pen„sionsnormale gewiesen, von dem nicht abgegangen „werden könne."

Die Buchhalterei hatte dadurch allerdings sich um den Staat das mächtige Verdienst erworben, die öffentliche Kasse durch Ersparung von jährl. 32 G. zu bereichern. Aber was frommte dieses mir, der ich dadurch im strengsten Verstande zum Bettler geworden war?

In diesem Zustande der äußersten Verlassenheit, ich muß sagen, der Verzweiflung, empfinde ich die Wohlthätigkeit des Geschenkes, das mir der Himmel

mit dem Sohne gemacht hat, deſſen ich ſogleich am
Eingange erwähnte. Von ihm kommt der Vorſchlag
zu einer Unternehmung, durch die ich, wenn der Se-
gen des Himmels und das Mitleiden meiner theuren
Mitbürger zuſagt, meine Umſtände erleichtert zu ſehen, hoffen darf.

Die ganze kleine Kanzlei, ſprach er, iſt
Ihnen gut, Vater, und bedauert Sie.
Auch ihre Kameraden lieben Sie ſämmt-
lich, alles wünſchet Ihnen zu helfen. Auf
Geldbeiträge, ja darauf dürfen Sie nun
wohl nicht rechnen. Was könnten, auch bei
dem beſten Willen, Söldlinge thun, die ſich
von Morgen bis Abend kaum ſelbſt den Un-
terhalt des Tages erſitzen, oder erlaufen!
— Zudem, das Elend der Zeit hat die Herzen zuſammengezogen, und das Wohlwollen vertrocknet. Doch, Sie ſollen Ihren
Freunden auch nicht nach dem Geldbeutel
langen! Suchen Sie nur zu erhalten, wäre es auch gegen eine kleine Erkenntlich-
keit, daß man Ihnen die Papiere überläßt, wovon die Kanzleien von Zeit zu Zeit
gereinigt, und die Regiſtratur entle-
digt worden, damit das Gebälk nicht ein-
ſinke. Und erhalten Sie dieſes, Vater,
da ſind Sie geborgen.

Als ich die Zuverläſſigkeit des Rettungsmittels, das er vorſchlug, nicht ſo deutlich einſah, entwickelte er mir ſolches etwas umſtändlicher. Einige Alchymiſten, fuhr er fort, ſuchen aus dem Abfalle der menſchlichen Verdauung Gold zu machen; warum nicht auch aus dem Abfalle der Kanzleien und Regiſtraturen? Der Blick der Neugierde iſt heut zu Tag eben ſo ſehr, wo nicht ſtärker, auf politiſche, als auf kriegeriſche Angelegenheiten gerichtet. Dank ſey es den Kreuzerblättchen und dem Nachdrucke; Licht und Kenntniſſe haben ſich unter allen Volksklaſſen verbreitet. An der Werkbank, wie auf den Bänken der Akademie, ſpricht man jetzt vom Rechte der Menſchheit und des Bürgers; der Gewerksmann lieſt mit größerer Theilnehmung die Beſchlüſſe der Nazionalverſammlung und die Rede eines Demagogen, als die Beſchreibung einer Schlacht, oder das Tagebuch einer Belagerung. Läßt es ſich zweifeln, daß es Bruchſtücken von allgemeinen und beſonderen politiſchen Geſchäftsbehandlungen, an Leſern fehlen werde? Wohl dann! bringen Sie die Papiere, die Ihnen das Mitleiden zuwerfen wird, in eine Zahlenordnung, und theilen Sie ſolche Teutſchland als eine Monathſchrift, gleichviel unter was für einer Benennung, mit. Den Erfolg überlassen Sie dem Glücke und Zufalle, die wohl eher in grossen Staatsgeschäften die unverdautesten Pläne zu verbessern, über sich genommen haben.

Es ist also beschlossen, Paul Stierlinger, gewesener Amtsbote, wird der Herausgeber einer politischen Monatschrift. Und warum nicht? der Amtsbote so gut, als ein Professor. Oder setzt die Herausgabe einer Sammlung, wozu man die Materialien eingeliefert erhält, denn eben so außerordentliche Kenntnisse voraus? Und hätte wohl M. M., wenn ihm für sein Journal aus allen Gegenden Aufsätze einlaufen, denen, ihrer Verwegenheit wegen, eine wache Regierung zu Haus nicht wohl den Umlauf gestatten konnte, oder Schilderungen und Anekdoten, die manchen redlichen Mann im Angesichte von ganz Teutschland weidlich verunglimpfen — hätte er dabei etwas mehr zu thun, als solche rauh und roh, wie sie sind, der Buchdruckerei zum Absetzen zu überliefern? Gewiß nicht. Selbst die kleinen Glossen, die der hochgelehrte Herausgeber wohl nur als Merkmale der Besitznehmung und des Eigenthums beidrückt, selbst diese setzen ihn eben nicht in einen starken Aufwand von Gelehrsamkeit und Verstand. Und gleichwol hat nicht leicht eine Zeitschrift irgend einem Schriftsteller soviel eingebracht. Der Amtsbote, **Paul Stierlinger**, wie der Herr Professor N.N., erhält die Materialien zu seiner politischen Monatschrift eingeliefert. Doch er findet sich dabei gegen seinen Geschäftsgenossen in wechselseitigem Nachtheile und Vorzuge.

Nachtheil an meiner Seite wäre: daß der Umkreis meiner Monatschrift enger beschränkt ist, weil darin nicht der Auswurf von ganz Teutschland, sondern nur der der österreichischen Kanzleien und Registraturen aufgenommen wird. Dafür aber Vortheil an meiner Seite: die über alle Zweifel und Einwendungen hinweggesetzte Aechtheit meiner Materialien. Und ich sehe die Zukunft als gegenwärtig vor mir, da ein Vergleicher, z. B. der österr. und französ. Monarchie, meine Monatschrift als Quelle benützen und anführen wird, gewiß nach richtigeren Grundsätzen, als Clodius Mirabeau bei seiner Parallele zwischen Oesterreich und Preußen sich auf Riesbecken bezieht, der wahrscheinlich Wien mit keinem Fuße betreten hat, da er die Burg mit sieben Stockwerken aufführt, die, wie jeder weiß, deren nur vier hat.

Ein anderer Vorzug an meiner Seite besteht darin: daß ich meine Beiträge immer von Hand zu

Hand erhalte, daher also nicht zu besorgen habe, daß die Neugierde der Postämter oder der Polizey, oder was weiß ich, wer sonst auf Geheimnisse unter Umschlag und Siegel Jagd macht, gerade die wichtigsten, anziehendsten Aufsätze unterschlägt, wie dem erwähnten berühmten Herausgeber wohl vielfältig widerfahren seyn mag. Ich kündige demnach die Herausgabe der interessanten Zeitschrift unter der Benennung: c. c. c. an, wovon mit jedem Monate ein Heftchen von 6 Bogen erscheinen soll. Die Unterzeichnung c. c.

Paul Stierlinger, der Amtsbote, besorgt bei dieser Schrift nur eigentlich die Herausgabe, d. i. den mechanischen Theil, und setzt ihr seinen Namen vor, um etwas mehreren Ansehens willen, als ein Mann, der doch einst im öffentlichen Amte stand. Sein Sohn Jodok aber übernimmt zur Erleichterung des Vaters, die Einleitungen, Anmerkungen, Betrachtungen, und was man sonst die gelehrten Arbeiten zu nennen pflegt.

Jodok hat seine Universitätsjahre vor mehrerer Zeit geschlossen, und bereitet sich nun zum Rechtsgradus vor. Aus allen Theilen akademischer Kenntnisse ist er mit vortrefflichen Zeugnissen versehen, selbst aus dem Griechischen; aber dieses hütet er sich sehr, seinen Gönnern zu zeigen, weil er besorgt, die ent schiedene Abneigung, welche die erlauchten weltlichen und geistlichen — nicht doch, die geistlichen und weltlichen Stände gegen die Sprache des Heiden Homer und Volksvertreters Demosthenes an Tag legen, dürfte ihm einst in seinem Fortkommen nachtheilig seyn. Denn schwerlich würden sie zu einem Rechtsfreunde Zutrauen fassen können, der seinen Gaum mit dem Griechischen verbittert hat.

Aus väterlichem Besorgnisse warnte ich Joboken mehrmal, auch das Wort Aufklärung nicht so häufig in dem Munde zu führen. Ich weiß nun eigentlich nicht, was hinter dem Worte Gefahrvolles verborgen liegt; aber ich ließ mir sagen, gewisse vielmögende Menschen könnten schon den Schall dieses Wortes nicht vertragen — „und weniger noch die Wesenheit der Sache," versetzte mein Sohn mit Lebhaftigkeit. „Es ist sehr unglücklich, daß die Menschen das Korn kennen gelernt; könnten ja sonst die Herren ihre ermüdeten Knechte mit den Schweinen unter die Eiche zur Sättigung treiben; hätte man das Geheimniß der Bauchredner nicht entdeckt, wie ungestört könnten noch die Pfaffen des Apollo Nazionen durch Orakelsprüche äffen, und einzelnen Menschen den Beutel fegen." Dieser Gegenstand setzte ihn, so oft er darauf gebracht ward, ganz außer Fassung, so daß ich zuletzt beschloß, mich darüber mit ihm nicht wieder einzulassen.

Meine gütige künftige Leser und dadurch meine — Wohlthäter! wäre es wohl erst nothwendig, Sie zu erinnern, daß dieser ganze Aufsatz nicht von dem Amtsboten Paul Stierlinger, sondern von Jodok Stierlinger, dem Rechtskandidaten, seine Einkleidung erhalten hat? So was fließt natürlicher Weise einem Kanzleiboten nicht von der Hand, würde es wohl schwerlich auch dem Herrn Kanzleidirektor selbst, so schnell es ihm sonst von Feder und Lippen rauscht. Sie haben aber darin wenigstens ein kleines Muster vor sich, wessen sie sich zu der Fruchtbarkeit der Jodokischen Feder zu versehen haben. In der Biografie eines Epaminondas oder Loudons anziehend zu seyn, dazu gehört blos die einfache Erzählung ihrer Thaten; aber über die Biografie eines Amtsboten würde sich Plutarch und Schröckh vielleicht um Ansehen und Ruf geschrieben haben.

Die Leser erhalten in dieser Ankündigung nicht weniger eine kleine Probe von seiner Manier, die Gegenstände zu betrachten und darzustellen. Die Natur begabte ihn mit einer reichen Ader von Laune und spottendem Witze. Aus kindlicher Liebe, um seinem bedürfenden Vater ergiebigeren Absatz zu verstchern, verheißt er mir, davon Gebrauch zu machen, wo immer sich Gelegenheit anbiethet, und er hat zu der Gutmüthigkeit seiner Mitbürger von allen Klassen das unbegränzte Zutrauen, sie werden nicht etwan, um einen außer Dienst und Gehalt gesetzten Amtsboten zu Grund zu richten, sich beigehen lassen, mit einem Male vernünftig zu werden.

Sonnenfels.

IV.

Improvisatori *).

Est Deus in nobis: agitanto calescimus illo.
Ovid.

Erste Abtheilung.

Das Talent, die Sprache der Musen aus dem Stegreif zu reden, ist jenseits der Alpen eine so fremde

---

*) Ich behalte mir vor, am Ende dieser Abhandlung, die mit tiefem Eindringen auch die Anmuth der Einkleidung verbindet, und uns über das ganze (auch für die tonischen Rödenschulen so wichtige) Improvisatorwesen so vollkommene Aufschlüsse giebt, von Herrn Fernow in Rom, dem Verfasser dieses Aufsatzes,

Erscheinung, daß man dort kaum von dieser Dichtart, geschweige von der eigenen Art geistigen Genusses, den die Ausübung dieses Talents im gesellschaftlichen Leben gewährt, einen Begriff hat. Das Vergnügen, welches ein glückliches Impromptü, — das Höchste, was in dieser Art zu dichten dem poetisirenden Witze oltramontanischer Schöngeister gelingt, — im gesellschaftlichen Kreise erregt, ist eben so wenig mit dem Vergnügen zu vergleichen, welches ein wohlausgeführtes Improviso bewirkt, als eines der gewöhnlichen Almanachs=Epigramme von X. Y. Z. mit einer Bürgerschen Ballade oder Göthe'schen Elegie. Ja, es scheint, daß die Dichtkunst ihre Gewalt auf das Gemüth nie mächtiger beweise, als in Produkzionen dieser Art, wo der Dichter im Augenblicke der schaffenden Begeisterung seinen Gesang unmittelbar in die Seele des Zuhörers hinüberströmt. Diese Wirkung, die der Gesang des begeisterten Improvisatore nie verfehlt, kann ein mit dem Stempel der Vollendung bezeichnetes und mit aller Kunst der Deklamazion vorgetragenes Gedicht nie in gleichem Maaße hervorbringen. Die auf den höchsten Grad gespannte Energie, womit die Einbildungskraft des Dichters in die

noch einen Plan zur Beförderung der italienischen Literatur vorzulegen, den alle Liebhaber derselben für ein wahres Hermäon halten werden.

B.

sen Momenten wirkt; das fortwährende Kampfspiel widerstrebender und glücklich besiegter Schwierigkeiten, das man hier gleichsam vor Augen sieht; die überraschenden Züge, womit der Sänger sich glücklich aus dem Labyrinth wieder herauswindet, in das er sich verwickelt hatte; der lebhafte Enthusiasmus, der während dieses Kampspieles sich von dem Dichter durch den Kreis der Zuhörer verbreitet und, so vervielfältiget wieder auf den Genius des Sängers zurückwirkend, die Flamme der Begeisterung immer mächtiger in ihm anfacht, — müssen nothwendig Wirkungen hervorbringen, welche auch die höchste Kunstvollendung, die sich nur in der ruhigen Kontemplazion des Werkes genießen läßt, und die meisterhafte Deklamazion nicht erreichen können; und wenn je der Einfluß einer über das gewöhnliche Maaß erhöheten Spannung der Seelenkräfte, — wenn je die Uebermacht des begeisterten Genie's über den nüchternen Verstand sich in der Hervorbringung eines schönen Kunstwerkes sichtbar äußert: so ist dieß gewiß im extemporanen Dichten der Fall, wo die Intension der wirkenden Kraft mit der Länge der Zeit, in welcher sie ihre Wirkung vollbringen muß, im umgekehrten Verhältnisse steht; wo sich — Doch lassen wir lieber einen Italiener die Symptome mahlen, welche sich in Szenen dieser Art zu äußern pflegen. Ein vorzüglicher Schriftsteller dieser Nazion, der Abate Bettinelli, giebt in seiner Schrift dell' entusiasmo delle belle arti, eine eben so lebhafte als treffende Schilderung davon, die wir hier in einer freien Uebersetzung mittheilen.

„Ich habe oft — sagt dieser Schriftsteller — Gelegenheit gehabt, einen der vortrefflichsten Improvisatori zu hören, und ich habe ihn in solchen Scenen mit der größten Aufmerksamkeit beobachtet. Zuerst stand der Sänger eine Weile schweigend und gleichsam unentschlossen; dann begann er langsam und unsicher seinen Gesang, stieß bald mit dem Reim, bald mit dem Gedanken an; ein Beweis, daß der Enthusiasmus noch nicht gekommen war; daß der Dichter sich noch auf gleichem Boden mit seinen Hörern befand. Aber plötzlich, ehe er selbst es ahndet oder du es vermuthest, siehst du ihn neu beseelt und entflammt sich erheben; die Begeisterung breitet ihren Fittig aus; er schwingt sich im Fluge empor. Die Merkmale dieses Aufschwunges sind in seinem Aeußern sichtbar. Mit erheitertem Antlitz und abgewandt von allem Gegenwärtigen, blickt er zum Himmel auf, in unbeweglicher Stellung, wie seiner selbst vergessend; er ist nicht mehr, wo er kurz vorher war; er sieht nicht mehr, was er zuvor sah. Der Vorhang ist gefallen; ein neuer Schauplatz, eine neue Perspektive, eine andere Welt stellt sich in glänzendem Lichte seinen Blicken dar. Er redet in Gesprächen, in Anrufungen, beschreibt alle Gegenstände so anschaulich, alle Dinge so umständlich und mit einem Interesse, das nur die wirkliche Gegenwart nehmen läßt. Diese wunderbaren Gesichte, diese reizenden Erscheinungen entzünden seinen Affekt; sein Interesse wird immer stärker; er schwelgt im Genusse ihres Anschauens. Die wachsende Flamme spricht durch jede Ader; seine Augen funkeln; ein höheres Roth färbt seine Wangen; ein begeistertes Lächeln schwebt um seinen Mund; er schauert vor Wonne; seine ganze Gestalt ist in Bewegung."

„So von ächter Glut entbrannt und entzückt erhebt seine Stimme sich stärker; seine Gesten werden lebhafter, seine Bewegungen heftiger. Eine Fluth von Ideen, von Bildern und Reimen strömt auf ihn ein, überströmt, überwältigt ihn, daß die Worte nicht mehr hinreichen, sie zu fassen; er fühlt sich verwickelt, beklemmt. Die Verse drängen und treiben einander, stürmen und stürzen Woge auf Woge ungestüm, unaufhaltsam hervor, so daß der Saitenspieler, welcher den Gesang begleitet, kaum ihm zu folgen vermag, oft zu hastigen, regellosen Griffen gezwungen, und aus dem Zeitmaaß fortgerissen wird. Aber unvermuthet erstarrt auch zuweilen mitten im Laufe der Strom des Gesanges; entweder weil der Vorhang des inneren Schauspieles fällt, oder weil die Fibern unter der zu gewaltsamen Spannung erschlaffen. Zu andern Zeiten beharrt der Sänger stundenlang ohne Schwierigkeit in dieser Stimmung."

"In solchem Zustande sagt der Dichter, oft ohne es selbst zu wissen, die schönsten und ungemeinsten Dinge; die Reime ordnen sich von selbst an ihren Ort; die gewähltesten, edelsten, lebhaftesten Ausdrü­cke schmiegen sich freiwillig dem Gedanken an; die Har­monie fügt sich aufs glücklichste in das Sylbenmaaß. Des Sängers Seele selbst scheint in vollkommenster Einheitigkeit ihrer Kräfte den Schauplatz zu betre­ten, sich in ihrer souverainen Unabhängigkeit zu zei­gen, ihre eigene übermenschliche Sprache zu reden, und über alle andere zu herrschen."

"Indessen verbreitet sich durch den Kreis der Zu­hörer eine Lust, ein Schauer der Wonne, der von Zeit zu Zeit unwillkührlich in lauten Jubel ausbricht. Der Zuhörer fühlt sich mit emporgehoben und folgt dem Schwunge des Sängers. Wie ein hin und her geschlagener Ball fliegt die Begeisterung von dem Dich­ter zu dem Hörer, und von diesem zu dem Dichter zurück, und erhöht, in dem wechselnden Fluge im­mer wachsend, in beiden Theilen den Genuß, das Entzücken, die Trunkenheit."

"Auch das Ende einer solchen Szene giebt Stoff zu merkwürdigen Betrachtungen über den Sänger und über den Zuhörer. Auffallend ist in jenem die Er­mattung nach der gewaltsamen Anstrengung, die das natürliche Vermögen der Organe zu übersteigen scheint;

in diesem das Schweigen und die feierliche Stille: gleichsam als ob die Seele des Zuhörers, in Staunen verloren oder außer sich gesetzt, noch in ihrem Innern dem Nachhall des Gesanges lauschte; als ob sie einer Pause bedürfte, um wieder zu sich selbst zu kommen, um zur Erde zurückzukehren, von welcher sie dem Dichter in eine unbekannte, höhere Sfäre gefolgt war. Daher bemerkt man auch, daß die minder Gefühligen und Verständigen unter ihnen immer zuerst das Schweigen brechen und den Sänger mit den gewöhnlichen Komplimenten überhäufen; die hingegen, welche tiefer fühlen, sieht man am spätesten sich regen und aus dem Zustande des Entzückens erwachen."

„Alle diese Symptome äußern sich freilich nicht allemal bei solchen Szenen, sondern nur dann, wenn der Dichter sich in der glücklichen Disposizion befindet, lebhaft begeistert zu werden und den Kreis seiner Zuhörer in eine ähnliche Stimmung zu versetzen. Ein auserlesener Zirkel von Hörern kann vieles dazu beitragen; um so mehr, wenn er aus Freunden des Dichters, oder aus von ihm geschätzten Personen besteht. Der Beifall, welchen sie den schönsten Stellen seines Gesanges ertheilen, erhöhet das Vertrauen und den Affekt des Dichters, ist ein Sporn, der ihn treibt und neues Lob zu ärndten einladet. Die Schönheiten verdoppeln sich Schlag auf Schlag und mit ihnen die Aufmunterungen, seine ganze Kraft in Wirksamkeit zu setzen; und dieser wechselseitige Wetteifer ist für den Dichter das trefflichste Saitenspiel, seinen Gesang zu begleiten und seinen Enthusiasmus zu entflammen." —

Nach dieser im Wesentlichen sehr treuen Schilderung der Symptome, welche die extemporane Dichtart bewirkt, wird es vielleicht dem teutschen Leser angenehm seyn, zur Vollendung des obigen Gemäldes auch das Detail einer solchen Szene genauer kennen zu lernen. Wenn die Gesellschaft versammelt ist, fodert der Improvisatore ein Thema für den ersten Gesang. Gewöhnlich überläßt man einer Dame, oder einem Gelehrten, oder sonst einer Person, die man durch diesen Vorzug ehren will, die Wahl desselben. Die Gesellschaft wird dann noch einige Zeit von dem Musiker, der den Gesang zu akkompagniren da ist, mit einer Sinfonie unterhalten; während derselben macht der Improvisatore in wenig Minuten seine Disposizion, ohne darum sich aus der Konversazion zu entfernen. Durch vielfältige Uebung seiner Kunst gewiß, läßt er kaum merken, daß sein Geist mit etwas Anderem beschäftigt ist. Die Gesellschaft vermehrt sich indessen und ordnet sich auf den Sitzen. Jetzt endiget die Sinfonie; schon ist der Sänger an seinen Ort getreten, der Versammlung gegenüber. Ein Glas Wasser oder Limonade auf einem Tischchen neben ihm ist die Hippokrene, woraus er seinen Gaumen netzt.

Der Musiker präludirt die Melodie des Gesanges; der Dichter kündigt der Gesellschaft noch einmal das aufgegebene Thema an und beginnt wenige Augenblicke später seinen Gesang, dem gewöhnlich ein kurzer, dem Gegenstande angemessener Anruf an irgend eine Gottheit oder Muse zum Eingange dient; oft auch ergreift er seinen Gegenstand unmittelbar, ohne alle Einleitung, als gegenwärtig. Alles lauscht nun in erwartungsvoller Stille; aller Blicke sind auf den Sänger geheftet; kaum hört man athmen. Aber der erste glückliche Zug setzt die Geister in Schwung; der Enthusiasmus des Dichters theilt sich dem Hörer mit, und allmählich erfolgen, stärker oder schwächer, die oben beschriebenen Aeußerungen. Niemand bleibt jetzt länger ohne die lebhafteste Theilnehmung. Sobald in einer Stanze der Gedanke eingeleitet und durch einen Reim der Gegenreim vorbereitet ist, so arbeitet des Zuhörers Fantasie mit dem Dichter fort, und so oft dieser mit dem Gedanken des ersteren zusammentrifft, oder durch eine Wendung seine getäuschte Erwartung überrascht, so bricht der Affekt der Freude und Bewunderung in lauten Beifall aus, der immer häufiger und rauschender wird, je mehr Sänger und Zuhörer sich gegenseitig in Schwung setzen, bis er endlich am glücklich erreichten Ziele in allgemeinen Jubel ausströmt. Ein Akt des Schauspieles ist nun geendigt; der Sänger erholt sich, trocknet den Schweiß von der glühenden Stirne und zerstreut sich auf wenige Minuten in der

Unterhaltung mit der froh sich um ihn drängenden Schaar. Nach einer kurzen Pause stimmt der Musiker zu einer neuen Sinfonie; der Improvisatore fodert ein neues Thema; die Gesellschaft ordnet sich wieder und die obige Szene erneuert sich, und erneuert sich zuweilen zum dritten, vierten und fünften Male. Um aber seinem Talente vor dem Schluß des Schauspieles noch einen glänzendern Kranz zu flechten, überrascht zuweilen der Improvisatore die Versammlung mit einer kurzen, in wenige Stanzen, oder in ein Sonett zusammengedrängten Wiederholung des Inhalts der sämmtlichen Gesänge, den er kunstreich in ein Ganzes zu verbinden weiß.

Die Improvisatori singen jetzt in allen Versarten, soviel deren die italienische Dichtkunst hat. Ehedem bedienten sie sich bloß der Ottave rime, bis in der ersten Hälfte des letztverwichenen Jahrhunderts vom Cavaliere Perfetti von Siena, dem berühmtesten Improvisatore seiner Zeit, die sogenannten Anakreontischen Sylbenmaaße in die extemporane Dichtart eingeführt wurden; und da es weit leichter ist, in diesen zu singen, so haben sie beinahe die ottave rime verdrängt; aber die Meister halten es auch jetzt noch der Würde ihrer Kunst gemäßer, in dieser letzteren Versart zu singen, in welcher nur ein vielgeübtes und reiches Talent sich mit der Leichtigkeit regen kann, die das Improviso erfodert, und bedienen sich der ana-

kreontischen Sylbenmaaße blos zu scherzenden, tän=
delnden Gegenständen. Sonette all' improviso gelten
nur für Impromtüs, und selten bedient sich der Impro=
visatore dieser Versart, um ein gegebenes Thema zu
behandeln, weil sie einen zu kleinen Umfang hat, als
daß sie mehr als einen Gedanken fassen könnte.

Für jede Art von Metrum hat der Sänger eine
eigne Melodie, in welcher er seine Verse halb singt,
halb rezitirt, die immer einfach und gefällig ist und
sich um so leichter jedem Stoffe anschmiegt, da die Mu=
sik hier, wie in den ältesten Zeiten, ganz der Poesie
untergeordnet ist, und blos zur Verzierung des Gesan=
ges und zur Ausfüllung der Pausen dient, welche zwi=
schen den Stanzen oder einzelnen Versen entstehen. Die
meisten vorhandenen Melodieen dieser Art sind von be=
rühmten Improvisatoren erfunden.

So schwer nun auch diese Kunst an sich schon ist,
so hat doch die Vorsicht zu verhüten, daß kein Betrug
unterlaufe, dieser Kunst noch mancherlei Fesseln zuge=
sellt, welche nichts zu ihrer Vervollkommung und Schön=
heit beitragen, aber sie noch schwieriger und bewun=
dernswürdiger machen; und das nach Beifall und Ehre
ringende Talent läßt sich, seines Sieges gewiß, diese
Fesseln willig anlegen, oder legt sie wohl im Uebermu=
the freiwillig an, weil sein Triumf dadurch nur um so
glänzender wird. Fesseln dieser Art sind: vorgeschrie=
bene Sylbenmaaße; vorgeschriebene Reime; eine be=

stimmte Anzahl von Stanzen, worin das aufgegebene Thema ausgedehnt oder zusammengepreßt werden muß; Ritornelle, die nach jeder Stanze wiederkehren und mit derselben durch Gedanken und Reim verbunden werden müssen u. a. m. Wenn, wie oft der Fall ist, zwei Improvisatori in ottave rime wechselnd singen, so ist es Gesetz, daß jeder den Reim, womit der andre Sänger seine Stanze schließt, wieder aufnehme, und ihn zum Reim des ersten Verses der seinigen mache, ohne sich jedoch desselben Wortes zu bedienen. Alle diese Schwierigkeiten, womit man die Kunst des Improvisirens bewaffnet hat, lassen sich freilich nur in einer Sprache, wie die italienische, überwinden.

Diese Kunst, so alt als die Dichtkunst selbst, und unter rohen Völkern die erste natürliche Aeußerung des erwachenden Dichtungsvermögens, hat sich nach dem Wiederaufleben der Künste und Wissenschaften blos in Italien lebendig erhalten, und macht seitdem einen eigenen Zweig der Poesie dieses Landes aus, dem sich viele ausschließend widmen, und dessen Ausübung ein eigenes Talent und eine eigene Art von Studium erfordert. Wer mit dem Talent zur Dichtkunst nicht zugleich auch jene außerordentliche Schnellkraft der Fantasie, jene hohe Reizbarkeit und Wärme des Gefühls besitzt, durch die das Gemüth sich leicht in den exaltirten Zustand versetzen läßt, welchen wir aus der obigen Beschreibung kennen, der wird vielleicht am Pult vortreffliche und sehr vollendete Dichterwerke hervorbringen; aber die Kunst des Improvisirens wird ihm nicht gelingen. Und in der That giebt es vorzügliche Dichter und hat deren in Italien viele gegeben, ohne jene Anlagen, die das eigenthümliche Talent des Improvisatore ausmachen; wo hingegen andere mit diesem Talent nur mittelmäßige Dichter geblieben sind, weil sie die Kultur des Geistes verabsäumt haben.

Auch hier drängen sich, wie zu allen schönen Künsten, viele Unberufene in die Schranken. Da aber in der Ausübung dieser Kunst Alles von dem augenblicklichen Gelingen abhängt, da das Werk auf der Stelle gedichtet, vollendet und nach Verdienst gewürdigt wird, und der gebildete Italiener, welcher den Maaßstab des Vortrefflichen in dieser Kunst sehr wohl kennt, nicht leicht etwas Schlechtes mit seinem Beifalle belohnt: so dauert auch gewöhnlich der Dichterwahn des Unberufenen nicht lange, und er entsagt bald einer Kunst, welche in jedem neuen Versuche seine Unfähigkeit nur deutlicher an den Tag legt, und wo kein Vorwand die persönliche Beschämung, der er sich aussetzt, von ihm abwenden kann. Der Verfasser selbst hat einigemal Gelegenheit gehabt, die Erfahrung zu machen, wie erbärmlich, bemitleidenswürdig und quälend es ist, einen Stümper in dieser Kunst sich vergebens abarbeiten zu sehen. Das peinliche Gefühl seiner fruchtlosen Anstrengungen theilte sich der Versammlung sympathetisch mit, und die innere Angst des unglücklichen Poeten trieb den Schweiß auf die Stirnen der Zuhörer hervor. Da aber die italienische Sprache ein so geschmeidiges Materiale ist und sich mit großer Leichtigkeit in die poetische Form schmiegt, so ist die Zahl der Dilettanti in dieser Kunst, welche mit einer nicht gemeinen Fähigkeit und gewöhnlich mit viel poetischer Kultur ausgerüstet, ihr Talent blos dem gesellschaftlichen Vergnügen widmen, nicht gering; und in den großen Städten Italiens wird man nicht leicht einen gebildeten Zirkel finden, in welchem nicht ein oder das andere Mitglied fähig wäre, die Gesellschaft durch einen Genuß dieser Art zu erfreuen; und man findet da zuweilen Dilettanti, die es den Virtuosen in dieser Kunst gleich thun. Oft, wenn mehrere, die ein solches Talent besitzen, in einem Zirkel zusammen treffen oder sich eigens zu solchen Uebungen einfinden, entstehen Wettstreiten im Extemporiren und Wechselgesängen, und die Gesellschaft krönt dankbar beide, den Sieger und den Besiegten, mit ihrem Beifall. Nicht leicht findet sich ein guter Kopf mit einiger Anlage zur Poesie, der nicht in seinen Jünglingsjahren seine Kräfte im Improvisiren versucht hätte.

So pflanzt sich eine immerwährende zahlreiche Schule dieser Kunst nicht blos in den gebildeten Klassen fort, sondern auch in den unteren Ständen wird das Talent zu improvisiren, welches dem Italiener natürlich zu seyn scheint, nach dem Maaße der Bildung dieser Stände mit mehr oder weniger Geschmack und Geist getrieben, und der müßige Pöbel hat eben sowohl seine Improvisatori von Profession, als der gebildete Musenfreund der höheren Klassen. Jene üben ihre Kunst auf Plätzen und Märkten. In wenigen Augenblicken ist ein dichter Kreis um den wandernden Homer geschlossen, der sich in einer Stunde leicht so viel ersingt, als er bedarf, um sich und seine Muse einige Tage lang vor Hunger und Durst zu schützen; und ein solcher Virtuoso ist um so unbesorgter um seine Zukunft, da er sicher ist, auf dem nächsten Platze, sobald er will, ein neues Publikum zu finden. Einer der vorzüglichsten Improvisatori aus dieser Klasse war der, den Moritz in seinen Reisen in Italien geschildert hat.

Eben so haben auch die niederen Stände bis zum Handwerker und Bauern herab, ihre Dilettanti in dieser Kunst. Oft hört man in Schenken, wenn der Wein die Köpfe begeistert, zwei Wettsänger sich erheben, die einander zum Schweigen zu bringen suchen. Der Inhalt ihrer Gesänge ist gewöhnlich satyrisch, und solche Szenen sind ein lebendiges Bild der ältesten Satyrspiele und der Wechselgesänge Sizilianischer Hirten; so wie die Volks-Improvisatori auf Gassen und Plätzen den Fremden in die Zeiten des Orfeus und Homer zurück versetzen. Gewöhnlich haben dergleichen Gesänge wenig poetisches Verdienst; aber sie sind oft reich an naiven Einfällen und treffendem Spott, und das natürliche Talent des Italieners, sein heller, geistreicher Verstand, zeigt sich hier im vortheilhaftesten Lichte; und da auch der gemeine Italiener dadurch, daß er die größten Dichter seiner Nazion lies't und ihre schönsten Stellen auswendig weiß, der poetischen Kultur nicht ganz fremde ist, so tragen auch seine kunstlosen Gesänge aus dem Stegreif gewöhnlich Spuren derselben.

Wenn man die Improvisatori, die ihre Kunst auf öffentlichen Plätzen vor dem Volke treiben, mit dem Charlatan, der an demselben Orte das gleiche Publikum unterhält, ungefähr in dieselbe Klasse setzt; so werden die Improvisatori aus der höheren Sfäre, welche ihre Kunst auf eine edlere Art vor einem gebildeten Publikum ausüben, als ächte Künstler geachtet, und man muß Virtuosen dieser Art, oder vorzügliche Dilettanti aus der gebildeten Klasse gehört haben, um sich einen würdigen Begrif von dieser Kunst zu machen, deren Kultur mit der Kultur des Standes von welchem, und des Zeitalters, in welchem sie ausgeübt wird, gleichen Schritt hält, und ein solcher Improvisatore ist von dem Dichter, der seine Werke am Pulte leicht mit mehr Ueberlegung, Auswahl, Studium und Feile, aber schwerlich mit eben so viel Begeisterung verfertigt, in nichts als in der Art zu dichten verschieden.

Man pflegt der extemporanen Dichtart vorzuwerfen; daß sie nichts hervorbringen könne, was sich über das Mittelmäßige erhebt; daß sie zwar für den Augenblick täusche, blende und hinreiße, daß aber ihre Produkte im Lesen nicht die Probe aushalten; und die meisten gedruckten Improvisi bestätigen die Wahrheit dieser Beschuldigung. Zum Theile liegt dies freilich in der Natur des Extemporirens; denn auch in den vorzüglicheren Dichtungen dieser Art wird man Inkorrektzionen, Reminiszenzen, Wiederholungen, matte Stellen, mit einem Worte unvermeidliche Spuren der Eile wahrnehmen, mit der sie hervorgebracht sind; aber man wird auch in ihnen vielleicht eben so viele unverkennbare Spuren ächter Begeisterung finden, die nicht selten in den kunstreichsten und gefeiltesten Poesieen vermißt wird. Wenn man nun erwägt, wie schwer es, nach dem eignen Geständnisse großer Dichter, ist, mit aller Muße, Ueberlegung und Feile ein vortreffliches Gedicht zu liefern; wenn man die kleine Quantität des vorhandenen Guten gegen die ungeheure Menge des Mittelmäßigen und Schlechten hält, was auch die geschriebene Poesie liefert; wenn man endlich bedenkt, daß Werke dieser Art keineswegs für ein lesendes Publikum, sondern durchaus nur für den augenblicklichen Genuß bestimmt sind, so daß es eine bloße Vergünstigung des Dichters ist, wenn er seinen Gesang nachzuschreiben erlaubt (oft freilich auch eine Wirkung seiner Eitelkeit), und daß jedes Ding in seiner Art vollkommen ist, wenn es das ist, was es seiner Natur nach seyn kann, und seiner Bestimmung nach seyn soll: — so müßte man ein sehr verstockter Anhänger des nil admirari seyn, wenn man diese Kunst darum weniger der Bewunderung werth halten wollte, als die übrigen Künste des Genies. Man würde unbillig seyn, wenn man die extemporane Poesie mit einem Maaßstabe messen wollte, der nicht der ihrige ist, ohne zugleich den Vorzug, den sie vor der geschriebenen Poesie hat, die Intension ihrer Wirkung auf das Gemüth des Zuhörers, in Rechnung zu bringen.

Genauer erwogen aber gründet sich die Unfähigkeit, etwas Vortreffliches, das auch im Lesen gefallen kann, hervorzubringen, keineswegs in einer Schranke dieser Kunst selbst, sondern vielmehr nur in der größeren Schwierigkeit, es in ihr zu einer so hohen Vollkommenheit zu bringen, und in den beschränkten Geistesfähigkeiten oder dem Mangel an Kultur bei denen, die diese Kunst gewöhnlich ausüben. Es fehlt gegenwärtig in Italien nicht an Beispielen, daß Improvisatori, welche mit einem eminenten Talente einen hohen Grad von Geistes- und Geschmackskultur verbinden und durch viele Uebung eine seltene Fertigkeit erworben haben, fähig sind, extemporane Gedichte hervorzubringen, die auch im Lesen Probe halten und in jeder Rücksicht vorzüglich sind. Ein solcher war unter andern der Abate Lorenzi in Verona, von dessen Kunst Bettinelli die Züge zu dem obigen Gemälde entlehnt hat; ein solcher ist Francesco Gianni von Rom, der gegenwärtig als der beste Improvisatore berühmt ist, und diese Kunst in einem Grade von Vollkommenheit ausübt, den sie selten, vielleicht nie vorher erreicht hat, wie seine gedruckten Improvisi, mit andern verglichen, beweisen; ein solcher ist der Abate Berardi in Rom, einer der ersten Dilettanti in dieser Kunst, den der Verfasser dieses Aufsatzes zu verschiedenen Malen gehört hat, und von welchem er das nachstehende Improviso mittheilt, dessen Aechtheit er um so gewisser bezeugen kann, da er selbst, während es gedichtet wurde, es nachzuschreiben Gelegenheit hatte.

Il Cinto di Venere.

Santa madre d'Amor, figlia di Giove,
Consolatrice degli umani affanni,
In queste a gloria tua novelle prove,
Deh! tu mi presta del tuo figlio i vanni;
Fa, ch'oggi 'l tuo favor m'assista e giove,
Come giovommi ne' più floridi anni,
Quando alla tua divinità sì cara
Sette vacche in un dì svenai sull' ara.

Sacro alla gloria tua sia questo giorno
Di vaga luce e di splendor dipinto;
Che io ti vedrò, del braccio eburneo intorno,
Quel divin sfavillar leggiadro cinto,

Per cui prendesti ogni beltade a scorno,
Per cui restò ogni coro oppresso e vinto,
Per cui vedesti in questa e in quella parte,
Ferito Adone, e insieme Anchise e Marte.
  Io so che per voler d'averso Fato,
E di Fortuna per ignobil giuoco,
Ti fu dal cielo per consorte dato
Il ruvido Vulcano, il Dio del fuoco;
Ma veggo poi, che non fu Giove ingrato;
Che, se un' amante core è oppresso e fioco,
Effetto è sol, che del piacere al lume
Giugne l'ingegno a incenerir le piume.
  Or questo ignobil Dio, che ottenne in sorte
Colei che fa, che il cielo e il suolo avvampi;
Che condusse nel mondo miglior sorte;
Che sparse di bei fiori i colli e i campi;
Volle col braccio suo robusto e forte
Del Trinacrio cammin in mezzo a' lampi
Formare un felicissimo lavoro,
Che vinse a un tempo indiche gemme ed oro.
  Nè Piracmon col braccio alpestre e rude,
Nè a tale opra chiamò Sterope e Bronte;
Ma, a travagliar sulla Sicania incude,
Vennero al dolce invito, allegre e pronte,
Tre vezzosette verginelle ignude,
Di mirti e rose coronate in fronte;
Che sceser dalla bella eterea via,
Dico Aglaja, Eufrosine e ancor Talía.
  Dovean le grazie intorno a sì bell'opra
Le mani affaticar leggiadre e pronte;

Vulcan vi assiste e senno ed arte adopra,
E mesce al fuoco di Aganippe il fonte.
E avvien che tutto di sudor si copra
Dal piede infermo, alla callosa fronte,
Per tessere un lavor tutto novello
Che in terra e in ciel non vi sarà il più bello.

 Prendon d'un amator caldi sospiri;
Prendon d'un altro amante il dolce pianto;
Prendon d'un guerrier, che ama, i delirj,
Che piange e freme, colla morte accanto;
Vi mescolan dolcissimi raggiri,
Che guadagnar ben cento cori han vanto;
Nè ciascuna di lor sembra restìa,
A mescolarvi ancor qualche bugìa.

 Nè tu l'ultimo loco avesti o sdegno,
Che sembri inesorabile e severo,
E giovi poi per sostener l'impegno,
E mantener di un forte amor l'impero.
Sembra talor, che miri ad altro segno;
Ma questo moto è in te ben menzognero;
Che di sdegnarsi all'amator non spiace,
Perche più dolce poi divien la pace.

 Tu sola, Eternità, non vieni a parte
Di questo soavissimo lavoro;
Che tanto bene all'uom non si comparte,
Di rinnovar la bella età dell'oro.
Le lagrime, talora al vento sparte,
Non conducono al cor dolce ristoro,
Nè il bel cinto divino è di tai tempre,
Che vaglia un core a incatenar per sempre.

Di questo incomparabile bel cinto
Questa sposa novella ornossi il braccio;
Comparve il volto di un color dipinto
Che mescolava insieme il fuoco ed il ghiaccio;
Spingeva e raffrenava il caldo istinto,
Ora stringendo, ora allentando il laccio;
E tessendo a ogni cor varia congiura,
Cangia il sembiante ognor grazia e figura.

  Con questo, o bella Dea, scorrendo in terra,
Facesti al suolo germogliar le rose;
Tra colombe destasti amica guerra,
Che un soave piacer poi ricompose;
Per lui parti novelli il suol disserra;
Per lui le forme appajono pompose;
E quelle dolci grazie inclite e rare,
Ond' è bella la terra, e il cielo, e il mare.

  Sentirono in quel dì più caldi sproni
In seno dell' istabile elemento,
E le belle Nereidi ed i Tritoni;
E innamorato ancor fremeva il vento;
Moltiplicarsi di natura i doni;
Ogni mortale si dimostrò contento.
Tacque in quel dì la sanguinosa guerra,
E in dolce calma riposò la terra.

  Questo cinto immortal, stimolo e sprone
Delle più dolci e più soavi prove,
Spesso prestollo Venere a Giunone,
Il freddo cor a riscaldar di Giove;
Spesso ottenna per lui bel guiderdone
Colui, che affanni e grazie in terra piove;

Per lui ne riportò premio e ristoro
Ora in pioggia cangiato, et ora in toro.
  Ma quanto ancor fatal fu questo dono
Alla moglie crudel del sacerdote,
Che, aperta la voragó, oppresso e prono
Precipitò colle fuggenti rote.
E lasciando i cavalli in abandono,
Che il braccio uman più ritener non puote,
D'Apollo ad onta, e delle Parche a scherno
Venne immaturo ad abitar l'averno.
  Elena possederlo ebbe la sorte,
Quando fu tolta a suo minore Atrida;
Mosse per questo Achille il braccio forte
Ed Ilio empì di lagrime e di strida.
Cadde Priamo per lui di cruda morte;
Virtude al popol suo non fu più guida:
Il sangue scorse, e scorse a rivi il pianto,
E gonfj andaro il Simoente e il Xanto.
  Di possederlo ancora avesti il vanto,
O regina bellissima di Egitto!
Che la grandezza tua cangiata in pianto,
Col seno da fredd' aspide trafitto,
Per lui moristi al dolce Antonio accanto,
Che vide il regno tuo mesto e sconfitto;
Onde avviene che anch' egli estinto cada
Sopra l'inesorabile sua spada.
  Ultima l'ebbe poi la bella Armida
Che ne fece tant' uso in sen più caldo;
Io dico in lui, che nel valor confida,
Nel generoso e nobile Rinaldo,

Che, forte al pari del più forte Atride,
Ascoltò poi la voce e il dir d'Ubaldo,
Che trasse il duce, è vincitore e vinto,
Fuori dell' incantato labirinto.

Dove poi s'ascondesse il bel lavoro,
Alla musa gentil non ò palesa;
Forse tornò de' sommi Dei fra il coro,
Forse in astro novello in ciel s'accese —
Sia come vuole; io prendo alcun ristoro,
Per ritentare altre più belle imprese.
Chiudete i rivi, o fanciulletti alati,
C'han già bevuto d'Amatunta i prati.

Dieses achtzehn Stanzen lange Improviso war das Werk etwa eben so vieler Minuten, und der Nachschreiber hätte dem fast ununterbrochen dahin rauschenden Strome des Gesanges nicht immer ohne Gehülfen folgen können. In einer frühern Versammlung ward demselben Sänger unter andern auch der Kampf des Eteocles und Polynices zum Thema gegeben, und er behandelte diesen heroischen Gegenstand mit einer Vortrefflichkeit und mit einem Schwunge feuriger Begeisterung, der die Gesellschaft in ein frohes Staunen versetzte, und ein allgemeines Bedauern erregte, daß man keine Anstalt getroffen hatte, ein so gelungenes Produkt der Vergessenheit zu entreißen; und doch war dieses, nach einem Zeitraume von sechs Jahren, während welcher der Dichter, theils unter der ehemaligen päpstlichen Regierung, theils unter der Republik öffentliche Aemter bekleidet hatte, das erstemal, wo er wieder als Improvisatore auftrat.

(Eine Fortsetzung folgt.)

V.
Zur
Sittengeschichte der Franzosen
in Teutschland.
Ein Fragment.

Gesetzt, Bonaparte sey wirklich der große Mann, den seine warmen Verehrer jetzt in ihm erblicken; so kehrt doch immer noch die Frage wieder: "Was will auch ein Bonaparte mit einer Nazion anfangen, in deren Schooß eine solche Masse des moralischen Giftes gährt?"

Denn wirkte gleich die Revoluzion hier und da auch wohlthätig auf den Geist der Nazion, so wurde doch eben durch sie das sittliche Verderben erst sichtbar. Ja, es wurden Greuel und Ungeheuer ausgebrütet, die ohne sie niemals entstanden wären. In ihr wurden nicht nur große Leidenschaften wirksam, welche sodann nach eigner Weise zerstörend fortwirkten: sondern sie nahm auch den Schleier der Uebersetznerung weg, welcher vorhin die große Verschlimmerung künstlich verdeckte; und nun lag das Scheusal, die Ausgeburt der alten Verhältnisse nackt und öffentlich da! — Noch mehr: indem sie so manches Institut des Aberglaubens zerschmetterte, hob sie auch die sittlichen und religiösen Anstalten auf, welche damit verknüpft waren. Der rohe, thierische Trieb verlor den äußern Zaum, und der ungebildetere, aber größere Theil der Nazion ward auf das schreckliche Extrem des Unglaubens und der Sittenlosigkeit hinübergeworfen.

Dazu kam, außer so mancher innern Zerrüttung, der Krieg und dessen Einfluß auf die Sittlichkeit der jungen Bürger. Allbekannt sind die Ausschweifungen von jeder Art. Und wenn gleich im letzten Feldzuge (1800) mehr Disciplin herrschte, und selbst die feine Sitte hie und dort wiederkehrte, so gab es doch immer noch manche ausgezeichnete Greuelthaten.

Allerdings gab es auch schöne Züge, Handlungen, welche den Beobachter entzückten. Denn wie edel mußte der Geist seyn, der sich unter solchen Umständen, im Kriege und während dieser Revoluzion, vor dem Verderben bewahrt hatte!

Allein oft waren diese Handlungen nur einzelne Blitze, in einer finstern Nacht. Und noch konnte es sich mehr als Einmal zutragen, daß unter 18 bis 20 Gemeinen, die z. B. ein Mädchen, eine fliehende Jungfrau auffingen, nicht Einer war, der sich der Jammernden erbarmt hätte! Vielmehr stillten sie, lachend, einer nach dem andern, ihre thierische Lust. Zürnend wendet sich der Genius der Menschheit von diesen Ungeheuern! Und weinend verhüllt er sein Antlitz, wenn die Wollust auch des zärtern Alters nicht schonte, sondern selbst daran sich vergriff und fortwüthete, bis (die Geschichte wird die Greuelthat nennen) das Blut floß! —

Wenn ferner unter denen, welche teutsch sprachen (und jetzt konnten fast alle mehr oder weniger teutsch), viele die rohesten Zoten, Worte, Ausdrücke und Zusammensetzungen, deren nur ein Thier, hätte es die Sprache und etwas Raffinerie, fähig seyn möchte, absichtlich vor den Ohren der weiblichen Jugend ausströmten; wenn kein Bitten, kein Erröthen der Unschuld, keine Thräne und kein Zorn die thierische Zunge zu hemmen vermochte, und wenn auch nicht Einer sich fand, der dem heillosen Unfuge mit Ernst oder Güte widersprochen hätte, da hingegen fast alle im wiehernden Tone ihren Beifall dazu gaben: wer dürfte bei solchen Auftritten nicht laut behaupten, daß bei diesem Volke das Sittenverderben fürchterlich eingerissen sey?

Es wurde mir indessen, selbst auf Seite der Gemeinen, auch in dieser Hinsicht, ein schöneres Beispiel bekannt, an einem Orte, wo sie für den Pfarrer Achtung gefaßt hatten, und sich denn überall gegen seine Pfarrkinder (während der Kantonirung) sehr ordentlich betrugen. Es war auffallend, wie gern sie einige Mädchen, die eben im Freien zu thun hatten, umschwärmten, aber gleichwohl sich gegen dieselben, besonders gegen Eine, die etwas mehr geistige Bildung besaß, nicht die mindeste Unart erlaubten. Wenn auch Einer etwas sagte, das nicht ganz anständig war, oder dem hübschern Mädchen auf eine Art sich näherte, die das jungfräuliche Gefühl zu beleidigen schien; so wiesen ihn alle Uebrigen in die Grenze des Anstandes zurück. Es war ganz die bessere Seite der französischen Galanterie.

Gewiß fanden sich unter der französischen Armee noch viele einzelne sehr wackere Männer und Jünglinge. Aber im Ganzen war die Zahl der Verdorbenen weit überwiegend.

Und eben der Krieg hatte so viele verdorben. Er hatte den Samen des Lasters recht entwickelt. Abgeschnitten von jeder bessern Nahrung, und dem sinnlichen Reize von jeder Seite preisgegeben, verderbt da Einer den Andern desto mehr, je mächtiger der Reiz des Beispiels wirkt.

Nicht allein den Plünderungsgeist und die rohesten Ausschweifungen der Wollust begünstigte der Krieg.

er gewöhnte auch zum Müßiggange, zur Trägheit in Rückſicht ordentlicher Arbeiten, und beſonders zur Unordnung im Trinken. Man dürfte ſagen: der größte Theil dieſer neurepublikaniſchen Jünglinge hat ſich zu „Säufern" verbildet.

Es waren nicht Soldaten, wie ſie gewöhnlich ſind: es war zum Theil der Kern der Nazion und der Stamm eines künftigen Geſchlechts. Wie lange mögen die Folgen des Krieges für Frankreich beſonders in moraliſcher Hinſicht noch fühlbar ſeyn!

Leider! wird auch ſo manche Gegend unſers teutſchen Vaterlandes dieſe Folgen lange noch fühlen. Und wenn, da oder dort, in einem teutſchen Heere eben die ſittliche Unordnung herrſchte; wenn ſie unter ähnlichen Umſtänden eben ſo wild, oder, bei Einzelnen, noch wilder ſich äußerte: ſo enthüllte dieß, in den Augen des denkenden Beobachters, nur deſto mehr die ſcheußliche Geſtalt des Kriegs.

Auf dem Rückzuge durch Baiern und Schwaben (im März und April 1801), fragten Mehrere, wenn ſie in einer Stadt ankamen, ganz frei und unbefangen: „wo giebts Uren?" Eben ſo unbefangen wies man ſie da und dort zu einem Uhrmacher, indem man nicht zweifelte, die Herren wollten mit dem Gelde, das ſie aus Oeſtreich zurückbrachten, Uhren einkaufen, wiewohl die meiſten ſchon reichlich damit behängt waren. Allein ſie hatten nur ohne Aſpirazion gefragt. Bekanntlich kann der Franzoſe den Buchſta-

ben H nicht wohl nachsprechen. Freilich, das „Freuden=
mädchen," und selbst das „Lustmädchen" wäre in die=
sem Theile von Teutschland dem Volke noch unverständ=
lich gewesen. — Möchte auch die Sache noch in jeder
Stadt so fremd seyn! — Da gab es nun manchen ko=
mischen Auftritt; mancher Franzose, indem er den Miß=
verstand merkte, hüpfte oder sprang lachend davon.
Aber es gab auch tragische Szenen, da nun der Fremd=
ling sich gegen ehrbare teutsche Mütter und Töchter so=
gleich Freiheiten herausnahm, und, wenn die Familie
dann muthig und tapfer widerstand, sich einbildete:
nur sie, die Franzosen, nicht die Teutschen,
wiese man ab! Denn das Abweisen selbst schien
ihnen ein Unding.

Unter den Offizieren hatte sich dießmal mit
dem Tone der „Gleichheit" (d. h. eben nicht: der äch=
ten, der schönen, rechtlichen Gleichheit, sondern des
„Sansкülottismus") auch die rohe Ausschweifung
verloren. Allein neben den feinern Kunstgriffen der
Plünderung fand sich die thierische Lust öfters nur in
einer andern Gestalt ein. Und zuweilen trat sie ganz
in der alten Form der Sansкülotterie hervor.

Man versicherte, unter denen, bis nach — Uren
fragten, sey wohl auch, da und dort, ein Offizier ge=
wesen. Eine solche Frage, öffentlich und laut auf der
Gasse, beweist in jedem Falle eben so viel Mangel an
Delikatesse als an Moralität. Und wenn gleich im J.
1799 hin und wieder ein russischer Offizier uns

eine ähnliche Erscheinung darbot, indem er in seinem Quartier für die Nacht, oder wenn er gegessen und getrunken hatte, ganz frei und geradezu dasselbe forderte; so ziemte doch jene Frage nicht dem Franzosen, der seine Nazion, und zwar nicht ganz mit Unrecht, für die gebildetste und humanste der Erde ausgiebt, und, wäre sie es, ihr dann wirklich den Namen der großen gesichert hätte.

Wer übrigens hier nur die Art (Manier), nicht die Sache tadelnswerth fände; wem es nur darum zu thun ist, „den äußern Schein zu retten," aber, wo es fysischer und — schicklicher Weise seyn kann, eben so tapfer anzugreifen und (wie man sagt) zu geniessen, der frage sich, ob er wohl, verglichen mit einem Russen oder Franzosen von dieser Art, auf einer höheren Stufe der innern Kultur stehen möge? —

Bei dem größten Theile der französischen Offiziere zeigte sich jetzt wieder die schöne, feinere Sitte. Verbunden mit dem muntern Wesen, mit der natürlichen Gewandtheit des Franzosen, und zugleich mit einer gewissen republikanischen Schlichtheit versetzt, gab sie sehr Vielen ein höchst liebenswürdiges Ansehen.

Aber in wissenschaftlicher Hinsicht hatte selbst die Kultur der Bessern noch ganz den alten sofistischen Anstrich. Was man ehemals in Frankreich Filosofie hieß, was vor und während der Revolusion sich unter diesem Namen besonders auszeichnete, das drang überall vor.

Die Moral spielte in der Theorie dieser Herren eine gar ärmliche Rolle. Aber Logik, Geschmack, Witz und feines Raisonnement, das galt! Noch klingt mir der fade Komplimentten im Ohre, womit einer auf die Vorstellung „Moral sey die Hauptsache" erwiederte: Morale? oui la Morale est bonne!

Besonders für den Schriftsteller ging nichts über die Logik; und der größte Schimpf, der einen Schriftsteller treffen konnte, war: „er hat keine Logik!" Aber der Geschmack schloß sich nun zunächst daran, und „Geist" konnte nur aus diesen Ingredienzen hervorgehen. Man sieht, es ist eigentlich nur Witz und eine Art von Scharfsinn, was daraus hervorgehen kann. Es ward da recht auffallend, wie wenig der herrschende Sinn des französischen „Esprit" der höhern Bedeutung unsers teutschen „Geist" entspricht. Und ist nicht diese Bedeutung da, wo die ächte, sittlich geordnete Kultur eintritt, die einzig wahre? —

Umsonst suchte ich zu beweisen: auf die Sache, auf den sittlichen Gehalt, nicht auf die logische oder ästhetische Form komme es bei einem ächt filosofischen Werke zuvörderst an, wiewohl der ächte und der reichere Stoff sich mit der ästhetischen Form wohl vertrage, und ein gewisses Maaß von logischer Kunst und Feinheit zur Schriftstellerei als solcher wesentlich gehöre; — ich ward nicht verstanden.

Gleichwohl sprach man von Rousseau: "c'est le Prince de tous les auteurs;" aber von Mercier: "il n'a pas de la Logique;" und — eben so karakteristisch als folgerecht: — "il n'est pas auteur!" Selbst so manche treffliche Stelle aus seinem An Deux Mille etc. konnte ihn nicht retten.

Im vertrautern Gespräche ward frei gestanden, daß man alle Moral für ein Werk der Erziehung, der Angewöhnung halte; und, um recht konsequent zu seyn, setzte man dabei: "mein Pferd hat auch seine Moral" (mon cheval a aussi sa morale). Und dieß war eben nicht Scherz oder Plásanterie: es war voller Ernst. Gewiß, wenn Helvetius "Geist" so manches Vorurtheil vertrieb, manches Institut des Aberglaubens mächtig ergriff und in seinem Grund erschütterte: so müssen wir doch zugleich bekennen, daß auch die Irrthümer dieser Theorie lange und mächtig nachklingen.

Und der Mann, welcher so urtheilte und sprach, war ein Offizier von höherm Range, ein Gelehrter, und wirklich, seinem ganzen Betragen zufolge, einer der bessern Menschen. Wie es schmerzte, Kopf und Herz in solcher Disharmonie zu finden! Und wie es Bedürfniß ward, ein Wahres, das nicht zunächst vom Kopf oder vom Begriffe abhängt, anzuerkennen! Ob indeß ein solcher Mensch nicht noch viel mehr seyn und leisten würde, wenn der reinere Begriff mit der sittlichen Tendenz des Geistes sich vereinte? Ja, ob wohl das Wahre in ihm, sofern es von der letztern abhängt, auch immer, auch in den Stunden der reizendern Versuchung und in den verwickeltern Lagen des Lebens, bestehen kann? Gewiß, die (wahre) Wissenschaft ist zum Behufe der Sittlichkeit nicht entbehrlich, nämlich im Kreise der Menschheit und auf den höhern Stufen der Kultur.

Ein anderer äußerte sich, als ihm die Sache näher gelegt wurde, eben so freimüthig: „Moral, Prin„zip der Moral — das ist Nichts! Erziehung, Ge„wohnheit, Organisazion, Staatsverfassung — das „sind die Quellen der Moral. Das Uebrige ist Schwär„merei. Geist und Genie, Logik und Geschmack: das „macht den brauchbaren Mann, das bildet den guten „Schriftsteller."

Noch fand ich bei Einem und dem Andern, die Wohlwollen, Menschenfreundlichkeit, einen regen Sinn für Recht und überhaupt ein schönes Herz zeigten, die Praxis — besser als die Theorie. Bekanntlich ist der umgekehrte Fall der schlimmere; und er findet sich öfter, aber nur im gemeinen Leben, außer dem Felde der Wissenschaft. Bei jenen war das Prinzip der Moral nicht entschieden, oder es hatte selbst noch einen Anstrich von dem feinern Materialismus.

Aber wie grob zeigte sich der Materialismus, wo er mit dem Libertinismus zusammentraf! Und man tritt der Wahrheit nicht zu nahe, wenn man die Mehrheit für „Libertins" erklärt. Jedem teutschen Biedermanne durft' es nahe gehen, diese Fremdlinge dergestalt im Schooße des Vaterlandes hausen zu sehen. Ihr zudringliches Geschwätz, wie ihr Betragen, mochte ihm oft widrig seyn.

Da inzwischen diese Helden den Vortheil der feinern Sitte und ihrer natürlichen Gewandtheit für sich hatten: so kann man sich vorstellen, welches Verderben sie an manchen Orten im Umgange mit u n s e r n S c h ö n e n anrichteten! Wer kennt nicht den französischen Leichtsinn in diesem Punkte, den gröbern oder feinern Libertinismus? Selbst mancher Bessere äußerte hierüber so — leichte Grundsätze *)! Man tadelte z. B. den rohen Genuß feiler Mädchen; aber den „Umgang

---

*) Noch erinnere ich mich eines Gespräcks mit einem t e u t s c h e n O f f i z i e r. Wir kamen auch auf diesen Punkt zu sprechen. Er ging, wie gewöhnlich, so ganz leicht darüber hin. Als ich ihn aber auf die F o l g e n der W o l l u s t, oder, wie ich mich höflicher ausdrückte, des f r e i e n G e n u s s e s aufmerksam machte: „vielleicht eine zerrüttete Familie, eine verführte, zerstörte Unschuld, die der Grund eines blühenden Familienglücks werden konnte — oder einen neuen Stoß ins Laster, da oder dort ein Kind in der Armuth, ohne Erziehung, in der Verwilderung, im Elende" .... da verfiel er in ein düsteres Stillschweigen; doch plötzlich fuhr er auf: „A h! d a r a n m u ß m a n n i c h t d e n k e n, sonst möchte einer des Teufels werden! Das Nachdenken ist nichts: vorwärts, nicht zurück, heißt es beim Soldaten, beim Helden!"

mit ehrbaren Frauen und Töchtern" fand man sehr annehmlich. Wir kennen den Sinn dieser Frase (leider! an manchem Orte praktisch) und die Gewandtheit des Franzosen in dieser Kunst des Umgangs. Und den Teutschen, der seine Nazion wie sein Vaterland liebt, muß es wirklich nicht wenig schmerzen, wenn ihm da oder dort eine Stadt genannt wird, wo sich unsre Schönen gegen die fremden Gäste sehr „galant" betrugen; zumal wenn ihn davon ein jüngerer und sehr gebildeter Mann versichert, der, in einem angesehenen Amte, eine Familie sehr wohl ernähren könnte, der aber nun seine Bedenklichkeit zu heurathen damit rechtfertigt: „unsre Mädchen waren leichtsinnig, jetzt sind sie verdorben." Nein, denke ich, noch giebt es reinere Familien, und edlere teutsche Mädchen! Und nun sind sie auch im Feuer der Prüfung bestanden. — Uebrigens ward der Mißbrauch und — der materielle Sinn des Wortes „galant" vielleicht nie sichtbarer, als in diesem Kriege, besonders während des öftern und langern Waffenstillstandes. Man wußte genau, was es heiße, wenn von den Frauenzimmern einer Stadt gesagt wurde: „da waren sie recht galant."

Oft konnte man, wenn es nun über die Praxis zur Theorie oder zum Gespräche kam, von diesen Helden (die ihre Eroberungen noch in den Häusern so tapfer, aber allenthalben zerstörend fortsetzten) Maximen und

Grundsätze vernehmen, die ganz das Gepräge jener französischen Filosofie an sich trugen. Die Kultivirtern beriefen sich ausdrücklich darauf. So viel hat diese sogenannte Filosofie beigetragen, den Materialismus praktisch zu machen. Und eben im Kriege, im Felde konnte der theoretische Materialismus sich in seiner ganzen Kraft und Konsequenz äußern.

Wer die **französische Filosofie** (unter dem oben bestimmten Karakter) kennt, und billig urtheilt, wird ihr so manches Wahre und Schöne, so manches unläugbare Verdienst um die Kultur der Nazion nicht absprechen. Allein außerdem daß ihre Verdienste im Ganzen mehr negativ waren; außerdem daß sie mehr auf Zerstörung des Falschen als auf Einführung des Wahren abzielte, dürfte man wohl auf die Wahrheit ihrer Produkte und besonders auf ihren herrschenden Geist anwenden, was Mendelssohn von Helvetius Buch „De l'Esprit" sagte:

„Viel Witz, viel Fantasei,
„Französische Sofisterei,
„Und Wetterleuchten des Verstandes *)."

*) Dagegen sticht es nicht wenig ab, wenn ein neuer teutscher Schriftsteller in demselben Werke von Helvetius „eine herrliche Masse praktischer Filosofie" (Filosofie?) findet. Und das steht in einem teutschen Buche, welches da und dort einen glänzenden Beifall erhielt, und besonders von man=

Es hat mit dem Ursprunge und der Fortbildung der französischen Filosofie eine eigene Bewandniß. Offenbar wirkte auch der französische Nazionalkarakter auf ihren Gehalt und ihren weitern Gang ein. Aber man könnte sagen: die französische Filosofie hat sich vornemlich im Kontraste gebildet, im Widerspruche mit den empörenden Auswüchsen und Mängeln des Positiven, welche der denkende Kopf (in politischer und kirchlicher Hinsicht) um sich her wahrnahm. Daher gerieth sie dann auf so manches Extrem, und selbst auf verderbliche Irrthümer, die sich besonders im Fortgange der Revoluzion, auf mehr als Einer Seite, hervordrängten und nach ihrer Art wirksam zeigten.

Zwar an dem Ursprunge der Revoluzion ist die französische Filosofie unschuldig; denn offenbar, wenn

chem unserer rezensirenden Institute mit Pomp angekündigt ward! Wenn es weiterhin heißt: „troß allen Fehlern, welche eine unpartheiische Filosofie darin entdeckt;" so wird dadurch, wie es scheint, der Mißgrif nur wenig verbessert. Auf diese Beschränkung wird jetzt (zumal bei so vielen Andern, was an jenem Produkte schimmert) nicht ferner geachtet, oder — sie erscheint gar als Widerspruch; und man hält sich dann an das, was so besonders hervorsticht. Ja, mittelbarer Weise kann jene Aeußerung, jener tönende Lobspruch da und dort um so mehr schaden, da eben das teutsche Werk sonst vieles Trefliche (wiewohl mehr in empirischer oder historisch=pragmatischer Hinsicht) enthält, und da besonders in unsern hohern, polizirtern Klassen noch eine Masse sofistischer Begriffe, die vornämlich Helvetius Buche vom Geist ihr Daseyn verdanken, sich findet.

man die erste und die eigentliche Ursache ins Auge faßt, gründet sich derselbe in den großen, auffallenden Gebrechen der vorigen Verfassung. Daß sie aber zur Leitung der Revoluzion beitrug, und daß hierbei ihr Geist nicht immer wohlthätig wirkte, so viel ist uns leugbar *).

Möge nun die Entfernung von so Manchem, was ehemals den denkendern und selbst den filosofirenden Kopf zu Extremen reizte; möge selbst das Vielfach-wahre in den Grundsätzen der Revoluzion (von dem Schiefen und Uebertriebenen sey hier nicht die Rede), verbunden mit so mancher theuern Erfahrung, allmählig auch im Gebite der Filosofie einen bessern Geist, eine reinere Denkart herbeiführen!

J. Salat.

---

*) Da diese Behauptnng, wie die Erfahrung beweißt, leicht misverstanden und von gewissen Nachtvögeln gemisbraucht werden könnte; so mache ich hier nochmals auf Mounier's jüngste Schrift aufmerksam, die nun auch unter dem Titel: Mounier über den vorgeblichen Einfluß der Filosofen, Illuminaten und Freimaurer auf die Franz. Revoluzion (von Dr. Matthiä in Belvedere übersetzt und mit einigen Anmerkungen begleitet) Tübingen, Cotta 1801 in teutscher Sprache überall zu haben ist.
          B.

www.ingramcontent.com/pod-product-compliance
Lightning Source LLC
Chambersburg PA
CBHW022020240426
43667CB00042B/1014